Cosima Becker, Laura Boix
Reihenkonzept von: Sabine Dietlmeier, Manuela Schmidt

Clever vorbereiten und bestehen

Prüfungsvorbereitung zur Abschlussprüfung Kaufmann/Kauffrau für Büromanagement Teil 1

1. Auflage

Bestellnummer 60028

Bildungsverlag EINS
westermann

Die in diesem Produkt gemachten Angaben zu Unternehmen (Namen, Internet- und E-Mail-Adressen, Handelsregistereintragungen, Bankverbindungen, Steuer-, Telefon- und Faxnummern und alle weiteren Angaben) sind i. d. R. fiktiv, d. h., sie stehen in keinem Zusammenhang mit einem real existierenden Unternehmen in der dargestellten oder einer ähnlichen Form. Dies gilt auch für alle Kunden, Lieferanten und sonstigen Geschäftspartner der Unternehmen wie z. B. Kreditinstitute, Versicherungsunternehmen und andere Dienstleistungsunternehmen. Ausschließlich zum Zwecke der Authentizität werden die Namen real existierender Unternehmen und z. B. im Fall von Kreditinstituten auch deren IBANs und BICs verwendet.

Die in diesem Werk aufgeführten Internetadressen sind auf dem Stand zum Zeitpunkt der Drucklegung. Die ständige Aktualität der Adressen kann vonseiten des Verlages nicht gewährleistet werden. Darüber hinaus übernimmt der Verlag keine Verantwortung für die Inhalte dieser Seiten.

service@bv-1.de
www.bildungsverlag1.de

Bildungsverlag EINS GmbH
Ettore-Bugatti-Straße 6–14, 51149 Köln

ISBN 978-3-427-60028-2

westermann GRUPPE

Clever vorbereiten – von Anfang an!

Die Hälfte der Ausbildungszeit liegt nun bald hinter Ihnen und der erste Teil der gestreckten Abschlussprüfung, der Prüfungsbereich „Informationstechnisches Büromanagement", rückt immer näher. Hier sollen Sie nachweisen, dass Sie in der Lage sind, komplexe praxisbezogene Aufgaben aus dem Bereich Büro- und Beschaffungsprozesse erfolgreich mithilfe des Computers bearbeiten zu können.

Sicher fragen Sie sich, was von den Inhalten, die Sie behandelt haben, für diesen ersten Teil relevant ist und wie Sie sich auf die Prüfung vorbereiten können.

Wie arbeite ich mit dem Buch „Clever vorbereiten und bestehen"?

Mithilfe dieses Buches können Sie die prüfungsrelevanten Inhalte wiederholen und den Umgang mit Prüfungsaufgaben einüben.

Allerdings setzt dieses Buch bereits eher an. So können Sie die Unterrichtsinhalte der ersten 18 Monate der Berufsschule, die sich auf den ersten Teil der Prüfung beziehen, anhand dieses Buches einüben und sich so auf Klassenarbeiten und Tests vorbereiten. Von besonderer Bedeutung für ein erfolgreiches Bearbeiten der Prüfungsaufgaben ist die Berücksichtigung der Unternehmenssituation sowie der Vorgaben zum Corporate Design. Sie werden beim Bearbeiten der Prüfungsaufgaben immer wieder dazu angehalten, diese zu beachten.

Da die DIN 5008 in gedruckter Form als Hilfsmittel für den ersten Teil der Prüfung zugelassen ist, sollten Sie sich frühzeitig an den Umgang damit gewöhnen und diese bei der Bearbeitung der computergestützten Aufgaben verwenden.

Welche Inhalte sind relevant für den ersten Teil der Abschlussprüfung?

Grundlage für die Inhalte der Abschlussprüfung ist der Prüfungskatalog der AKA. Dort sind Themenbereiche und Handlungskomplexe aufgeführt, die den Unterrichtsstoff der Berufsschule und die Inhalte der betrieblichen Ausbildung unabhängig von Fach und Jahrgangsstufe aufgreifen.

Die Themenbereiche des Prüfungskatalogs finden Sie in der Kopfzeile. Auf der linken Seite stehen die Prüfungsgebiete und auf der rechten Seite die dazugehörigen Handlungskomplexe. Damit Sie bei der Bearbeitung erkennen, wann ein neuer Themenbereich beginnt, haben wir die Aufgabennummerierung jeweils von vorne beginnen lassen.

Einige Themenbereiche des Prüfungskataloges haben wir ausgegliedert. Diese stellen wir im Kapitel „Grundlegendes Wissen zum Prüfungsbereich Informationstechnisches Management" gesondert vor, um Grundlagen für das weitere Arbeiten zu schaffen. Der Umgang mit den gängigen Betriebssystemen wird dabei vorausgesetzt.

Um eine gründliche Wiederholung der prüfungsrelevanten Inhalte und den Umgang mit Prüfungsaufgaben zu fördern, ist der Hauptteil dieses Buches so aufgebaut, dass jeder Fragenkomplex aus zwei Teilen besteht. Im ersten Teil finden Sie Aufgaben zur Wiederholung der prüfungsrelevanten Unterrichtsinhalte. Den zweiten Teil bildet eine Aufgabe, wie sie zu dem zuvor erarbeiteten Themenbereich im ersten Teil der Abschlussprüfung gestellt werden könnte.

Am Ende des Buches können Sie Ihre Prüfungsfähigkeit anhand einer Musterprüfung mit ausführlicher Lösung und Punktevergabe überprüfen. In Anlehnung an die Prüfungsdauer ist diese Aufgabe für 120 Minuten konzipiert.

Alle Dateien, die Sie zum Bearbeiten der computergestützten Aufgaben benötigen, können Sie unter BuchPlusWeb herunterladen. Einen Code finden Sie auf der Umschlaginnenseite dieses Buches.

Was passiert, wenn ich im ersten Teil der Prüfung schlecht abschneide?

Das Ergebnis des ersten Teils der Prüfung fließt mit 25 % in die Endnote ein.
Sie können zwar nicht durch den ersten Teil der Prüfung fallen und diese dementsprechend auch nicht wiederholen, allerdings könnte ein schlechtes Ergebnis im „Informationstechnischen Büromanagement" bei ebenfalls nicht ausreichenden Ergebnissen im zweiten Teil dazu führen, dass die Prüfung insgesamt als nicht bestanden gilt.

Nutzen Sie deshalb bereits im ersten Teil der Prüfung die Chance auf ein sehr gutes Abschneiden und bereiten Sie sich dementsprechend gründlich vor!

Viel Erfolg dabei wünschen Ihnen

Cosima Becker und Laura Boix

Inhaltsverzeichnis

Situation
Die Auszubildende Yasmin Mai fragt ihre Ausbilderin, ob sie wirklich alle Anwendungen und Funktionen bis zum ersten Teil der Abschlussprüfung können muss. Die Ausbilderin beruhigt Yasmin und verweist auf die Liste mit den konkreten Vorgaben der IHK zu den prüfungsrelevanten Anwendungen, Befehlen und Funktionen, die im Internet unter www.ihk-aka.de/aktuelles/kbm veröffentlicht ist.

Die Befehlsübersicht gibt an, welche Anwendungen, Befehle und Funktionen prüfungsrelevant sind und ist in folgende drei Teile aufgeteilt:

- Programmübergreifendes Basiswissen (für Word und Excel)
- Anwendungen und Befehle für die Textverarbeitung (für Word)
- Befehle und Funktion für die Tabellenkalkulation (für Excel)

Prüfungsrelevantes programmübergreifendes Basiswissen Word und Excel
Zeichenformatierung: Schriftart, Schriftgröße, Farbe, Fettschrift, Unterstreichungen
Absatzformatierung: Ausrichtung des Textes, Zeilenabstände, Schattierungen, Füllfarbe und Rahmen
Seitenlayout: Seitenränder, Ausrichtung, Kopf- und Fußzeile, Anpassen an eine Seite und Feldfunktion/Formel anzeigen
Tabellen: Spaltenbreite, Zeilenhöhe, Tabellenstruktur (hier Zellen, Zeilen und Spalten einfügen, löschen und verbinden), Tabellenteile verschieben und kopieren, Tabellenblätter einfügen, kopieren und benennen
Textfeld, Hyperlink, Symbol, Grafik, Cliparts: einfügen, Größe/Position verändern
Programmübergreifende Anwendungen: Dateien einfügen, Diagramme, Tabellen und Text programmübergreifend nutzen und verknüpfen
Weitere Anwendungen: Suchen, ersetzen und sortieren

Prüfungsrelevante Anwendungen und Befehle für die Textverarbeitung Word
Textformatierung: weiterführende Absatzformatierungen (Aufzählung, Gliederung, Nummerierung, Sondereinzug, Tabulatoren)
Gestaltung des Dokuments: weiterführendes Seitenlayout (Silbentrennung, Spalten, Umbrüche, Wasserzeichen), weiterführende Illustration (Bilder und Grafiken formatieren mit entsprechender Größe und Position) und besondere Schreibeffekte (z. B. WordArt und Frontwork)
Automatisierung der Texterstellung: Überarbeitungsfunktion (Änderungen nachverfolgen, einfügen und überarbeiten), Kommentare einfügen und bearbeiten, Fußnoten ändern, erstellen und löschen, Formulare erstellen (Auswahlfeld für Text und Daten, Dokumentenvorlage, Formularfeld und Kontrollkästchen), Autotext einfügen (Dateiname, Datum, Seitenanzahl, Uhrzeit) und Serienbrieffunktion (Bedingungsfelder/Regeln erstellen und Serienbriefe einrichten und bearbeiten) **Grundsätzlich sollen alle in der DIN 5008 aufgeführten Schreib- und Gestaltungsregeln möglichst mit den Automatisierungsfunktionen umgesetzt werden.**

Prüfungsrelevante Befehle und Funktionen für die Tabellenkalkulation Excel
Funktionen und Berechnungen: ANZAHL, ANZAHL2, HEUTE, JAHR, MONAT, TAG, MIN, MAX, MITTELWERT, ODER, RANG, RUNDEN, AUFRUNDEN, ABRUNDEN, STUNDE, MINUTE, SUMME, SUMMEWENN, SVERWEIS, TAGE360, UND, WENN (auch verschachtelt) und ZÄHLENWENN
Diagramme erstellen und bearbeiten: Achsen formatieren und benennen, Datenbeschriftungen in allen Diagrammtypen, Diagrammüberschriften einfügen, Gitternetzlinien, Legenden, Muster der Datenreihen und -punkte, Trendlinien einfügen, Zeichnungsflächen formatieren und Zusätze (Textfeld und Autoformen) einfügen
Allgemeine Rechenoperationen: Dreisatz, Durchschnittsberechnung (einfacher und gewogener Durchschnitt), Prozentberechnung und prozentuale Veränderungen
Formatierungen: benutzerdefinierte Formate, Format/Zellen, übersichtliche Darstellung von Diagrammen, Zeilen- und Spaltenüberschriften und Gitternetzlinien anzeigen

Beschreibung des Modellunternehmens

Firma Sachziel	Laco Büroideen GmbH Herstellung und Vertrieb von Büromöbeln, Handel mit Büromaterial
Geschäftssitz	Hohenstaufenring 112 – 116, 50674 Köln
Registergericht	Amtsgericht Köln HRB 2590 Steuernummer 214/5670/1298 Umsatzsteueridentifikationsnummer DE 234789654
Gesellschafter	Julian Lansnik Sarah Cornelius
Geschäftsführer	Joris van Hagens
Kontaktdaten	☎ 0221 823498-0 Fax 0221 823498-10 www.laco-bueroideen.com info@laco-bueroideen.com
Bankverbindung	Sparkasse KölnBonn IBAN: DE78 3705 0198 1122 2489 01 BIC: COLSDE33XXX
Mitarbeiter	210 Beschäftigte, davon 12 Auszubildende in den Berufen Kaufmann/Kauffrau für Büromanagement sowie Fachkraft für Lagerlogistik
Auszug aus dem Produktions-programm	**Produktionsprogramm:** Schreibtische, Bürostühle, Büroschranksysteme **Dienstleistungen:** Lieferung und Montage der Produkte **Handelswaren:** Büromaterial, wie z. B. Kopierpapier, Schreib- und Ordnungsmittel
Werkstoffe und Vorprodukte	Rohstoffe (Holz, Glas, Metall) Hilfsstoffe (Schrauben, Nägel, Kleinteile, Farben) Betriebsstoffe (Strom, Wasser, Heizöl, Gas, Schmierstoffe) Vorprodukte (Griffe, Beschläge, Schlösser)
Geschäftsjahr	1. Januar bis 31. Dezember

Organigramm der Laco Büroideen GmbH

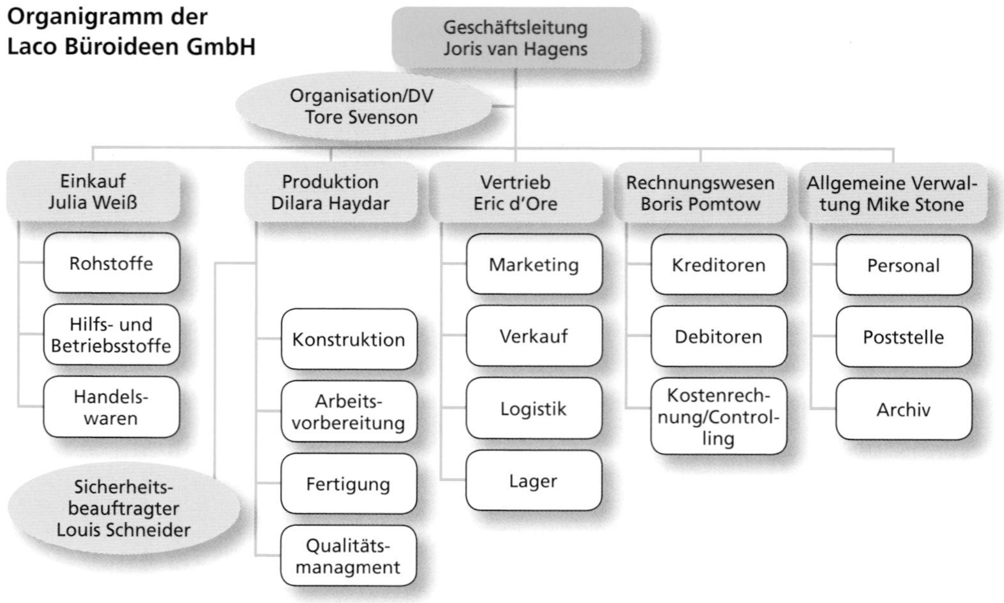

Hinweise zum Corporate Design

Die Beachtung der Vorgaben zum Corporate Design ist von besonderer Bedeutung bei der Bearbeitung der Aufgaben im ersten Teil der Abschlussprüfung. Von den 100 möglichen Punkten erhalten Sie einen Teil für die Einhaltung des Corporate Designs, den Ausdruck, die Rechtschreibung, Zeichensetzung und die Einhaltung der DIN 5008.

Anweisungen zum Corporate Design	
Tabellenkalkulation	**Textverarbeitung**
• Schriftart Arial, Schriftgröße 10 • Überschriften zentriert, Schriftgröße 12, Fettschrift • Diagramm mit voreingestellter Schriftart, Diagrammtitel in Schriftgröße 14 Format Zahlen: • Euro mit Tausender-Trennzeichen, zwei Dezimalstellen • Prozentsätze mit zwei Dezimalstellen • Übrige Zahlen mit Tausender-Trennzeichen, ohne Dezimalstellen	• Schriftart Arial, Schriftgröße 11 • Überschriften zentriert, Schriftgröße 14, Fettschrift
Alle erstellten Dateien sind in der Fußzeile mit Ihrem Namen rechtsbündig bzw. im rechten Abschnitt zu formatieren.	

Aufgabe 1 bis 4: Aufgaben zur Stofferschließung

1. Aufgabe

Situation
Der Auszubildenden Yasemin Mai wurde direkt zu Beginn ihrer Ausbildung zur Kauffrau für Büromanagement gesagt, dass sie beim Schreiben von Geschäftsbriefen und E-Mails auf die Berücksichtigung der DIN 5008 achten soll.
Sie überlegt, warum.

1.1 Was regelt die DIN 5008?

1.2 Warum ist es sinnvoll, die Regeln der DIN 5008 zu berücksichtigen?

2. Aufgabe

Situation
Yasemin schreibt ihren ersten Geschäftsbrief an die Ensslen KG, Alte Straße 22, in 45481 Mülheim an der Ruhr und überlegt, wie dieser aufgebaut sein muss und was sie beim Anschriftenfeld, den Kommunikationsangaben und beim Betreff beachten muss.

2.1 Adressieren Sie das Anschriftenfeld für den zu schreibenden Brief.

Laco Büroideen GmbH ✦ Hohenstaufenring 112 – 116 ✦ 50674 Köln
¶
¶
¶
¶
¶
¶
¶
¶
¶

2.2 Adressieren Sie das Anschriftenfeld für den zu schreibenden Brief mit integrierter Rücksendeangabe

¶
¶
¶
¶
¶
¶
¶
¶
¶
¶
¶

2.3 Sie beantworten eine Anfrage eines Kunden (Zeichen: kd-nw) vom 12.03.20.. am darauffolgenden Tag. Füllen Sie den Informationsblock aus. Wichtige Angaben hierfür finden Sie in der Beschreibung des Modellunternehmens. Ihre Durchwahl lautet 123.

Ihr Zeichen:
Ihre Nachricht vom:
Unser Zeichen:
Unsere Nachricht vom:
¶
Name:
Telefon:
Telefax:
E-Mail:
¶
Datum:

2.4 Füllen Sie zu den Angaben aus Aufgabenteil 2.3 die Bezugszeichenzeile aus.

Ihr Zeichen, Ihre Nachricht vom	Unser Zeichen, unsere Nachricht vom	Telefon, Name 0511 3423-	Datum
¶	¶	¶	¶

Erläuterungen und Lösungen

1. Aufgabe

1.1 Die **DIN 5008** ist eine Hilfestellung, um Texte lesefreundlich, zweckmäßig und übersichtlich zu gestalten. Ihre Einhaltung ist rechtlich keine Pflicht. Sie regelt nicht den Inhalt, d. h. was geschrieben wird, sondern wie etwas geschrieben wird.

1.2 Viele Unternehmen halten sich nicht streng an die DIN 5008, dennoch achten die meisten Unternehmen darauf, dass Briefe ein einheitliches und übliches Erscheinungsbild aufweisen. Als Grundlage bieten sich die Regeln der DIN 5008 an.

- Durch eine einheitliche Gestaltung der Korrespondenz zeigt sich nach außen ein wiedererkennbares Unternehmensbild (Corporate Identity).
- Kürzere Postlaufzeiten, denn das Adressfeld wird von der Post eingescannt und vollautomatisch der richtigen Zustellung zugeordnet.
- Lesefreundlichkeit durch eine hohe Übersichtlichkeit.
- Professionalität, da der Brief durch die übersichtlich gestalteten Informationen ansprechend auf den Empfänger wirkt.

2. Aufgabe

2.1 Hierbei handelt es sich um ein **Anschriftenfeld mit separater Rücksendeangabe**. Die Anschriftenzone fängt in Zeile 4 an. Die ersten drei Zeilen sind für Zusätze und Vermerke (z. B. Warensendung, Wenn unzustellbar, zurück!) reserviert.

Laco Büroideen GmbH ✦ Hohenstaufenring 112 – 116 ✦ 50674 Köln
¶
¶
¶
Ensslen KG
Alte Straße 22
45481 Mülheim an der Ruhr
¶
¶
¶

2.2 Hierbei handelt es sich um ein **Anschriftenfeld mit integrierter Rücksendeangabe**. Die Anschriftenzone fängt in Zeile 6 an. Direkt darüber, in Zeile 5, geben Sie die Absenderangaben ein. Die Zeilen darüber sind wiederum für Zusätze und Vermerke reserviert.

¶
¶
¶
¶
Laco Büroideen GmbH ✦ Hohenstaufenring 112 – 116 ✦ 50674 Köln
Frau oder Herrn
Vorname Nachname
Straßenname Hausnummer
Postleitzahl Wohnort
¶
¶

2.3 Denken Sie daran, dass der Verfasser des Briefes zuerst genannt und mit einem Mittestrich vom Schreibenden getrennt wird. Da Sie gleichzeitig Verfasser und Schreibender sind, steht bei „Unser Zeichen“ nur ihr Kürzel.

Ihr Zeichen: kd-nw
Ihre Nachricht vom: 12.03.20..
Unser Zeichen: Kürzel Verfasser
Unsere Nachricht vom:
¶
Name: Vorname Nachname Verfasser
Telefon: 0221 823498-123
Telefax: 0221 823498-10
E-Mail: info@laco-bueroideen.com
¶
Datum: 13.03.20..

Tipp

Die DIN regelt die Schreibweise der Diktatzeichen nicht eindeutig. Grundsätzlich sollten Sie Diktatzeichen klein schreiben. Häufig sind diese zweistellig, wie im Beispiel, sie können aber auch dreistellig sein. Statt der Abkürzung für den Namen bei den Zeichen, können auch Vorgangsnummern oder Aktenzeichen angegeben werden, falls mehrere Mitarbeiter sich damit beschäftigen.

2.4 Zwischen die Bezugswörter und dem Datum können Kommas gesetzt werden, müssen aber nicht.

Ihr Zeichen, Ihre Nachricht vom	Unser Zeichen, unsere Nachricht vom	Telefon, Name	Datum
kd-nw 12.03.20..	Kürzel Verfasser	0511 3423-123, Nachname	13.03.20..

3. Aufgabe

Situation
Nachdem Yasemin sich den Aufbau des Anschriftenfeldes und der Kommunikationsangaben erarbeitet hat, überlegt sie, wie sie weiter vorgeht.

3.1 Wie sollte der Betreff formuliert sein?

3.2 Was müssen Sie bei der Anrede beachten?

3.3 Geben Sie an, wie der Brieftext aufgebaut sein sollte.

3.4 Gestalten Sie den Briefabschluss für einen Geschäftsbrief, den Sie im Namen der Laco Büroideen GmbH schreiben.

Wir freuen uns auf Ihren Auftrag.
¶
¶
¶
¶
¶
¶
¶
¶

3.5 Nennen Sie die Pflichtangaben in der Geschäftskorrespondenz.

4. Aufgabe

Situation
Immer häufiger lösen E-Mails Geschäftsbriefe in der betrieblichen Kommunikation ab. Auch hier sollten Sie die Regeln der DIN 5008 beachten.

4.1 Bei der E-Mail gibt es verschiedene Empfängerarten. Unterscheiden Sie diese.

Empfänger	Erläuterung
An (To)	
CC (Carbon Copy)	
BCC (Blind Carbon Copy)	

4.2 Gestalten Sie für sich als Mitarbeiter der Laco Büroideen GmbH eine E-Mail-Signatur, die auch eine Grußformel enthält.

4.3 Sie sollen eine Datei mittels E-Mail verschicken. Was sollten Sie dabei berücksichtigen?

Erläuterungen und Lösungen

3. Aufgabe

3.1 Der Betreff fasst das Thema des Briefes kurz zusammen. Die Angaben im **Betreff** können durch Fettschrift hervorgehoben werden. Vor und nach der Betreffzeile werden zwei Leerzeilen eingefügt. Die Betreffzeile gibt in kurzen Worten wieder, mit welchem Thema sich das Schreiben befasst.

> ***Hinweis***
> *Der Betreff ist keine Überschrift. Deshalb hat er die gleiche Schriftgröße, wie der restliche Brieftext.*

3.2 Achten Sie auf eine korrekte Anrede. Nach der Anrede steht ein Komma. Hat man einen konkreten Ansprechpartner, redet man diesen direkt mit seinem Namen an. Die Anrede „Sehr geehrte Damen und Herren“ sollte man nur wählen, wenn der Brief nicht an eine bestimmte Person gerichtet ist.

3.3 Anrede und Brieftext werden durch eine Leerzeile voneinander getrennt. Den Brieftext sollten Sie durch Absätze, die mit einer Leerzeile voneinander getrennt werden, gliedern. Der Brieftext beginnt mit einem einleitenden Satz. Der Briefkern enthält die eigentliche Mitteilung des Geschäftsbriefes. Am Ende steht ein abschließender Satz, in dem der Geschäftspartner gebeten wird, etwas zu tun, z. B. „Über eine schnelle Antwort von Ihnen würden wir uns sehr freuen“.

> ***Tipp***
> *Lesen Sie sich den Brieftext laut vor, so erkennen Sie, ob Ihre Sätze zu kompliziert oder fehlerhaft sind.*

> ***Hinweis***
> *Fallen Sie dabei nicht „mit der Tür ins Haus“, sondern bereiten Sie den Empfänger mit dem Betreff auf den Inhalt des Briefes vor. Formulieren Sie Ihre Sätze positiv und nicht negativ, z. B. „Sicher ist unsere Rechnung nur vergessen worden. Zahlen Sie ...“. Bilden Sie verständliche Sätze und achten Sie auf eine angemessene und freundliche Ausdrucksweise.*

3.4 Die **Grußformel** „Viele Grüße“ ist auch möglich.

Wir freuen uns auf Ihren Auftrag.
¶ ← **eine Leerzeile**
Mit freundlichem Gruß
¶ ← **eine Leerzeile**
Laco Büroideen GmbH
¶
¶ ← **mindestens drei Leerzeilen für die Unterschrift**
¶
i. A. Vorname Nachname

3.5 Bei Briefvorlagen sind die Pflichtangaben am Fuß der Briefvorlage aufzuführen. Pflichtangaben sind:

- der Firmenname, so wie er im Handelsregister aufgeführt ist
- Rechtsform und Sitz der Gesellschaft
- Registergericht und die Nummer, unter der die Gesellschaft im Handelsregister eingetragen ist
- die Namen des Vorsitzenden und aller Vorstandsmitglieder (Aktiengesellschaft) bzw. die Namen aller Geschäftsführer (GmbH)

4. Aufgabe

4.1 **Empfängerarten**

Empfänger	**Erläuterung**
An (To)	Hier gehören die E-Mail-Adressen der Personen hinein, an die sich die E-Mail richtet.
CC (Carbon Copy)	Alle weiteren Adressen von Personen, die eine Kopie der E-Mail erhalten sollen.
BCC (Blind Carbon Copy)	Alle weiteren Adressen von Personen, die eine Kopie der E-Mail erhalten sollen, ohne dass der Verteiler für die Empfänger sichtbar ist.

4.2 Eine mögliche **E-Mail-Signatur** könnte folgendermaßen aufgebaut sein:

Freundliche Grüße

Laco Büroideen GmbH

i. A. Vorname Nachname

E-Mail: info@laco-bueroideen.com
Telefon: 0221 823498-123
Fax: 0221 823498-10
Internet: www.laco-bueroideen.com

Sitz/Anschrift: Hohenstaufenring 112 – 116, 50674 Köln
Geschäftsführer: Joris van Hagens
Handelsregister HRB 2590 beim Amtsgericht Köln

4.3 Anlagen sollten in der Regel im PDF-Formal angehängt werden. Dadurch stellen Sie sicher, dass die Formatierungen erhalten bleiben und die Anlagen von jedem Empfänger geöffnet werden können.

Aufgabe 1: Aufgaben zur Stofferschließung

1. Aufgabe

Situation
Nachdem Yasemin im Schreiben von Geschäftsbriefen fit ist, erhält sie den Auftrag einen Werbebrief an 24 Kunden zu schreiben. Sie fragt sich, ob es nicht eine Möglichkeit gibt, dies zu bewerkstelligen ohne 24-mal den gleichen Text zu schreiben. Schwierigkeiten bereitet ihr dabei jedoch, dass alle Kunden mit einem Umsatz über 450.000,00 € einen Sonderrabatt von 5 % auf alle zukünftigen Bestellungen in diesem Jahr erhalten sollen und alle anderen Kunden einen Rabatt auf alle Sonderangebote in diesem Jahr in Höhe von 5 %.

1.1 Was versteht man unter einem Serienbrief und wann nutzt man diesen?

1.2 Unterscheiden Sie wichtige Begriffe, die sich auf den Serienbrief beziehen.

Haupt-dokument	
Datenquelle	
Serienbrief-dokument	

1.3 Öffnen Sie die Datei „5.2_Uebung_Serienbrief_Kundendaten" und bearbeiten Sie diese so, dass sie eine sinnvolle Datenquelle darstellt. Speichern Sie sie unter „Uebung_Serienbrief_Datenquelle". Was müssen Sie beachten? Web

1.4 Wie starten Sie die Funktion Seriendruck?

1.5 Öffnen Sie das Hauptdokument „5.2_Uebung_Serienbrief", speichern Sie dieses unter „Uebung_Serienbrief_Hauptdokument" und fügen Sie im Anschriftenfeld Seriendruckfelder ein. Wie gehen Sie vor und was müssen Sie beachten? Web

1.6 Die Anrede sowie der Brieftext sollen in Ihrem Dokument individuell auf den Empfänger abgestimmt sein. Fügen Sie hierfür sinnvolle Seriendruckfelder an den geeigneten Stellen (Anrede, Lücke [1], Lücke [2]) ein.
Denken Sie auch daran, den Briefschluss zu gestalten. Was müssen Sie hier besonders berücksichtigen?

1.7 Denken Sie auch daran den Informationsblock, soweit es Ihnen möglich ist, auszufüllen. Sie haben die Telefondurchwahl 123. Setzen Sie das aktuelle Datum ein.

1.8 Wie wählen Sie bestimmte Empfänger für einen Serienbrief aus?

1.9 Beschreiben Sie, wie Sie die Datenquelle und das Hauptdokument zu einem Serienbrief zusammenführen. Vollziehen Sie dies bei Ihrem Serienbrief nach und speichern Sie das neue Dokument unter „Uebung_Serienbrief_Zusammenführung".

1.10 Drucken Sie den Serienbrief einmal mit und einmal ohne Feldfunktionen aus.

Erläuterungen und Lösungen

1. Aufgabe

1.1 Ein **Serienbrief** ist ein Brief, der an mehrere Adressaten gesendet wird, wobei die meisten Textpassagen identisch sind. Lediglich Namen, Anschriften und bestimmte Angaben innerhalb des Textes, z.B. über Waren oder Dienstleistungen, sind von Brief zu Brief verschieden.
Im Büro fallen häufig Geschäftsbriefe und andere Schreiben an, die mit gleichem bzw. leicht abgewandeltem Text an verschiedene Geschäftspartner oder Mitarbeiter verschickt werden, z.B. Anfragen, Dankschreiben, Einladungen, Werbeschreiben.

1.2 Ein Seriendruck besteht aus drei Teilen.

Haupt-dokument	Hierbei handelt es sich um ein Word-Dokument mit einem Text, der für alle Seriendruckexemplare gleich ist. Die veränderlichen (personalisierten) Bestandteile werden durch Platzhalter eingefügt.
Datenquelle	Diese Datei liefert die Daten für die Platzhalter im Hauptdokument und kann eine Word-, Excel- oder Access-Datei sein.
Serienbrief-dokument	Hierfür wird das Hauptdokument mit der Datenquelle verbunden. Das Ergebnis sind die personalisierten Serienbriefe.

1.3 Die Anrede muss von den Namen der Ansprechpartner getrennt werden. Man fügt hierfür eine weitere Spalte ein und gibt dort die Anrede ein. Dann wird die Anrede aus der Spalte Ansprechpartner gelöscht.
Siehe auch Lösungsdatei „Übung_Serienbrief_Kundendaten_Lösung“.

1.4 Register *Sendungen – Seriendruck starten – Briefe,* danach wählen Sie die Datenquelle aus: Register *Sendungen – Empfänger auswählen – Briefe – Vorhandene Liste verwenden.*

1.5 Sie können die Seriendruckfelder einfügen über Register *Sendungen – Seriendruckfeld einfügen – gewünschten Feldnamen anklicken.*
Beachten Sie dabei, dass bei männlichen Adressaten im Anschriftenfeld „Herrn“ stehen muss. Sie müssen hier ein Bedingungsfeld einfügen.
Vorgehensweise: Register *Sendungen – Regeln – Wenn ... Dann ... Sonst... auswählen – Feldname „Anrede“ auswählen – Vergleichswort: „Gleich“ – Vergleichen mit: „Herr“ eingeben – Dann diesen Text eingeben: „Herrn“ – Sonst diesen Text eingeben: „Frau“.*

1.6 Anrede: Mithilfe des Bedingungsfeldes – siehe Aufgabenteil 1.5. Je nachdem, ob es sich um eine Ansprechpartnerin oder einen Ansprechpartner handelt, muss die Anrede angepasst werden.

Lücke [1]: Seriendruckfeld einfügen. Allerdings fehlt die korrekte Formatierung bei dem €-Betrag. Diese würde auch fehlen, wenn in der Datenquelle dieser Betrag formatiert wäre, da es sich um eine Excel-Tabelle handelt. Siehe Tipp rechts.

Lücke [2]: Mithilfe des Bedingungsfeldes – siehe Aufgabenteil 1.5. Je nachdem, welchen Umsatz der Kunde erzielt hat, muss sein Rabatt angepasst werden.

Hinweis

Häufig dient eine Excel-Tabelle als Datenquelle für einen Serienbrief. Mit Texten gibt es dabei kein Problem. Die Probleme tauchen allerdings auf, wenn die Seriendruckfelder für Zahlenwerte stehen. Formatierungen aus Excel werden nämlich nicht übernommen.
Gehen Sie in einem solchen Fall wie folgt vor: ***Register Datei – Optionen – Erweitert*** *– unter dem Punkt* ***Dokumenteninhalt anzeigen „Feldfunktionen anstelle von Werten anzeigen“*** *wählen. Ergänzen Sie die angezeigte Feldfunktion um den fettgedruckten Teil, wie folgt {MERGEFIELD Umsatz_des_Vorjahres\#* ***„#.##0,00 €“****}. Nun können Sie wieder in die normale Dokumentenansicht wechseln.*

1.7 Vergleichen Sie Ihr Ergebnis mit dem Hauptdokument der Musterlösung „5.2_Uebung_Serienbrief_Loesung_Hauptdokument“. Web

1.8 Man geht im Register *Sendungen auf die Funktion Empfängerliste bearbeiten.* Hier kann man die Datensätze, die man nicht benötigt, deaktivieren, indem man das Häkchen entfernt. Die Auswahl schließt man mit *OK* ab.

1.9 Register *Sendungen – Fertigstellen und zusammenführen – Einzelne Dokumente bearbeiten – alle Datensätze auswählen – OK.*

1.10 Serienbrief ohne Feldfunktionen:
Öffnen Sie das Hauptdokument – Register *Datei – Drucken.*
Serienbrief mit Feldfunktionen: Öffnen Sie das Hauptdokument – Register *Datei – Optionen – Erweitert* – unter dem Punkt *Drucken* die Option *Feldfunktionen anstelle von Werten drucken* wählen. Danach müssen Sie wieder über das Register *Datei* in das Druckmenü wechseln.

Aufgabe 1 bis 4: Aufgaben zur Stofferschließung

Situation
Yasemin nutzt zur Erstellung von kaufmännischen Berechnungen bei der Laco Büroideen GmbH regelmäßig die Tabellenkalkulation. Dabei findet Sie zahlreiche Befehle und Funktionen, die gerade im kaufmännischen Bereich besonders wichtig sind.

Hinweis zu den Aufgaben

Verwenden Sie die angegebenen Dateien zu den Aufgaben. Übernehmen Sie jeweils die Tabelle mit allen Formatierungen und entsprechend die Corporate Design-Anweisungen. Verwenden Sie kopierfähige Formeln.

1. Aufgabe

Öffnen Sie die Datei „5.3_Aufgabe1.xlsx". Berechnen Sie die Summe, den prozentualen Anteil, den Mittelwert, das Maximum und das Minimum.

Web

Produkt	Lagerwert in €	prozentualer Anteil in %
A	50.000,00	
B	1.000,00	
C	2.000,00	
Lagerwert gesamt		
Durchschnittlicher Lagerwert		
Anzahl der gelagerten Produkte		
Höchster Lagerwert		
Geringster Lagerwert		

2. Aufgabe

Öffnen Sie die Datei „5.3_Aufgabe2.xlsx". Berechnen Sie die prozentuale Veränderung des aktuellen Einkaufspreises im Vergleich zum Vorjahr und erstellen Sie mithilfe der WENN-Funktion die Bemerkung.

Web

Produkt	Einkaufspreis in € Vorjahr	Einkaufspreis in € aktuelles Jahr	Veränderung gegenüber dem Vorjahr in %	Bemerkung "Erhöhung gegenüber Vorjahr"
A	12.000,00	12.500,00		
B	2.000,00	1.800,00		
C	3.000,00	2.000,00		

3. Aufgabe

Öffnen Sie die Datei „5.3_Aufgabe3.xlsx". Verwenden Sie den SVERWEIS für die Zuordnung des Produktnamens in Matrix 1 und für die Zuordnung des Rabattsatzes in Matrix 2.

Web

Produktnummer	Produktname	Einkaufswert €	Rabattsatz in %
2346		115.000,00	
4556		25.000,00	

Matrix 1: Produktdatei	
Produktnummer	Produktname
2344	Chefsessel 123
2346	Chefsessel 124
4556	Druckertisch 123

Matrix 2: Rabattstaffel	
Einkaufswert € ab	Rabattsatz in %
10.000,00	3,00
50.000,00	5,00

4. Aufgabe

Öffnen Sie die Datei „5.3_Aufgabe4.xlsx". Verwenden Sie die Funktionen SUMMEWENN und ZÄHLENWENN.

Web

Produkt	Verkaufsmenge in Stück	Verkaufspreis	Umsatz
A	2	10,00 €	20,00 €
B	70	10,00 €	700,00 €
C	55	10,00 €	550,00 €

Summe der Umsätze mit einer Verkaufsmenge von über 50 Stück	
Anzahl der Produkte mit einer Verkaufsmenge von über 50 Stück	

Erläuterungen und Lösungen

1. Aufgabe

Produkt	Lagerwert in €	prozentualer Anteil in %
A	50000	=B2/$B$5
B	1000	=B3/$B$5
C	2000	=B4/$B$5
Lagerwert gesamt	=SUMME(B2:B4)	=B5/$B$5
Durchschnittlicher Lagerwert	=MITTELWERT(B2:B4)	
Anzahl der gelagerten Produkte	=ANZAHL(B2:B4)	
Höchster Lagerwert	=MAX(B2:B4)	
Geringster Lagerwert	=MIN(B2:B4)	

Der prozentuale Anteil wird mithilfe des geraden Dreisatzes berechnet:

Summe in € = 100 %
Anteil in € = x %

$$\frac{\text{Anteil in €} * 100\,\%}{\text{Summe in €}} = \text{Anteil in } \%$$

Die Formel in Zelle C2 müsste nun heißen: =B2*100/B5. Um die Kopierfähigkeit der Formel zu erreichen, muss die Zelle B5 absolut adressiert werden und die Anpassung an das Prozentformat erfordert die Herausnahme des Faktors 100. Somit ergibt sich für Zelle C2: =B2/$B$5.

2. Aufgabe

Produkt	Einkaufspreis in € Vorjahr	Einkaufspreis in € aktuelles Jahr	Veränderung gegenüber dem Vorjahr in %	Bemerkung "Erhöhung gegenüber Vorjahr"
A	12000	12500	=(C2-B2)/B2	=WENN(D2>0;"Erhöhung gegenüber Vorjahr";"")
B	2000	1800	=(C3-B3)/B3	=WENN(D3>0;"Erhöhung gegenüber Vorjahr";"")
C	3000	2000	=(C4-B4)/B4	=WENN(D4>0;"Erhöhung gegenüber Vorjahr";"")

Veränderungen des aktuellen Wertes im Vergleich mit einem früheren Wert werden mithilfe des geraden Dreisatzes berechnet:

Wert alt = 100 %
(Wert neu – Wert alt) = x %

$$\frac{(\text{Wert neu} - \text{Wert alt}) * 100\,\%}{\text{Wert alt}} = \text{Veränderung in } \%$$

Die Formel in Zelle D2 müsste nun heißen: =(C2-B2)*100/B2.
Die Formel muss nun noch an das Prozentformat angepasst werden, indem der Faktor 100 herausgenommen wird: =(C2-B2)/B2.

Die WENN-Funktion hat immer folgende Syntax:
=WENN(Prüfung;[DANN-Wert];[SONST-Wert])

Die Prüfung kann durch folgende weitere Vergleichsoperatoren erfolgen:
>= für größer gleich, < für kleiner, <= für kleiner gleich, = für gleich oder <> für ungleich. Text wird immer in Anführungszeichen gesetzt. Oft werden für den DANN-Wert und den SONST-Wert auch Berechnungen und weitere Funktionen (z. B. eine weitere WENN-Funktion oder ein SVERWEIS) eingefügt.

3. Aufgabe

Produktnummer	Produktname	Einkaufswert €	Rabattsatz in %
2346	=SVERWEIS(A2;$A$7:$B$9;2;0)	115000	=SVERWEIS(C2;$D$7:$E$8;2;1)
4556	=SVERWEIS(A3;$A$7:$B$9;2;0)	25000	=SVERWEIS(C3;$D$7:$E$8;2;1)

Die Funktion SVERWEIS hat immer folgende Syntax:
=SVERWEIS(Kriterium;Matrix;Spaltenindex;[Bereich-Verweis])

Der SVERWEIS in Zelle B2 greift auf die Matrix 1 zu, bei der der Produktname genau zur Produktnummer passen muss. Bei dieser Art des SVERWEISES muss der Bereich-Verweis mit 0 (oder FALSCH) angegeben werden.
Der SVERWEIS in Zelle D2 dagegen greift auf die Matrix 2 zu, eine Rabattstaffel mit einer ungefähren Zuordnung des Einkaufswertes. Bei dieser Art der SVERWEIS-Funktion wird für den Bereich-Verweis eine 1 eingegeben (oder WAHR oder keine Angabe).

4. Aufgabe

Summe der Umsätze mit einer Verkaufsmenge von über 50 Stück	=SUMMEWENN($B$2:$B$4;">50";$D$2:$D$4)
Anzahl der Produkte mit einer Verkaufsmenge von über 50 Stück	=ZÄHLENWENN($B$2:$B$4;">50")

Hinweis

Bei SUMMEWENN und ZÄHLENWENN werden die jeweiligen Bereiche absolut adressiert. Suchkriterien werden in Anführungszeichen gesetzt, wie z. B. ">50".

Aufgabe 1 bis 2: Aufgaben zur Stofferschließung

1. Aufgabe

Situation
Die Auszubildende Yasemin Mai hat ihrer Ausbildungsleiterin Frau Gräfe eine Datei per Mail geschickt, die diese nicht öffnen kann. Yasemin wundert sich, warum nicht.

1.1 Warum ist es wichtig, eine Dateiendung richtig auszuwählen?

1.2 Was müssen Sie bei der Dateinamenvergabe beachten, damit die Datei lesbar bleibt?

1.3 Beschreiben Sie den Fehler und korrigieren Sie die falschen Dateinamen.

Falscher Name	Fehler	Korrigierter Name
übung#1+2.pdf		
übung/Kapitel1/5.docx		
übung datei2.docx		
übung_kapitel_2		
übung.doc-kopie		
.._übung.docx		

1.4 Nennen und erklären Sie übliche Dateiformate.

1.5 Bei welchen Dateiendungen müssen Sie vorsichtig sein und warum?

2. Aufgabe

Situation
Beim Ausdruck sind zwei Sachen wichtig. Zum einen müssen Ihnen Ihre Ausdrucke zugeordnet werden können – dies gilt vor allem für Klassenarbeiten und Prüfungen – und andererseits sollten Sie beim Ausdrucken darauf achten, ökonomisch und ökologisch zu handeln. Deshalb ist es häufig sinnvoll, die Seitenzahl für den Druck anzupassen.

2.1 Öffnen Sie Word-Übungsdatei „5.4_Übung_Drucken.docx“. Speichern Sie diese Datei unter der Bezeichnung „Übung_Drucken A“ und Ihrem Nachnamen. Web

2.2 Versehen Sie das Dokument in der Fußzeile rechtsbündig mit Ihrem Namen.

2.3 Öffnen Sie Excel-Übungsdatei „5.4_Uebung_Drucken.xlsx“. Speichern Sie diese Datei unter der Bezeichnung „Übung_Drucken_B“ und Ihrem Nachnamen. Web

2.4 Richten Sie das Tabellenblatt folgendermaßen ein: Hochformat, Gitternetzlinien anzeigen lassen, Zeilen- und Spaltenköpfe anzeigen lassen, anpassen auf eine Seite. Versehen Sie das Tabellenblatt in der Fußzeile im rechten Abschnitt, rechtsbündig mit Ihrem Namen. Machen Sie sich Notizen zu Ihrer Vorgehensweise.

2.5 Kopieren Sie das Tabellenblatt „Lösung“. Stellen Sie in der Kopie die Formelansicht ein und benennen Sie dieses Tabellenblatt in „Formelansicht“ um. Machen Sie sich Notizen zu Ihrer Vorgehensweise.

2.6 Das Tabellenblatt „Formelansicht“ soll folgendermaßen eingerichtet sein: Querformat, Gitternetzlinien anzeigen lassen, Zeilen- und Spaltenköpfe anzeigen lassen, anpassen auf eine Seite. Versehen Sie das Tabellenblatt in der Fußzeile im rechten Abschnitt, rechtsbündig mit Ihrem Namen.

Erläuterungen und Lösungen

1. Aufgabe

1.1 Das **Dateiformat** legt die technische Struktur von Dateien fest. Beim Versenden von Dateien per E-Mail ist es wichtig, die Endung der Datei anzugeben, da das Übertragungsprotokoll die Datei beschädigen kann, wenn diese Angabe fehlt oder fehlerhaft gestaltet ist. Der Empfänger kann die Datei dann nicht öffnen.

1.2 **Dateinamen** sollten nie mit einem Punkt anfangen. Weiterhin sollten keine Leerzeichen oder Satzzeichen, mit Ausnahme des Binde- und Unterstriches, verwendet werden. Der Punkt soll nur vor der Endung verwendet werden. Auch sollten keine Sonderzeichen genutzt werden, da auch diese Probleme verursachen können.

1.3 Korrektur der Dateinamen:

Falscher Name	Fehler	Korrigierter Name
übung#1+2.pdf	Sonderzeichen	übung1_2.pdf
übung/Kapitel1/5.docx	Schrägstrich	übung_1_5.doc
übung datei2.docx	Leerzeichen	übung_datei2.doc
übung_kapitel_2	Dateiendung fehlt	übung_kapitel2.doc
übung.doc-kopie	Endung befindet sich nicht am Ende	übung-kopie.doc
.._übung.docx	Beginn mit Punkt	übung.doc

1.4 Übliche Dateiformate sind zum Beispiel:

.docx	Word-Datei
.rtf	Textdatei (Rich Text File)
.pdf	ermöglicht den Austausch von Dokumenten unabhängig von der verwendeten Software (Portable Document Format)
.xlsx	Excel-Datei
.txt	reine Textdatei
.jpg	Bilddatei

1.5 Sie sollten grundsätzlich keine **Dateianhänge** von E-Mails öffnen, wenn Sie nicht wissen, was dieser Dateianhang enthält. Häufig ist dies der Fall, wenn Sie den Absender nicht kennen oder wenn in der E-Mail ein Dateianhang nicht erwähnt wird. Unter anderem könnten Dateien mit den folgenden Endungen Computer-Viren enthalten:

.com .exe	Dateien, die Computerprogramme ausführen.
.bat	Datei in der hintereinander definierte Befehle der Reihe nach bis zum Ende abgearbeitet werden.
.zip	Gepackte Dateien, die wiederum Programme enthalten können.

Aber auch Word- und Excel-Dateien können sogenannte Makro-Viren enthalten. Beachten Sie weiterhin, dass Dateinamen oft getarnt werden. So kann eine Datei, die eine anscheinend harmlose Endung hat, in Kombination mit unsicheren Endungen gefährlich sein.

2. Aufgabe

2.1 Register *Datei – Speichern unter – „Übung_Drucken_Name“ – Speichern.*

2.2 Register *Einfügen – Fußzeile – Fußzeile bearbeiten* – Namen eingeben und rechtsbündig formatieren. Vergleichen Sie Ihr Ergebnis mit der Datei „5.4_Übung_Drucken_Lösung“.

Web

2.3 Register *Datei – Speichern unter – „Übung_Drucken_B_Name“ – Speichern.*

2.4 Register Datei – Drucken – Seite einrichten:
- *Papierformat – Ausrichtung: Hochformat, Skalierung: Anpassen – 1 Seite breit und 1 Seite hoch*
- *Kopfzeile/Fußzeile – Benutzerdefinierte Fußzeile – rechter Abschnitt: Name*
- *Blatt – Drucken: Gitternetzlinien; Zeilen- und Spaltenüberschriften*

2.5 Rechtsk ick auf das **Blattregister** – *Verschieben und kopieren – Einfügen vor: (ans Ende stellen) – Kopie erstellen aktivieren – OK.*
Sie haben damit nicht nur das Tabellenblatt kopiert, sondern gleichzeitig sämtliche Seiteneinrichtungen.
Um nun das neue Tabellenblatt umzubenennen, Doppelklick auf das Blattregister Namen "Formelansicht" eingeben.
Für die Formelansicht geht man auf das Register Formeln – *Formelüberwachung – Formeln anzeigen* (Strg + #).

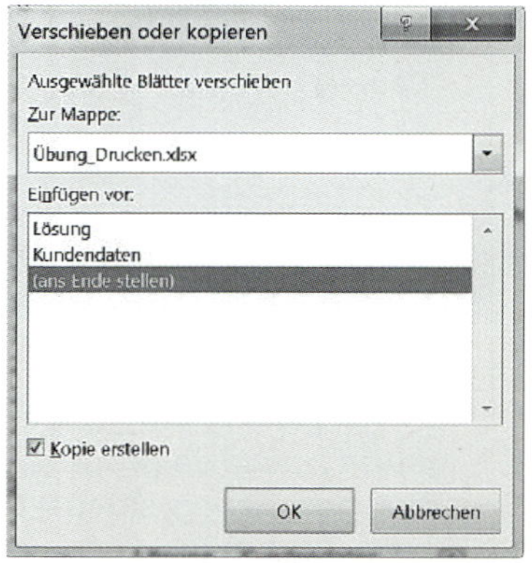

Wichtig ist nun noch, für alle Spalten die optimale Spaltenbreite einzustellen. Vergleichen Sie Ihr Ergebnis mit der Musterlösung in der Datei „5.4_Übung_Drucken_Lösung“.

2.6 Sie brauchen hier nur noch die folgende Änderung in der Seiteneinrichtung vornehmen: Register *Drucken – Seite einrichten – Papierformat – Ausrichtung: Querformat – OK.*

Aufgabe 1 bis 2: Aufgaben zur Stofferschließung

1. Aufgabe

Situation
Durch den technischen Fortschritt gibt es eine Vielzahl an Kommunikationsmöglichkeiten. Die Mitarbeiter der Laco Büroideen GmbH müssen sich darüber Gedanken machen, welche dieser Möglichkeiten in der entsprechenden Situation für den jeweiligen Empfänger am besten geeignet ist.

1.1 Stellen Sie die Unterschiede zwischen dem Internet, dem Intranet und dem Extranet dar.

Internet

Intranet

Extranet

1.2 Welche Dienste bietet das Internet? Geben Sie drei Beispiele an und erklären Sie diese kurz.

1.3 Wie können soziale Netzwerke zur Informationsgewinnung genutzt werden?

1.4 Ein wichtiger Dienst im Internet ist die E-Mail. Wofür eignet sich diese und wofür eher nicht?

+	–
+	–
+	–

1.5 Eine E-Mail ist schnell geschrieben und abgeschickt. Welche grundsätzlichen Regeln sollten Sie beim Verschicken von E-Mails beachten?

1.6 Sie haben bei E-Mails die Möglichkeit den Abwesenheits-Assistenten einzusetzen. Erklären Sie, was darunter zu verstehen ist, und gestalten Sie ein Beispiel für einen Mitarbeiter, der sich vom 13.06.20.. bis 27.06.20.. im Urlaub befindet.

1.7 Was ist ein Telefax und für welche Art von Informationen eignet es sich?

1.8 Was müssen Sie beim Einsatz des Telefaxgerätes als Kommunikationsmittel beachten?

Erläuterungen und Lösungen

1. Aufgabe

1.1 Unterschiede zwischen dem **Internet**, dem **Intranet** und dem **Extranet**.

Internet	Intranet	Extranet
Das Internet ist ein weltweites Netzwerk, das aus vielen Rechnernetzwerken besteht, durch die Daten ausgetauscht werden. Durch das Internet wird die Nutzung von Internetdiensten ermöglicht.	Ein Intranet ist ein internes Informations- und Kommunikationsnetz, das vom Internet abgekoppelt ist. Die Funktionsweise entspricht aber dem Internet.	Ein Extranet ist ein erweitertes Intranet, bei dem auch externe Teilnehmer mit Zugangsberechtigung über das Internet Zutritt haben. Häufig wird dies von Kunden bzw. Lieferanten genutzt.

1.2 **Internetdienste**

World Wide Web (WWW)	Das WWW wird fälschlicherweise häufig mit dem Internet gleichgesetzt. Es handelt sich jedoch nur um einen Dienst des Internets. Es ist ein über das Internet abrufbares Hypertext-System, in dem Informationen miteinander vernetzt sind. Der Benutzer kann über Links auf Dokumente zugreifen. Es bietet Informationen unterschiedlichster Art.
E-Mail	Dieser Dienst ermöglicht es, elektronische Nachrichten weltweit von einem Sender an eine Vielzahl von Empfängern zu übermitteln.
File Transfer Protocol (FTP)	Per FTP können Dateien im Internet übertragen werden.
Chat	Chatten bezeichnet den synchronen Austausch von mindestens zwei Kommunikationspartnern in Echtzeit über das Internet. Verbreitete Varianten sind Webchat und Instant Messaging (IM).

Weitere Internetdienste sind u. a. Weblog, Twitter, Internet-Telefonie.

1.3 **Soziale Netzwerke** können von Unternehmen genutzt werden, um Marktforschung zu betreiben. Hier besteht die Chance Kundenbedürfnisse, Konkurrenzanalysen und Trends rechtzeitig zu erkennen. Soziale Netzwerke werden hierfür nach unterschiedlichen Kriterien durchsucht und ausgewertet. Weiterhin kann mithilfe von Cookies das Nutzerverhalten ausgewertet werden, um so Informationen zum Kaufverhalten zu gewinnen. Auch können Mitarbeiter darüber geworben werden.

1.4 Einsatzmöglichkeiten von E-Mail:

+ Schreiben, die keiner Schriftform bedürfen, wie z. B. Anfragen und Angebote	– Situationen, in denen von Empfänger „hochwertige" Schreiben erwartet werden
+ Informationen, die in kurzer Zeit beim Empfänger ankommen sollen	– Situationen, in denen es wichtig ist, dass das Schriftstück gelesen wird, da E-Mail in einer großen Menge untergehen können
+ Informationen, die gleichzeitig an mehrere Empfänger verschickt werden sollen	– Wenn dem Empfänger vertrauliche Informationen weitergeleitet werden sollen – Als Kommunikationsmittel in Streit- und Konfliktsituationen

1.5 Grundsätzliche **Regeln beim Verschicken von E-Mails**:

- Anwenden der DIN 5008 in der geschäftlichen Kommunikation und beachten der Netiquette (Benimmregeln) für E-Mails.
- Einholen der Zustimmung des Kunden, wenn per E-Mail Werbung zugesandt werden soll.
- Kein Weiterleiten von Virenwarnungen, Unterschriftensammlungen und Kettenbriefen.
- Maximale Größe von Anhängen sollte 5 MB nicht überschreiten.

1.6 Der **Abwesenheits-Assistent** informiert den Absender einer E-Mail, wann man wieder zu erreichen ist, wenn man seine Mails mehrere Tage nicht abruft.

> Sehr geehrte Damen und Herren,
>
> vielen Dank für Ihre Nachricht. Leider bin in der Zeit vom 13.06. bis 27.06.20.. nicht im Hause. E-Mails werden in dieser Zeit nicht weitergeleitet. In dringenden Fällen wenden Sie sich bitte an {Ansprechpartner einsetzen}.

1.7 Ein **Telefax** ist ein Dokument, das als originalgetreue Kopie über das Telefonnetz unter Einsatz eines Telefaxgerätes beim Empfänger ankommt. Es eignet sich für die schnelle Übermittlung von Zahlenmaterial, Preislisten, technischen Daten oder handschriftlichen Notizen und Skizzen.

1.8 Einsatz des **Telefaxgerätes** als Kommunikationsmittel:

- Vermeiden des Versendens von vertraulichen oder personenbezogenen Informationen. Sollte es sich nicht vermeiden lassen, kündigt man ein vertrauliches Fax telefonisch an.
- Telefaxgeräte sind so aufzustellen, dass Unbefugte keine Kenntnis vom Inhalt der Schreiben erhalten können.
- Sicherheitsmaßnahmen, die das Gerät bietet, sollten genutzt werden.
- Zustellfristen gelten nur als gewahrt, wenn das Telefax während der üblichen Bürozeiten beim Empfänger eingeht.

2. Aufgabe

Situation
Eines der wichtigsten Kommunikationsmittel für die Laco Büroideen GmbH ist das Telefon. Einer der Gründe hierfür ist, dass man eine direkte Bestätigung hat, ob der gewünschte Gesprächspartner erreichbar ist oder nicht.

2.1 Welche weiteren Vorteile bietet das Telefon?

2.2 Was spricht gegen das Telefon als Kommunikationsmittel?

2.3 Damit wichtige Telefongespräche erfolgreich sind, müssen die Rahmenbedingungen stimmen. Was müssen Sie hierfür beachten?

2.4 Welche Regeln sollten Sie beim Telefonieren einhalten?

2.5 Erklären Sie die nachfolgenden Leistungsmerkmale einer Telefonanlage.

Makeln	
Rufumleitung	
Halten	
Anklopfen	
Konferenz	
Heranholen/ Pickup	

2.6 Geben Sie Faktoren an, die für die Auswahl des geeigneten Kommunikationsmittels entscheidend sind.

-
-
-
-
-
-

2.7 Welches Kommunikationsmittel würden Sie im vorliegenden Fall wählen? Kreuzen Sie an – manchmal sind auch mehrere Möglichkeiten denkbar.

	E-Mail	Telefax	Telefon	Soziales Netzwerk	Intranet
Sie übermitteln einem Kunden ein Angebot.					
Sie haben einen geschäftlichen Termin, stehen im Stau und möchten ihrem Geschäftspartner mitteilen, dass sie sich verspäten.					
Sie möchten ihrer Geschäftsbank vertrauliche Informationen zukommen lassen.					
Sie wollen den anderen Mitarbeitern im Unternehmen die aktuellen Briefvorlagen zur Verfügung stellen.					
Sie möchten eine aktuelle Pressemitteilung in Umlauf bringen.					

Erläuterungen und Lösungen

2. Aufgabe

2.1 Vorteile des **Telefons**:

- Informationen können schnell transportiert werden.
- Möglichkeit des individuellen Eingehens auf den Gesprächspartner und Möglichkeit des sofortigen Ausräumens von Missverständnissen.
- Der Gesprächspartner kann aufgrund der Stimmlage die Stimmung des Gegenübers erkennen.

2.2 Nachteile des Telefons als Kommunikationsmittel:

- Teilweise schwere Erreichbarkeit des Gesprächspartners.
- Komplexe Inhalte können oft besser schriftlich mitgeteilt werden.
- Ein Telefonat kann unter Umständen mehr Zeit erfordern als eine E-Mail oder ein Telefax.

2.3 Rahmenbedingungen für **Telefonate**:

- Schaffen einer störungsfreien Umgebung (kein Radio oder laute Gespräche, geschlossene Fenster)
- Bereitlegen von Schreibmaterial, um wichtige Informationen zu notieren.
- Schnelle Annahme von Telefonaten – Telefon nicht zu lange klingeln lassen.

2.4 Regeln für **Telefongespräche**:

- Positive Formulierungen wählen.
- Freundlich und dem Gesprächspartner zugewandt sein. Das drückt sich durch die Stimme aus.
- Verwenden einer verständlichen Sprache.
- Wichtige Informationen notieren.
- Inhalte bzw. das Ergebnis des Gesprächs zusammenfassen.

2.5 Leistungsmerkmale einer **Telefonanlage**:

Makeln	Hierbei kann zwischen zwei Gesprächen hin- und hergeschaltet werden.
Rufumleitung	Hiermit können eingehende Anrufe an eine Nebenstelle umgeleitet werden.
Halten	Dies bietet die Möglichkeit, Telefonate in der Nebenstelle zu „parken". Das Telefonat kann nach Eingabe einer Tastenkombination von einem anderen oder vom selben Telefon weitergeführt werden.
Anklopfen	Hat der gewünschte Gesprächspartner bereits ein Gespräch in der Leitung, wird ihm hierbei signalisiert, dass sich ein zweiter Anrufer in seiner Leitung befindet.
Konferenz	Hierbei handelt es sich um eine Zusammenschaltung von mehr als zwei Nebenstellen. Jeder kann dabei mit jedem sprechen.
Heranholen/ Pickup	Mithilfe einer Tastenkombination kann ein Telefonat von einer anderen Nebenstelle herangeholt werden, z. B. wenn ein Telefon an einem unbesetzten Platz klingelt.

2.6 Kriterien zur Auswahl des geeigneten Kommunikationsmittels:

- Zuverlässigkeit: Wie schnell und sicher muss die Nachricht den Empfänger erre chen.
- Inhalt: Was soll dem Empfänger mitgeteilt werden.
- Adressat: Wer ist der Empfänger und welche Kommunikationsmöglichkeiten und -vorlieben hat er.

2.7

	E-Mail	Telefax	Telefon	Soziales Netzwerk	Intranet
Sie übermitteln einem Kunden ein Angebot.	X	X	X		
Sie haben einen geschäftlichen Termin, stehen im Stau und möchten ihrem Geschäftspartner mitteilen, dass sie sich verspäten.			X		
Sie möchten ihrer Geschäftsbank vertrauliche Informationen zukommen lassen.			X		
Sie wollen den anderen Mitarbeitern im Unternehmen die aktuellen Briefvorlagen zur Verfügung stellen.					X
Sie möchten eine aktuelle Pressemitteilung in Umlauf bringen.	X	X		X	X

3. Anwendungsaufgabe: Analyse der Kommunikationskosten

Sie sind Auszubildende/Auszubildender der
Laco Büroideen GmbH, Hohenstaufenring 112 – 116, 50674 Köln.
Telefonisch sind Sie erreichbar unter der Nummer 0221 823498, Durchwahl 126.
Ihre E-Mail-Adresse lautet: vorname.nachname@laco-bueroideen.com.
Sie haben Artvollmacht, ebenso wie der zuständige Sachbearbeiter, Herr Gerald Obé.
Seine Durchwahl lautet 131.

Sie benötigen die folgende Datei aus der Datensammlung: Web
6.1_Kommunikationskosten.xlsx

Corporate-Design-Anweisungen:
- Angepasst auf eine Seite
- Schriftart Arial, Schriftgröße 11
- Überschriften zentriert, in Fettschrift, Schriftgröße 12
- Zahlendarstellungen mit Tausender-Trennzeichen; ohne Dezimalstellen
- Prozentsätze mit zwei Dezimalstellen
- Diagramm mit voreingestellter Schriftart; Diagrammtitel in Schriftgröße 14

Die Datei ist in der Fußzeile mit Ihrem Namen im rechten Abschnitt zu formatieren.

Einstiegsszenario:
Sie führen ein Gespräch mit Herrn Obé, Ihrem zuständigen Sachbearbeiter.

Herr Obé: Schön, Sie zu sehen. Ich habe eine interessante Aufgabe für Sie. Ich brauche eine Auswertung der Kommunikationskosten für die Abteilungen Einkauf, Vertrieb und die Allgemeine Verwaltung (AV). Könnten Sie das bitte erledigen?

Sie: Hallo, Herr Obé. Ja gerne. Muss ich etwas Besonderes beachten?

Herr Obé: Ja, ich brauche auch ein Diagramm zur Verteilung der Kosten im ersten Halbjahr.

Sie: Ist in Ordnung.

Beachten Sie die Rechtschreibung.

Öffnen Sie die Datei „6.1_Kommunikationskosten" und speichern Sie diese unter „AA 6.1.3" und Ihrem Vor- und Nachnamen.

3.1 Vervollständigen Sie das Tabellenblatt „Auswertung" gemäß Anlage 1.

3.2 Ermitteln Sie in der oberen Tabelle mit geeigneten Funktionen die Summe der Kommunikationskosten im ersten sowie zweiten Quartal, die jeweils anteiligen Kommunikationskosten in Prozent und die Kommunikationskosten für das gesamte erste Halbjahr. Beziehen Sie sich dabei auf das Tabellenblatt „K2".

3.3 Ermitteln Sie mit einer Funktion, welche Abteilung die höchsten Kommunikationskosten im 1. Halbjahr aufweist. Hier soll der Begriff „Überprüfen" erscheinen.

3.4 Sortieren Sie die Tabelle nach dem Kommunikationskosten im 1. Halbjahr absteigend.

3.5 Berechnen Sie in der Zelle J8 die prozentuale Veränderung (Prozentformat) der Kommunikationskosten vom 1. Quartal 20.. zum 2. Quartal 20... Basis ist das 1. Quartal 20...

3.6 Zeigen Sie in einem Kreisdiagramm, wie sich die Kommunikationskosten auf die Abteilungen verteilen. Gestalten Sie das Diagramm nach dem Muster in Anlage 2, wählen Sie allerdings zusätzlich eine dreidimensionale Darstellung.

Anlage 1:

	A	B	C	D	E	F	G	H	I	J
1	**Analyse der Kommunikationskosten für die Abteilungen Einkauf, Vertrieb und Allgemeine Verwaltung**									
2	Abteilung	Kommunikationskosten/ Januar 20..	Kommunikationskosten/ Februar 20..	Kommunikationskosten/ März 20..	Kommunikationskosten/ 1. Quartal 20..	Anteilige Kommunikationskosten/ 1. Quartal 20.. in %	Kommunikationskosten/ 2. Quartal 20..	Anteilige Kommunikationskosten/ 2. Quartal 20.. in %	Kommunikationskosten 1. Halbjahr 20..	Abteilung mit den höchsten Kommunikationskosten im 1. Halbjahr 20..
3	Einkauf	3768	4350	3987						
4	Vertrieb	5435	8765	7680						
5	AV	2367	4370	7650						
6	Gesamt	11570	17485	19317						

Anlage 2:

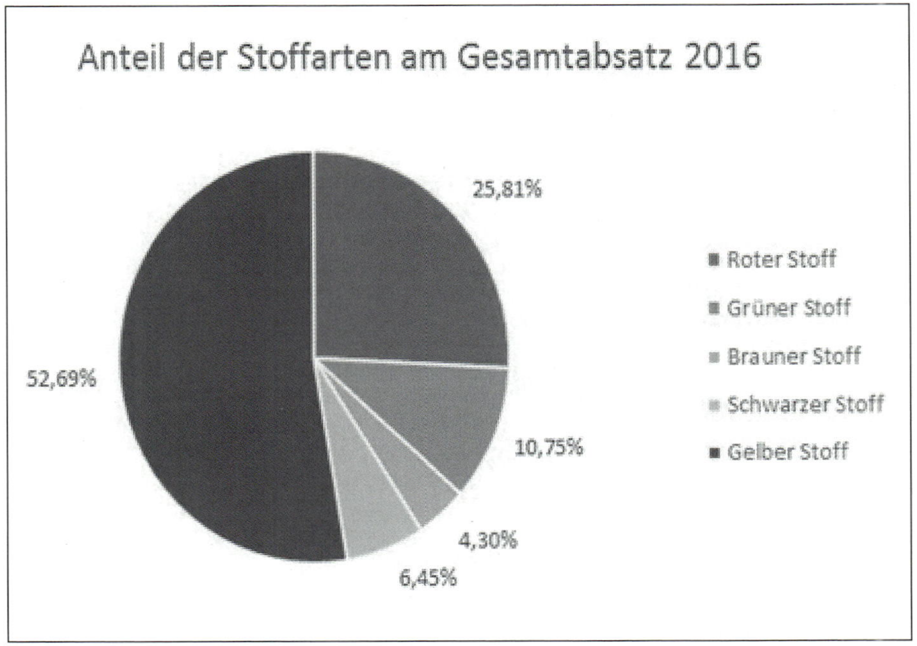

Erläuterungen und Lösungen

3. Aufgabe

Vergleichen Sie Ihr Ergebnis mit der nachfolgenden Lösung sowie der Lösungsdatei „6.1_Lösung.xlsx".

Web

Tabellenblatt „Auswertung":

	A	B	C	D	E	F	G	H	I	J
1	Analyse der Kommunikationskosten für die Abteilungen Einkauf, Vertrieb und Allgemeine Verwaltung									
2	Abteilung	Kommunikationskosten/ Januar 20..	Kommunikationskosten/ Februar 20..	Kommunikationskosten/ März 20..	Kommunikationskosten/ 1. Quartal 20..	Anteilige Kommunikationskosten/ 1. Quartal 20.. in %	Kommunikationskosten/ 2. Quartal 20..	Anteilige Kommunikationskosten/ 2. Quartal 20.. in %	Kommunikationskosten 1. Halbjahr 20..	Abteilung mit den höchsten Kommunikationskosten im 1. Halbjahr 20..
3	Einkauf	3.768	4.350	3.987	12.105	25,02	11.028	24,22	23.133	
4	Vertrieb	5.435	8.765	7.680	21.880	45,23	22.923	50,35	44.803	Überprüfen
5	AV	2.367	4.370	7.650	14.387	29,74	11.579	25,43	25.966	
6	Gesamt	11.570	17.485	19.317	48.372	100,00	45.530	100,00	93.902	
7										
8	Veränderung vom 1. Quartal 20.. zum 2. Quartal 20..									-5,88%

Tabellenblatt „Formelansicht":

	A	B	C	D	E	F	G	H	I	J
1	Analyse der Kommunikationskosten für die Abteilungen Einkauf, Vertrieb und Allgemeine Verwaltung									
2	Abteilung	Kommunikationskosten/ Januar 20..	Kommunikationskosten/ Februar 20..	Kommunikationskosten/ März 20..	Kommunikationskosten/ 1. Quartal 20..	Anteilige Kommunikationskosten/ 1. Quartal 20.. in %	Kommunikationskosten/ 2. Quartal 20..	Anteilige Kommunikationskosten/ 2. Quartal 20.. in %	Kommunikationskosten 1. Halbjahr 20..	Abteilung mit den höchsten Kommunikationskosten im 1. Halbjahr 20..
3	Einkauf	3768	4350	3987	=SUMME(B3:D3)	=E3*100/$E$6	=SVERWEIS(A3;'K2'!$A$3:$I$7;9;0)	=G3*100/$G$6	=E3+G3	=WENN(I3=MAX($I$3:$I$5);"Überprüfen";"")
4	Vertrieb	5435	8765	7680	=SUMME(B4:D4)	=E4*100/$E$6	=SVERWEIS(A4;'K2'!$A$3:$I$7;9;0)	=G4*100/$G$6	=E4+G4	=WENN(I4=MAX($I$3:$I$5);"Überprüfen";"")
5	AV	2367	4370	7650	=SUMME(B5:D5)	=E5*100/$E$6	=SVERWEIS(A5;'K2'!$A$3:$I$7;9;0)	=G5*100/$G$6	=E5+G5	=WENN(I5=MAX($I$3:$I$5);"Überprüfen";"")
6	Gesamt	=SUMME(B3:B5)	=SUMME(C3:C5)	=SUMME(D3:D5)	=SUMME(E3:E5)	=E6*100/$E$6	=SUMME(G3:G5)	=G6*100/$G$6	=SUMME(I3:I5)	
7										
8	Veränderung vom 1. Quartal 20.. zum 2. Quartal 20..									=(G6-E6)/E6

Tabellenblatt „Auswertung", Diagramm:

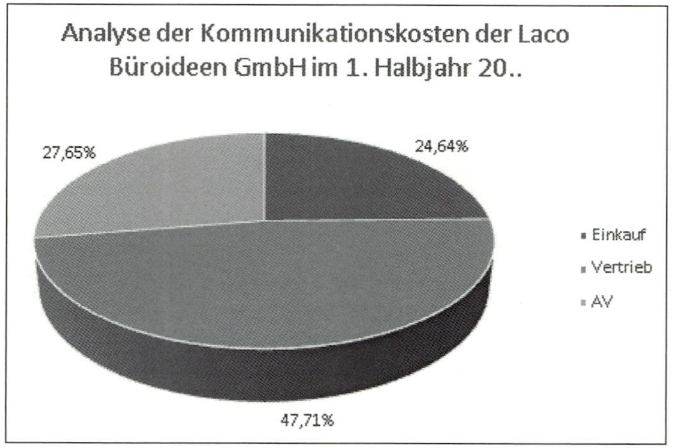

Lösungshinweise:

- Beachten Sie die Angaben zum Corporate Design und die Vorgaben aus Anlage 1. Vergleichen Sie Ihre Datei sehr genau mit der links stehenden Musterlösung.
- Beachten Sie hierbei vor allem, dass die Währungsbeträge ohne €-Zeichen, dafür aber mit einem Tausender-Trennzeichen zu formatieren sind.
- Die Prozentbeträge sind mit zwei Nachkommastellen zu formatieren – aber ohne Prozentzeichen. Die Ausnahme bildet hier der Wert in Zelle J8, da dies in der Aufgabenstellung (3.6) vorgegeben war.
- Überprüfen Sie, ob Sie die Schriftart Arial, Größe 11 verwendet haben. Die Zelle für die Überschrift muss verbunden werden, Schriftart Arial, Größe 12, fett. Achten Sie beim Übertragen auf eine korrekte Rechtschreibung und auf eine mittige Ausrichtung.
- Übertragen Sie die Tabellenüberschriften (Achtung Größe 11) und achten Sie auch hierbei auf eine korrekte Rechtschreibung sowie auf eine sowohl horizontal als auch vertikal mittige Ausrichtung. Achten Sie darauf, dass der Zeilenumbruch eingestellt ist.
- Es reicht nicht aus, lediglich die Berechnung in Zelle J8 durchzuführen. Häufig wird vergessen die Zelle A8 zu benennen. Suchen Sie hierfür nach einer passenden Bezeichnung, wie z. B. in der angegebenen Musterlösung.

Hinweise zu den Formeln:

- Achten Sie in den Zellen F3:F5 und H3:H5 darauf, den Bezug zur Gesamtsumme (E6 bzw. G6) absolut zu adressieren (d. h. mithilfe des $-Zeichens „festzusetzen").
- Die geeignete Funktion in Zelle G3:G5 ist der SVERWEIS. Achten Sie auf seine Vollständigkeit. Sie haben innerhalb der Klammern vier Bestandteile: das Suchkriterium (A3), die Matrix – dafür gehen Sie in das Tabellenblatt K2, markieren den Bereich A3:I7, adressieren diesen absolut –, den Spaltenindex (9 für die 9. Spalte aus der Matrix) und 0 – da sie ein genaues Ergebnis brauchen. Achtung! Die Matrix darf die Überschrift nicht enthalten (Zeile 2), da das Sortieren sonst nicht richtig funktioniert.
- Denken Sie bei der Funktion in Zelle J3:J5 ebenfalls an die absolute Adressierung sowie daran, dass Text in Anführungszeichen stehen muss.

Achten Sie bei Ihrem Diagramm auf die folgenden Punkte:

- Diagrammtitel in Schriftgröße 14
- Dreidimensionales Kreisdiagramm
- Werte müssten aus Spalte I gewählt werden
- Legende rechts
- Werte außerhalb des Diagramms
- Werte in Prozent und auf zwei Nachkommastellen formatiert

Hinweis

Denken Sie bei der Überschrift an die drei W's:

was – wer/wo – wann

Tipp

Überprüfen Sie, ob Sie daran gedacht haben, in der Fußzeile Ihren Namen im rechten Abschnitt einzutragen. Weiterhin sollten Sie für den Ausdruck Ihre Seite im Querformat einrichten, auf eine Seite anpassen und die Formel- und Spaltenüberschriften anzeigen lassen.

Aufgabe 1 bis 2: Aufgaben zur Stofferschließung

1. Aufgabe

Situation
Die Laco Büroideen GmbH entwickelt gemeinsam mit zwei technischen Universitäten an unterschiedlichen Standorten eine neue ergonomische Produktserie. Dies erfordert eine intensive Zusammenarbeit mit vielen Konferenzen. Um die Reisezeiten und -kosten zu reduzieren, wird über eine alternative Form der Konferenz nachgedacht.

1.1 Beschreiben Sie, was unter Videokonferenzen (E-Meeting) verstanden wird und welche weiteren Einsatzmöglichkeiten Videokonferenzsysteme bieten.

1.2 Welche technischen Voraussetzungen müssen zur Teilnahme an Videokonferenzen erfüllt sein?

1.3 Führen Sie je zwei Vor- und zwei Nachteile von Videokonferenzen auf.

+	–
+	–

2. Aufgabe

Situation
Die Laco Büroideen GmbH überlegt zu der neuen ergonomischen Produktserie ein Diskussionsforum einzurichten, in dem von Internetnutzern Fragen gestellt und Anregungen gegeben werden können.

2.1 Beschreiben Sie, was unter den folgenden Onlineanwendungen zu verstehen ist und wofür sie in Unternehmen genutzt werden können.

Suchmaschinen	
Onlineshopping	
Onlinebanking	
Onlinecommunities	

2.2 Geben Sie drei Beispiele für Onlinecommunities.

2.3 Wie können Onlinecommunities für die Verkaufsförderung genutzt werden?

2.4 Erläutern Sie zwei Vor- und Nachteile, die ein Unternehmen durch den Verkauf der Produkte über einen eigenen Onlineshop haben kann.

2.5 Überlegen Sie, wie die Laco Büroideen GmbH auch beim Verkauf ihrer Produkte über einen Onlineshop den direkten Kontakt zu den Kunden herstellen kann.

Erläuterungen und Lösungen

1. Aufgabe

1.1 Bei Videokonferenzen können mehrere Teilnehmer(gruppen), die geografisch getrennt sind, visuell und in Echtzeit miteinander kommunizieren. In der Regel können dabei auch Dokumente oder bewegte Bilddarstellungen übertragen werden.
Neben periodischen Meetings von Projektgruppen, die sich an mehreren Standorten befinden, können mithilfe von Videokonferenzen virtuelle Geschäftstreffen und -events stattfinden. Auch Produktpräsentationen, eine intensive Kontaktpflege mit Kunden- und Lieferanten sowie Fortbildungen per Webinar sind denkbar.

1.2 Die Teilnehmer benötigen ein Videokonferenzsystem mit entsprechender Software. Alternativ sollten mindestens ein Monitor, eine passende Software sowie eine Webcam vorhanden sein. Wichtig ist weiterhin eine hohe Übertragungsrate, um ein ruckelfreies Bild zu ermöglichen.

1.3 Vor- und Nachteile von Videokonferenzen:

+ keine Reisekosten und -zeiten
+ für beliebig große Besprechungen einsetzbar
+ Möglichkeit der Aufzeichnung der Veranstaltung

– Gebundenheit an die Konferenzzeit, dies kann zu Problemen bei Zeitverschiebungen an den Konferenzorten führen
– Abhängigkeit vom System
– technische Voraussetzungen müssen auf allen Seiten vorhanden sein

2. Aufgabe

2.1 Onlineanwendungen und Nutzungsmöglichkeiten für Unternehmen:

Suchmaschinen	Da das Internet aus Milliarden von Seiten besteht und immer weiter wächst, benötigt man für das Auffinden von Informationen Hilfe. Durch Suchmaschinen kann gezielt nach den gewünschten Informationen gesucht werden. Ein möglicher Einsatz im Unternehmen ist beispielsweise die Suche nach neuen Lieferanten oder Informationen über die Konkurrenz.
Online-shopping	Hierunter wird die Abwicklung von Kauf- und Verkaufsaktivitäten mithilfe des Internets verstanden. Waren können dabei ausgewählt, in einen virtuellen Einkaufswagen gelegt und dann bestellt werden. Unternehmen können diese Form der Onlineanwendung sowohl als Kunden als auch als Verkäufer nutzen.
Online-banking	Hierunter wird das Erledigen von Bankgeschäften über das Internet verstanden. Unternehmen können beispielsweise Überweisungen am PC in Auftrag geben oder den aktuellen Kontostand einsehen.
Online-communities	Dies sind virtuelle Gemeinschaften von Internetnutzern, die in der Regel die gleichen Interessensgebiete haben und im Internet über eine Onlineplattform miteinander kommunizieren. Unternehmen können Onlinecommunities für Marktforschungszwecke oder zur Produktpräsentation nutzen.

2.2 Beispiele für Onlinecommunities sind u. a. Facebook, Twitter, Flickr, Xing, YouTube.

2.3 Soziale Medien bilden eine interessante Erweiterung der Verkaufsförderungsmöglichkeiten. So können Profile in sozialen Netzwerken angelegt werden, um dort Produkte vorzustellen und Produktbeurteilungen zu ermöglichen. Auch kann die Option genutzt werden, die Nutzer in die Produktentwicklung einzubeziehen (Crowdsourcing).

2.4 Vorteile: Möglichkeit von tagesaktuellen Angeboten, Erschließung neuer Märkte, Möglichkeit der multimedialen Darstellung der Produkte, Handel rund um die Uhr.
Nachteile: kein persönlicher Kontakt zu Kunden, Gefahren durch Onlinekriminalität, technische Voraussetzungen müssen gegeben sein.

2.5 Durch Online-Videochats als Ersatz für die persönliche Beratung oder als Hilfe bei der Kaufentscheidung. Weiterhin können hierbei Fragen schnell beantwortet werden.

3. Anwendungsaufgabe: Kundenumfrage Social Media

Sie sind Auszubildende/Auszubildender der
Laco Büroideen GmbH, Hohenstaufenring 112 – 116, 50674 Köln.
Telefonisch sind Sie erreichbar unter der Nummer 0221 823498, Durchwahl 126.
Ihre E-Mail-Adresse lautet: vorname.nachname@laco-bueroideen.com.
Sie haben Artvollmacht, ebenso wie der zuständige Sachbearbeiter, Herr Gerald Obé.
Seine Durchwahl lautet 131

Sie benötigen die folgende Datei aus der Datensammlung: Web
Vorlage_Kundenbefragung.docx

Corporate-Design-Anweisungen:
- Schriftart Arial, Schriftgröße 11
- Überschriften zentriert, in Fettschrift, Schriftgröße 14

Die Datei ist in der Fußzeile mit Ihrem Namen rechtsbündig zu formatieren.

Einstiegsszenario:
Die Laco Büroideen GmbH möchte zur Unternehmensprofilbildung verstärkt soziale Netzwerke einsetzen und dabei eine schnelle und gezielte Kommunikation mit den Kunden, ein schnelles Feedback und eine hohe Aufmerksamkeit erreichen. Um dies sorgfältig zu planen und die Kunden mit einzubeziehen, soll mithilfe eines Fragebogens ermittelt werden, ob die Kunden der Laco Büroideen GmbH die sozialen Netzwerke im Beschaffungsbereich nutzen. Sie erhalten von Herrn Obé den Auftrag das Onlineformular zur Kundenbefragung zu entwerfen.

Herr Obé: Bevor Sie mit der Tür ins Haus fallen, denken Sie daran, als Erstes allgemeine Hinweise zu geben. Weisen Sie darauf hin, dass wir uns stets an den Wünschen und Bedürfnissen unserer Kunden orientieren und diese entsprechende Leistungen von uns erwarten können. Wichtig ist auch darauf hinzuweisen, was wir mit der Umfrage bezwecken und dass alle Informationen anonym und nur zu statistischen Zwecken herangezogen werden.

Sie: Ja, das verstehe ich. Welche Inhalte sollen denn abgefragt werden?

Herr Obé: Nun, wir müssten wissen, ob sich unsere Kunden regelmäßig über Produkte/ Produktneuheiten im Internet informieren, ob sie sich vorstellen könnten über soziale Plattformen in unsere Produktentwicklung und -gestaltung mit eingebunden zu sein, ob sie bei der Information und Beschaffung von Waren die üblichen Onlinedienste (Facebook, Twitter, LinkedIn, Blogs, Fachforen Suchmaschinen oder andere) nutzen, wie sie von neuen Produkten erfahren (soziale Netzwerke, Zusendung von Angeboten, Prospekten und Katalogen, Messen/Ausstellungen, E-Mail Newsletter von Lieferanten oder Mundpropaganda) und wie wichtig ihnen Dinge wie eine umfangreiche Produktinformation, individueller Service, Möglichkeit der Beteiligung an Produktentwicklungen und die Bereitstellung aktuellster Informationen bei der Nutzung sozialer Medien im Beschaffungsbereich wären. Abschließend wäre es sinnvoll, nach dem gewünschten Service zu fragen. Damit meine ich, Hilfestellungen über Twitter, Videoanleitungen, Blogs, FAQ, Serviceforen, E-Mail-Service, Telefonservice oder doch lieber den persönlichen Ansprechpartner.

Sie: Gut, jetzt habe ich eine Vorstellung davon, wie das Ganze aussehen soll.

Beachten Sie die Rechtschreibung, den Ausdruck und die Zeichensetzung.
Formulieren Sie in vollständigen Sätzen. Gestalten Sie Ihre Ergebnisse übersichtlich.
Wenden Sie die Regeln der DIN 5008 an.

Öffnen Sie die Datei „Vorlage_Kundenbefragung" und speichern Sie diese unter „AA 6.2.3" und Ihrem Vor- und Nachnamen. Web

3.1 Entwerfen Sie ein Onlineformular für eine Kundenumfrage zur Nutzung sozialer Medien im Beschaffungsbereich.

3.1.1 Achten Sie auf eine geeignete Überschrift.

3.1.2 Geben Sie im oberen Bereich allgemeine Hinweise bezüglich der Umfrage. Nutzen Sie die Hinweise aus dem Einstiegsszenario dafür. Bitten Sie die Kunden auch, die Fragen aufgrund persönlicher Einschätzungen und Erfahrungen im Arbeitsumfeld zu beantworten.

3.1.3 Gestalten Sie den Fragenteil gemäß den Vorgaben aus dem Gespräch. Orientieren Sie sich beim Aufbau an dem Muster in Anlage 1.
Fügen Sie an den entsprechenden Stellen passende Inhaltssteuerelemente ein.

3.2 Ersetzen Sie den Schriftzug im oberen rechten Bereich durch das Logo der Laco Büroideen GmbH, das Sie im Unterordner „Grafiken" finden. Web

Anlage 1:

Überall und ständig erreichbar zu sein, ist üblich.

☐ Ich stimme voll zu. ☐ Ich stimme zu. ☐ Ich weiß nicht genau.
☐ Ich stimme eher nicht zu. ☐ Ich stimme überhaupt nicht zu.

Gibt es in Ihrem Unternehmen Personen, die keinen eigenen Arbeitsplatz haben? ☐ ja ☐ nein

Welche drei Maßnahmen sind am besten geeignet, um Mitarbeiter zu motivieren?

☐ Aufstiegsmöglichkeiten ☐ kostenfreie Getränke/Verpflegung
☐ technische Ausstattung ☐ Gestaltung der Arbeitsplätze
☐ flexible Arbeitsorganisation ☐ individuelle Förderung und persönliches Feedback
sonstiges Klicken Sie hier, um Text einzugeben.

Erläuterungen und Lösungen

3. Aufgabe

Vergleichen Sie Ihr Ergebnis mit der nachfolgenden Lösung sowie der Lösungsdatei. Web

3.1 Kundenumfrage

Kundenbefragung zur Nutzen von Sozialen Medien im Beschaffungsbereich

Als Kunde der Laco Büroideen GmbH erwarten Sie zu Recht hervorragende Leistungen. Diese wollen wir auch in der Zukunft erbringen und uns konsequent an Ihren Wünschen und Bedürfnissen als Kunde ausrichten.
Gerne würden wir deshalb von Ihnen erfahren, inwieweit Sie die sozialen Medien im Beschaffungsbereich zur Information über Produkte und Produktbewertungen nutzen.
Wir versichern Ihnen, dass alle Ihre Antworten absolut anonym und vertraulich behandelt werden. Ihre Antworten werden lediglich in Form allgemeiner statistischer Daten zur Auswertung herangezogen, das heißt, sie sind in keinem Fall Ihrer Person zuzuordnen.

Hinweise zum Ausfüllen des Fragebogens:
Beantworten Sie die Fragen bitte stets aufgrund Ihrer persönlichen Einschätzung und Erfahrung in Ihrem Arbeitsumfeld.

Informieren Sie sich regelmäßig über Produkte und Produktneuheiten im Internet?	☐ ja ☐ nein
Können Sie sich vorstellen über soziale Plattformen in unsere Produktentwicklung und -gestaltung mit eingebunden zu werden?	☐ ja ☐ nein

Nutzen Sie die folgenden Onlinedienste bei der Information und Beschaffung von Waren?
☐ Facebook ☐ Twitter ☐ LinkedIn ☐ Blogs ☐ Fachforen ☐ Suchmaschinen
☐ andere, nämlich: Klicken Sie hier, um Text einzugeben.

Wie erfahren Sie von neuen Produkten?
☐ Soziale Netzwerke ☐ Zusendung von Angeboten, Prospekten und Katalogen
☐ Messen und Ausstellungen ☐ E-Mail-Newsletter von Lieferanten
☐ Mundpropaganda

Wie wichtig sind Ihnen die folgenden Punkte bei der Nutzung von sozialen Medien im Beschaffungsbereich?
☐ Umfangreiche Produktinformationen (z. B. 3-D-Präsentationen der Artikel, Bewertungen)
☐ individueller Service ☐ Möglichkeit der Beteiligung an Produktentwicklungen
☐ Bereitstellung aktuellster Informationen

Welche der folgenden Services sind Ihnen besonders wichtig bei Fragen bezüglich der angebotenen Produkte?
☐ Hilfestellungen über Twitter ☐ Videoanleitungen ☐ Blogs ☐ FAQ
☐ Serviceforen ☐ E-Mail-Service ☐ Telefonservice ☐ Persönliche Ansprechpartner

3.1.1 Die Überschrift sollte Auskunft darüber geben, was Sie bezwecken. Sie sollte kurz aber aussagekräftig sein. Achten Sie auf das Corporate Design – die Schrift hat eine Größe von 14 pt.

3.1.2 Überprüfen Sie, ob Sie Ihre Kunden über Sinn und Zweck der Umfrage informieren und auch die weiteren geforderten Inhalte beachtet haben.

3.1.3 Die Inhalte sollten alle übersichtlich dargestellt sein, sodass die Kunden eine Wahl treffen können.

3.2 Überprüfen Sie, ob Sie den Schriftzug ersetzt haben.

Hinweis

Denken Sie daran, rechts unten in der Fußzeile Ihren Namen einzufügen.

Anleitung zum Erstellen von Onlineformularen mit Word:

Onlineformulare sind elektronische Dokumente zum Sammeln von Daten. Sie bestehen aus feststehenden Informationstexten und **Formularsteuerelementen**, die als Platzhalter für Informationen dienen. Sie dienen als Eingabemasken für Benutzer und können direkt am Bildschirm ausgefüllt werden.

Als erstes müssen Sie sicherstellen, dass das Menüband **„Entwicklertools“** zur Verfügung steht: Register *Datei – Optionen – Menüband anpassen* – in der rechten Liste Menüband anpassen sind alle Hauptregisterkarten zu finden – hier: *Entwicklertools* aktivieren (Haken setzen) – *OK*

Arbeitsablauf zum Erstellen eines Onlineformulars:

- Öffnen eines Word-Dokuments.
- Anlegen einer Tabelle zur Positionierung der Elemente.
- Positionieren der Formular-Steuerelemente in der Tabellenstruktur (siehe rechts)
- Abschließend kann das Dokument vor Veränderungen durch Benutzer geschützt werden.

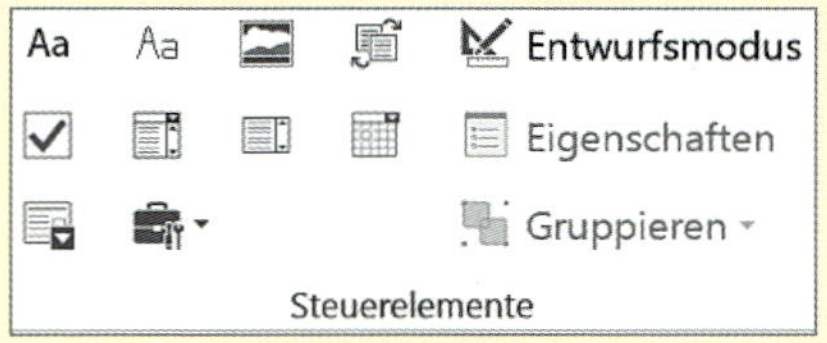

Register Entwicklertools – Steuerelemente – Entwurfsmodus aktivieren (durch Anklicken) und im Anschluss das gewünschte Steuerelement einfügen.

Wichtige Inhaltssteuerelemente:

Rich-Text zeigt Text, Tabellen etc. an. Einzelne Wörter und Zeichen können formatiert werden.

Nur-Text zeigt unformatierten Text an.

Die *Datumsauswahl* stellt einen Kalender zur Verfügung.

Das *Kontrollkästchen* stellt eine Ja/Nein-Entscheidung dar.

Das *Kombinationsfeld* sowie die *Dropdownlisten* bieten die Möglichkeit eine Liste mit verschiedenen Auswahlmöglichkeiten zu erstellen.

Aufgabe 1 bis 2: Aufgaben zur Stofferschließung

1. Aufgabe

Situation
Die Informationen, die die Mitarbeiter der Laco Büroideen GmbH für ihre tägliche Arbeit benötigen, sind vielseitig und umfangreich. Es ist manchmal nicht einfach, die erforderlichen Informationen zu erhalten und ebenso schwer ist es, das Richtige herauszufiltern und im Unternehmen umzusetzen.

1.1 Welche Quellen stehen Unternehmen zur Informationsbeschaffung zur Verfügung? Unterteilen Sie in interne und externe Quellen der Informationsbeschaffung.

Interne Informationsbeschaffung	Externe Informationsbeschaffung

1.2 Die Internetrecherche mithilfe von Onlinedatenbanken und Suchmaschinen wird immer stärker eingesetzt. Unterscheiden Sie Onlinedatenbanken von Suchmaschinen.

1.3 Im Internet gibt es Milliarden von Seiten. Wer hier ohne Strategie etwas sucht, „ertrinkt" in der Datenflut. Deshalb ist es wichtig, eine sinnvolle Suchstrategie zu entwickeln. Beschreiben Sie, was Sie bei der Suche im Internet beachten sollten.

1.4 Bei vielen Suchmaschinen können Sie sogenannte Suchoperatoren verwenden, um die Suche einzugrenzen. Erklären Sie die Bedeutung der nachfolgenden Suchoperatoren und geben Sie Beispiele.

Suchoperator	Erklärung	Eingabebeispiel
AND, &, +		
OR, /		
NOT, –		
*		
url: gesuchtes Wort		
titel: gesuchtes Wort		

1.5 Was würden Sie bei einer Suchmaschine eingeben, wenn Sie einen Ausbildungsplatz für einen Kaufmann/eine Kauffrau für Büromanagement im Raum Köln suchen?

1.6 Nach welchen Kriterien gehen Sie bei der Beurteilung einer Informationsquelle vor? Beschreiben Sie diese.

Erläuterungen und Lösungen

1. Aufgabe

1.1 **Informationsquellen**:

Interne Informationsbeschaffung	Externe Informationsbeschaffung
Kundendatei, Artikeldatei, Lieferantendatei Verkaufsstatistiken Daten aus dem Rechnungswesen oder Controlling Intranet	Internet Konkurrenzbeobachtung Messen, Ausstellungen Behörden, Kammern, Verbände Fachzeitschriften und -bücher

1.2 Eine **Onlinedatenbank** ist eine Datenbank, die über das Internet erreichbar ist und auf die parallel mehrere Anwender zugreifen können. Sie beinhaltet einen großen Datenbestand, der in regelmäßigen Abständen auf den neuesten Stand gebracht wird.
Suchmaschinen sind Programme, die aufgrund einer Suchanfrage eines Nutzers das Internet durchsuchen und die entsprechenden Treffer in Listenform darstellen.

1.3 Hinweise für die **Recherche im Internet**:
- Nutzen mehrerer Suchmaschinen
- Nutzen von Meta-Suchmaschinen (diese senden die an sie gestellten Anfragen an andere Suchmaschinen und kombinieren deren Ergebnisse miteinander)
- Nutzen von sinnvollen Suchoperatoren, um die Suche einzugrenzen
- Stellen präziser Suchanfragen, um die Trefferzahl einzugrenzen
- Stellen allgemeiner Suchanfragen, falls zu wenige relevante Treffer dabei sind
- Nutzen von Fachbegriffen
- Probieren des Domainnamens (des Produkts, des Unternehmens), so spart man sich ggf. den Umweg über die Suchmaschine. Geben Sie diesen in die Adresszeile des Internetbrowsers ein.
- Suchen in fremdsprachigen Dokumenten

1.4 **Suchoperatoren**:

Suchoperator	Erklärung	Eingabebeispiel
AND, &, +	Findet Dokumente, die alle gesuchten Wörter enthalten.	Büromöbel+Ergonomie
OR, /	Findet alle Dokumente, die eines der gesuchten Wörter enthalten.	Büromöbel OR Ergonomie
NOT, –	Findet alle Dokumente, die das mit NOT verknüpfte Wort nicht enthalten.	Ergonomie NOT Software
*	Dies ist ein Platzhalter für ein unbekanntes Zeichen.	*möbel
url: gesuchtes Wort	Findet alle Dokumente, die das gesuchte Wort in der Webadresse haben.	url: berlin
titel: gesuchtes Wort	Findet alle Dokumente, die das gesuchte Wort im Titel haben.	titel: ergonomie

1.5 Ausbildung+Kaufmann für Büromanagement+Köln

1.6 Sie sollten bei der Recherche im Internet immer beachten, dass jeder Informationen anbieten kann, unabhängig von seiner Kompetenz und seiner Seriösität. Deshalb ist es wichtig verschiedene Kriterien zur Beurteilung einer **Informationsquelle** zu nutzen:
- Glaubwürdigkeit der Quelle
- Genauigkeit, Aktualität der Informationen
- Referenzen für diese Quelle
- Nutzerfreundlichkeit
- Objektivität der Quelle
- Angabe von Impressum, Ansprechpartner und Autoren

2. Aufgabe

Situation
Die Laco Büroideen GmbH benötigt wie jedes andere Unternehmen Daten von seinen Mitarbeitern, Kunden, Lieferanten und weiteren Personengruppen. Einige dieser Daten sind Informationen, die sich auf Personen beziehen. Diese Informationen werden auch als personenbezogene Daten bezeichnet, die vor Missbrauch geschützt werden müssen.

2.1 Was sind personenbezogene Daten?

2.2 Wer könnte sich für die von der Laco Büroideen GmbH gesammelten Daten interessieren und auf welche Weise könnten diese Daten missbraucht werden?

2.3 Was wird unter dem Begriff Datenschutz verstanden?

2.4 Erläutern Sie drei wichtige Grundprinzipien des Datenschutzes.

-
-
-

2.5 Von wem ist das Bundesdatenschutzgesetz (BDSG) anzuwenden?

2.6 Was muss bei der Datenerhebung, -verarbeitung und -nutzung personenbezogener Daten beachtet werden?

2.7 Erläutern Sie die Rechte der Betroffenen nach dem BDSG ausführlich.

2.8 Welche personenbezogenen Daten werden üblicherweise in Unternehmen gespeichert?

2.9 Muss die Laco Büroideen GmbH einen Datenschutzbeauftragten einsetzen? Begründen Sie Ihre Antwort. Beziehen Sie hierbei die Informationen zum Modellunternehmen mit ein.

Erläuterungen und Lösungen

2. Aufgabe

2.1 **Personenbezogene Daten** sind Angaben über persönliche oder sachliche Verhältnisse von natürlichen Personen.
Zu den **persönlichen Verhältnissen** gehören z. B. das Alter, der Beruf oder der Familienstand.
Zu den **sachlichen Verhältnissen** gehört u. a. die Vermögens- und Finanzlage der natürlichen Person.

2.2 Für die gesammelten Daten der Laco Büroideen GmbH könnte sich die Konkurrenz, Lieferanten, Banken, Behörden oder auch Betrüger interessieren.

Möglichkeiten des **Missbrauchs von Daten**:
- Diebstahl von geheimen Firmenunterlagen
- Identitätsdiebstahl
- Diebstahl von Kontendaten und Passwörtern
- Diebstahl von Adressdaten

2.3 **Datenschutz** ist der Schutz personenbezogener Daten vor Missbrauch.
Grundsätzlich hat jeder Mensch das Recht über die Verwendung seiner Daten selbst zu entscheiden, d. h., wer sie kennen und zu welchem Zweck sie genutzt werden dürfen.

2.4 **Grundprinzipien des Datenschutzes**:

- Verbot mit Erlaubnisvorbehalt
  Das Erheben, Verarbeiten und Nutzen von personenbezogenen Daten ist verboten. Ausnahmen bestehen nur dann, wenn es eine ausdrückliche Regelung dafür gibt oder die Person in die Verarbeitung ihrer Daten eingewilligt hat.
- Direkterhebung
  Die Datenerhebung ist nur beim Betroffenen unmittelbar zulässig. Auch hier gibt es Ausnahmen.
- Datensparsamkeit
  Daten sollen nicht für unbestimmte Zeit aufbewahrt werden. Sie sollen gelöscht werden, wenn sie nicht mehr gebraucht werden.
- Datenvermeidung
  Es sollen so wenige Daten wie möglich verarbeitet werden.
- Erforderlichkeit
  Daten dürfen nur gespeichert werden, wenn die Speicherung erforderlich ist.
- Zweckbindung
  Die Daten dürfen nur für den Zweck genutzt werden, für den sie ursprünglich auch erfasst wurden.
- Transparenz
  Der Betroffene muss wissen, welche Daten über ihn erhoben werden, zu welchem Zweck und für welche Dauer. Eine heimliche Datenerhebung ist in der Regel unzulässig.

2.5 Das **Bundesdatenschutzgesetz** (BDSG) ist von Unternehmen und Behörden anzuwenden.

2.6 Grundsätzlich ist die Erhebung, Verarbeitung und Nutzung personenbezogener Daten nur zulässig, wenn ein Gesetz oder andere Rechtsvorschrift dies erlaubt bzw. anordnet oder die betroffene Person eingewilligt hat.
Unter Verarbeiten ist dabei das Speichern (erfassen), Verändern (umgestalten), Übermitteln (bekanntgeben), Sperren (einschränken) und Löschen (unkenntlich machen) zu verstehen.

2.7 Rechte der Betroffenen nach dem BDSG:
- Recht auf Auskunft über die gespeicherten Daten, ihre Herkunft und den Zweck der Speicherung.
- Recht auf Berichtigung, falls die erhobenen Daten unrichtig sind.
- Recht auf Löschung, wenn die Daten zur Erfüllung ihrer Aufgabe nicht mehr nötig sind oder ihre Speicherung unzulässig ist.
- Recht auf Sperrung, wenn eine Löschung aufgrund gesetzlicher, satzungsmäßiger oder vertraglicher Aufbewahrungsfristen nicht möglich ist oder die Löschung mit einem unverhältnismäßig hohen Aufwand verbunden ist.

2.8 Kunden: Name, Adresse, Zahlungsverhalten usw.
Mitarbeiter: Name, Anschrift, Kontodaten, Krankenkassendaten, Krankheitszeiten, Lohn/Gehalt, Sozialversicherungsdaten usw.

2.9 Ja, da jedes Unternehmen, das mehr als 20 Mitarbeiter beschäftigt, einen Datenschutzbeauftragten bestellen muss. Hat ein Unternehmen jedoch mindestens zehn Personen, die ständig automatisiert Daten verarbeiten, so gilt auch hier, dass ein Datenschutzbeauftragter bestellt werden muss.

3. Anwendungsaufgabe: Analyse der Onlinekriminalität

Sie sind Auszubildende/Auszubildender der
Laco Büroideen GmbH, Hohenstaufenring 112 – 116, 50674 Köln.

Sie benötigen die folgende Datei aus der Datensammlung:
6.3_Onlinekriminalität.xlsx

Corporate-Design-Anweisungen:
- Angepasst auf eine Seite
- Schriftart Arial, Schriftgröße 11
- Überschriften zentriert, in Fettschrift, Schriftgröße 12
- Zahlendarstellungen mit Tausender-Trennzeichen; ohne Dezimalstellen
- Prozentsätze mit zwei Dezimalstellen

Die Datei ist in der Fußzeile mit Ihrem Namen im rechten Abschnitt zu formatieren.

Einstiegsszenario:
Sie führen ein Gespräch mit Herrn Obé, Ihrem zuständigen Sachbearbeiter.

Herr Obé: Bezüglich des Datenschutzes sind wir in unserem Unternehmen sehr gut aufgestellt. Was uns momentan jedoch Sorge bereitet ist, die steigende Onlinekriminalität. Zum Glück konnten wir bisher Schlimmeres verhindern, aber für das Ergreifen der richtigen Maßnahmen ist unsere Auswertung der Angriffe sehr bedeutsam. Gerade steht eine solche Auswertung auch wieder an. Ich würde Sie bitten, dass Sie das diesmal übernehmen.

Sie: Ja, gerne Herr Obé. Was soll ich da genau auswerten?

Herr Obé: Sie vergleichen zum einen die Werte des aktuellen Jahres mit denen des Vorjahres in Bezug auf die versuchten Angriffe je Angriffsart und Wochentag. Außerdem hätte ich gerne Vorschläge für zu ergreifende Maßnahmen.

Sie: Ist in Ordnung.

Beachten Sie die Rechtschreibung, den Ausdruck und die Zeichensetzung. Formulieren Sie in vollständigen Sätzen. Gestalten Sie Ihre Ergebnisse übersichtlich. Wenden Sie die Regeln der DIN 5008 an.

Öffnen Sie die Datei „6.3_Onlinekriminalität" und speichern Sie diese unter „AA 6.3.3" und Ihrem Vor- und Nachnamen.

3.1 Vervollständigen Sie das Tabellenblatt „Auswertung" gemäß Anlage 1.

3.2 Fügen Sie eine passende Überschrift in die oberste Zeile ein.

3.3 Auswertung nach der Art der Angriffe:
3.3.1 Ermitteln Sie in der oberen Tabelle mit einer Funktion die jeweiligen Summen der Angriffsarten für die ersten drei Quartale. Beziehen Sie sich dabei auf das Tabellenblatt „A2".
3.3.2 Ermitteln Sie in der oberen Tabelle mit einer Funktion die Summen der Angriffsarten für das vierte Quartal. Beziehen Sie sich dabei auf das Tabellenblatt „A2".
3.3.3 Berechnen Sie die Gesamtangriffe je Angriffsart für das aktuelle Jahr.
3.3.4 Berechnen Sie den prozentualen Anteil je Angriffsart an der Gesamtzahl der Angriffe.
3.3.5 Ermitteln Sie mit einer Funktion die Summe der Angriffsarten je Angriffsart bezogen auf das Vorjahr. Beziehen Sie sich dabei auf das Tabellenblatt „A2".
3.3.6 Berechnen Sie auch für das Vorjahr den prozentualen Anteil je Angriffsart an der Gesamtzahl der Angriffe.
3.3.7 Berechnen Sie die prozentuale Veränderung je Angriffsart vom Vorjahr zum aktuellen Jahr.

3.4 Auswertung nach Angriffstag.
3.4.1 Ermitteln Sie in der unteren Tabelle mit einer Funktion die Summe der Angriffsarten je Wochentag für die ersten drei Quartale. Beziehen Sie sich dabei auf das Tabellenblatt „A1".
3.4.2 Ermitteln Sie in der oberen Tabelle mit einer Funktion die Summe der Angriffsarten je Wochentag für das vierte Quartal. Beziehen Sie sich dabei auf das Tabellenblatt „A2".
3.4.3 Berechnen Sie die Gesamtangriffe je Wochentag für das aktuelle Jahr.
3.4.4 Berechnen Sie den prozentualen Anteil je Wochentag an der Gesamtzahl der Angriffe.
3.4.5 Mithilfe einer Funktion soll ein Kommentar erscheinen, wenn dieser Wochentag der Tag mit den meisten Angriffen ist, sonst sollen die Zellen leer bleiben.
3.4.6 Fügen Sie ein Textfeld ein und machen Sie drei Vorschläge, wie der Online-kriminalität entgegengewirkt werden kann.

Anlage 1:

	A	B	C	D	E	F	G	H	I	J
1										
2		Aktuelles Jahr				Gesamt - aktuelles Jahr	Anteil - aktuelles Jahr	Vorjahr	Anteil - Vorjahr	Veränderungen vom Vorjahr zum aktuellen Jahr
3		1. Quartal	2. Quartal	3. Quartal	4. Quartal					
4	Ausspähen von Daten									
5	Computersabotage									
6	Diebstahl vertraulicher Kundendaten									
7	Diebstahl vertraulicher Unternehmensdaten									
8	Industriespionage									
9	Phishing									
10	Gesamt									
11										
12										
13		Aktuelles Jahr				Gesamt - aktuelles Jahr	Anteil - aktuelles Jahr	Kommentar		
14		1. Quartal	2. Quartal	3. Quartal	4. Quartal					
15	Montag									
16	Dienstag									
17	Mittwoch									
18	Donnerstag									
19	Freitag									
20	Samstag									
21	Sonntag									
22										

Erläuterungen und Lösungen

3. Aufgabe

Vergleichen Sie Ihr Ergebnis mit der nachfolgenden Lösung sowie der Lösungsdatei „AA_6.3.3_Lösung.xlsx". Web

Tabellenblatt „Auswertung":

	A	B	C	D	E	F	G	H	I	J
1	**Auswertung der Online-Angriffe nach Art und Tag des Angriffs**									
2		Aktuelles Jahr								Veränderungen vom Vorjahr zum aktuellen Jahr
3		1. Quartal	2. Quartal	3. Quartal	4. Quartal	Gesamt - aktuelles Jahr	Anteil - aktuelles Jahr	Vorjahr	Anteil - Vorjahr	
4	Ausspähen von Daten	18	34	12	22	86	7,81	158	16,09	-51,45
5	Computersabotage	7	9	12	11	39	3,54	67	6,82	-48,08
6	Diebstahl vertraulicher Kundendaten	21	57	35	40	153	13,90	124	12,63	10,05
7	Diebstahl vertraulicher Unternehmensdaten	39	43	48	45	175	15,89	143	14,56	9,15
8	Industriespionage	0	2	2	1	5	0,45	1	0,10	345,96
9	Phishing	97	187	206	153	643	58,40	489	49,80	17,28
10	Gesamt	182	332	315	272	1.101	100,00	982	100,00	
11										
12										
13		Aktuelles Jahr				Gesamt - aktuelles Jahr	Anteil - aktuelles Jahr	Kommentar		
14		1. Quartal	2. Quartal	3. Quartal	4. Quartal					
15	Montag	55	52	48	55	210	19,07			
16	Dienstag	17	71	62	51	201	18,26			
17	Mittwoch	9	58	46	55	168	15,26			
18	Donnerstag	14	17	12	10	53	4,81			
19	Freitag	53	117	122	64	356	32,33	gefährlichster Tag		
20	Samstag	6	5	2	1	14	1,27			
21	Sonntag	28	12	23	36	99	8,99			
22						1101				

Tabellenblatt „Formelansicht":

	A	B	C	D
1				**Auswertung der**
2			Aktuelles Jahr	
3		1. Quartal	2. Quartal	3. Quartal
4	Ausspähen von Daten	=SVERWEIS(A4;'A2'!$A$4:$E$9;3;0)	=SVERWEIS(A4;'A2'!$A$4:$E$9;4;0)	=SVERWEIS(A4;'A2'!$A$4:$E$9;5;0)
5	Computersabotage	=SVERWEIS(A5;'A2'!$A$4:$E$9;3;0)	=SVERWEIS(A5;'A2'!$A$4:$E$9;4;0)	=SVERWEIS(A5;'A2'!$A$4:$E$9;5;0)
6	Diebstahl vertraulicher Kundendaten	=SVERWEIS(A6;'A2'!$A$4:$E$9;3;0)	=SVERWEIS(A6;'A2'!$A$4:$E$9;4;0)	=SVERWEIS(A6;'A2'!$A$4:$E$9;5;0)
7	Diebstahl vertraulicher Unternehmensdaten	=SVERWEIS(A7;'A2'!$A$4:$E$9;3;0)	=SVERWEIS(A7;'A2'!$A$4:$E$9;4;0)	=SVERWEIS(A7;'A2'!$A$4:$E$9;5;0)
8	Industriespionage	=SVERWEIS(A8;'A2'!$A$4:$E$9;3;0)	=SVERWEIS(A8;'A2'!$A$4:$E$9;4;0)	=SVERWEIS(A8;'A2'!$A$4:$E$9;5;0)
9	Phishing	=SVERWEIS(A9;'A2'!$A$4:$E$9;3;0)	=SVERWEIS(A9;'A2'!$A$4:$E$9;4;0)	=SVERWEIS(A9;'A2'!$A$4:$E$9;5;0)
10	Gesamt	=SUMME(B4:B9)	=SUMME(C4:C9)	=SUMME(D4:D9)
11				
12				
13			Aktuelles Jahr	
14		1. Quartal	2. Quartal	3. Quartal
15	Montag	=SVERWEIS(A15;'A2'!$A$14:$E$20;3;0)	=SVERWEIS(A15;'A2'!$A$14:$E$20;4;0)	=SVERWEIS(A15;'A2'!$A$14:$E$20;5;0)
16	Dienstag	=SVERWEIS(A16;'A2'!$A$14:$E$20;3;0)	=SVERWEIS(A16;'A2'!$A$14:$E$20;4;0)	=SVERWEIS(A16;'A2'!$A$14:$E$20;5;0)
17	Mittwoch	=SVERWEIS(A17;'A2'!$A$14:$E$20;3;0)	=SVERWEIS(A17;'A2'!$A$14:$E$20;4;0)	=SVERWEIS(A17;'A2'!$A$14:$E$20;5;0)
18	Donnerstag	=SVERWEIS(A18;'A2'!$A$14:$E$20;3;0)	=SVERWEIS(A18;'A2'!$A$14:$E$20;4;0)	=SVERWEIS(A18;'A2'!$A$14:$E$20;5;0)
19	Freitag	=SVERWEIS(A19;'A2'!$A$14:$E$20;3;0)	=SVERWEIS(A19;'A2'!$A$14:$E$20;4;0)	=SVERWEIS(A19;'A2'!$A$14:$E$20;5;0)
20	Samstag	=SVERWEIS(A20;'A2'!$A$14:$E$20;3;0)	=SVERWEIS(A20;'A2'!$A$14:$E$20;4;0)	=SVERWEIS(A20;'A2'!$A$14:$E$20;5;0)
21	Sonntag	=SVERWEIS(A21;'A2'!$A$14:$E$20;3;0)	=SVERWEIS(A21;'A2'!$A$14:$E$20;4;0)	=SVERWEIS(A21;'A2'!$A$14:$E$20;5;0)

Vorschläge, um der Onlinekriminalität vorzubeugen:

Schulung der Mitarbeiter im Hinblick auf Datensicherheit und Datenschutz, verschlüsselte Datenübertragung, Installation von Antivirensoftware, Installation einer Firewall, keinen Links folgen, die per E-Mail zugesandt werden, E-Mail-Anhänge nie ungeprüft öffnen, regelmäßige Softwareupdates

Lösungshinweise:

- Beachten Sie auch hier wieder die Angaben aus dem Corporate Design und die Vorgaben aus Anlage 1. Vergleichen Sie Ihre Datei sehr genau mit der links stehenden Musterlösung.
- Überprüfen Sie, ob Sie die Schriftart Arial, Größe 11 verwendet haben. Die Zelle für die Überschrift, sowie die Zellen B2:E2 müssen verbunden werden. Achten Sie beim Übertragen auf eine korrekte Rechtschreibung und auf eine mittige Ausrichtung.
- Übertragen Sie die Tabellenüberschriften (Achtung: Größe 11) und achten Sie auch hierbei auf eine korrekte Rechtschreibung und auf eine sowohl horizontal als auch vertikal mittige Ausrichtung. Achten Sie darauf, den Zeilenumbruch eingestellt zu haben.

Hinweis

*Die Zelle F10 entspricht 100 % – dementsprechend lautet die Formel in Zelle G4: =F4*100/$F$10 (Achtung! Absolute Adressierung).*

Tipp

*Basisjahr (100 % ist das Vorjahr). Denken Sie daran, dass es um eine Veränderung geht, deshalb müssen Sie die Differenz zwischen den beiden Jahren berechnen: =(G4-I4)*100/I4.*

	E	F	G	H	I	J
1	**Online-Angriffe nach Art und Tag des Angriffs**					
2						Veränderungen vom Vorjahr zum aktuellen Jahr
3	4. Quartal	Gesamt - aktuelles Jahr	Anteil - aktuelles Jahr	Vorjahr	Anteil - Vorjahr	
4	=SUMMEWENN('A1'!$C$5:$D$32;A4;'A1'!$D$5:$D$32)	=SUMME(B4:E4)	=F4*100/$F$10	=SVERWEIS(A4;'A2'!$A$4:$E$9;2)	=H4*100/$H$10	=(G4-I4)*100/I4
5	=SUMMEWENN('A1'!$C$5:$D$32;A5;'A1'!$D$5:$D$32)	=SUMME(B5:E5)	=F5*100/$F$10	=SVERWEIS(A5;'A2'!$A$4:$E$9;2)	=H5*100/$H$10	=(G5-I5)*100/I5
6	=SUMMEWENN('A1'!$C$5:$D$32;A6;'A1'!$D$5:$D$32)	=SUMME(B6:E6)	=F6*100/$F$10	=SVERWEIS(A6;'A2'!$A$4:$E$9;2)	=H6*100/$H$10	=(G6-I6)*100/I6
7	=SUMMEWENN('A1'!$C$5:$D$32;A7;'A1'!$D$5:$D$32)	=SUMME(B7:E7)	=F7*100/$F$10	=SVERWEIS(A7;'A2'!$A$4:$E$9;2)	=H7*100/$H$10	=(G7-I7)*100/I7
8	=SUMMEWENN('A1'!$C$5:$D$32;A8;'A1'!$D$5:$D$32)	=SUMME(B8:E8)	=F8*100/$F$10	=SVERWEIS(A8;'A2'!$A$4:$E$9;2)	=H8*100/$H$10	=(G8-I8)*100/I8
9	=SUMMEWENN('A1'!$C$5:$D$32;A9;'A1'!$D$5:$D$32)	=SUMME(B9:E9)	=F9*100/$F$10	=SVERWEIS(A9;'A2'!$A$4:$E$9;2)	=H9*100/$H$10	=(G9-I9)*100/I9
10	=SUMME(E4:E9)	=SUMME(B10:E10)	=SUMME(G4:G9)	=SUMME(H4:H9)	=H10*100/$H$10	
11						
12						
13		Gesamt - aktuelles Jahr	Anteil - aktuelles Jahr	Kommentar		
14	4. Quartal					
15	=SUMMEWENN('A1'!$B$5:$D$32;A15;'A1'!$D$5:$D$32)	=SUMME(B15:E15)	=F15*100/$F$22	=WENN(G15=MAX($G$15:$G$21);"gefährlichster Tag";"")		
16	=SUMMEWENN('A1'!$B$5:$D$32;A16;'A1'!$D$5:$D$32)	=SUMME(B16:E16)	=F16*100/$F$22	=WENN(G16=MAX($G$15:$G$21);"gefährlichster Tag";"")		
17	=SUMMEWENN('A1'!$B$5:$D$32;A17;'A1'!$D$5:$D$32)	=SUMME(B17:E17)	=F17*100/$F$22	=WENN(G17=MAX($G$15:$G$21);"gefährlichster Tag";"")		
18	=SUMMEWENN('A1'!$B$5:$D$32;A18;'A1'!$D$5:$D$32)	=SUMME(B18:E18)	=F18*100/$F$22	=WENN(G18=MAX($G$15:$G$21);"gefährlichster Tag";"")		
19	=SUMMEWENN('A1'!$B$5:$D$32;A19;'A1'!$D$5:$D$32)	=SUMME(B19:E19)	=F19*100/$F$22	=WENN(G19=MAX($G$15:$G$21);"gefährlichster Tag";"")		
20	=SUMMEWENN('A1'!$B$5:$D$32;A20;'A1'!$D$5:$D$32)	=SUMME(B20:E20)	=F20*100/$F$22	=WENN(G20=MAX($G$15:$G$21);"gefährlichster Tag";"")		
21	=SUMMEWENN('A1'!$B$5:$D$32;A21;'A1'!$D$5:$D$32)	=SUMME(B21:E21)	=F21*100/$F$22	=WENN(G21=MAX($G$15:$G$21);"gefährlichster Tag";"")		
22		=SUMME(F15:F21)				

Tipp

Hier benötigen Sie eine Wenn-Funktion, die im ersten Argument eine Maximum-Funktion beinhaltet, da aus dem Bereich G15:G21 der größte Wert herausgesucht werden soll. Texte werden in Formeln in Anführungszeichen gesetzt. Beispiel: =WENN(G15=MAX($G$15:$G$21;"gefährlicher Tag";""))

Aufgabe 1 bis 4: Aufgaben zur Stofferschließung

1. Aufgabe

Situation
Ein bedeutsamer Erfolgsfaktor für die Wettbewerbsfähigkeit von Unternehmen ist der Schutz wichtiger und sensibler Unternehmensdaten. Die Laco Büroideen GmbH sieht es als wichtige Aufgabe an, Daten vor Manipulation, Diebstahl und Zerstörung zu schützen und ihre Mitarbeiter hierfür zu sensibilisieren.

1.1 Bevor Maßnahmen zur Datensicherheit geplant werden können, müssen mögliche Bedrohungen erfasst und realistisch eingeschätzt werden. Nennen Sie Ursachen, wie Daten verloren gehen bzw. missbraucht werden können.

____

____

1.2 Kreuzen Sie an, um welche Art von Datensicherungsmaßnahme es sich im Folgenden handelt.

Maßnahme	technisch	organisatorisch	programmtechnisch
1.2.1 Rauchmelder			
1.2.2 Polizeiliches Führungszeugnis			
1.2.3 Plausibilitätsprüfungen bei der Erfassung von Daten			
1.2.4 Erstellen eines Katastrophenhandbuchs			
1.2.5 Biometrische Benutzeridentifikation			
1.2.6 Alarmanlagen			
1.2.7 IT-Anwenderschulungen			
1.2.8 Verschlüsselung von Daten			

1.3 Geben Sie an, durch welche konkrete Datensicherungsmaßnahme in den folgenden Fällen ein Datenverlust verhindert werden kann bzw. hätte verhindert werden können.

Situation	Datensicherungsmaßnahme
1.3.1 Durch einen Brand im Serverraum werden alle Sicherungskopien zerstört.	
1.3.2 Wichtige Forschungsergebnisse werden auf einem USB-Stick in der Schreibtischschublade des Geschäftsführers aufbewahrt.	
1.3.3 Der Zugang zum Forschungslabor mit sensiblen Daten ist für alle Mitarbeiter und Gäste des Unternehmens möglich.	
1.3.4 Durch einen Stromausfall gehen sämtliche Daten der letzten Stunde verloren.	
1.3.5 Durch einen Hackerangriff werden die Maschinen in der Produktion zum Stillstand gebracht.	
1.3.6 Durch das Öffnen von E-Mail-Anhängen gelangen Viren auf den Computer.	
1.3.7 Nach Einführung einer neuen Buchhaltungssoftware kommt es vermehrt zu Benutzerfehlern.	
1.3.8 Es kommt immer wieder vor, dass es bei der Eingabe der Artikelnummern zu Zahlendrehern kommt.	
1.3.9 Ein Konkurrent beauftragt einen Kriminellen, bei der Laco Büroideen GmbH einzubrechen und Unternehmensgeheimnisse zu stehlen.	
1.3.10 Ein Mitarbeiter kopiert geheime Informationen zu einem neuen Produktionsverfahren auf einen USB-Stick und schmuggelt diesen hinaus.	

Erläuterungen und Lösungen

1. Aufgabe

Nach dem Bundesdatenschutzgesetz (BDSG, § 9) müssen alle Stellen, die personenbezogene Daten verarbeiten, erheben oder nutzen, technische und/oder organisatorische Maßnahmen ergreifen, um zu gewährleisten, dass die Sicherheits- und Schutzanforderungen des BDSG erfüllt sind. Unter **Datensicherheit** wird der Schutz von Daten in Bezug auf deren Vertraulichkeit, Verfügbarkeit und Integrität bezeichnet.

1.1 **Datenverluste** verursachen in deutschen Unternehmen jährlich hohe Kosten. Unter Datenverlust wird ein Ereignis verstanden, das dazu führt, dass gespeicherte Daten nicht mehr wie erforderlich genutzt werden können. **Datenmissbrauch** droht, wenn Daten nicht mehr hinreichend gegen die Einsicht Unbefugter geschützt sind.

- Virenbefall
- Diebstahl
- Sabotage
- Fehlerhafte Software
- Stromausfall
- Hackerangriff
- Blitzeinschlag
- Bedienungsfehler
- Brand, z. B. im Serverraum
- Benutzerfehler
- Hochwasser
- Zutritt Unbefugter
- Zerstörung des Speichermediums, z. B. durch Flüssigkeiten wie Kaffee oder andere Getränke

1.2 **Datensicherungsmaßnahmen** werden in technische, organisatorische sowie programmtechnische Maßnahmen unterteilt.

Technische Maßnahmen sind alle Schutzversuche, die im weitesten Sinne physisch bzw. baulich umsetzbar sind, wie etwa
- Sicherung von Türen und Fenstern gegen Einbruch
- Einbau von Alarmanlagen
- Einbau von Brandschutzeinrichtungen, wie Rauchmelder, Löschanlagen
- Notstromaggregate
- Blitzschutzanlagen
- Umzäunung des Unternehmensgrundstücks

Programmtechnische Maßnahmen sind Maßnahmen, die in der Software umgesetzt werden, wie z. B.
- Biometrische Benutzeridentifikation
- Installation einer Firewall
- Installation und regelmäßiges Update eines Antivirenprogrammes
- Verschlüsselung von Daten zur Verhinderung der unbefugten Datennutzung
- Kontrolle bei der Erfassung von Daten durch zusätzliche Prüfziffern oder Plausibilitätsprüfungen.
- Protokollierung des Nutzer-Logins
- Passworterzwingung

Unter organisatorischen Maßnahmen versteht man Schutzversuche, die durch Vorschriften oder Handlungsanweisungen umgesetzt werden, wie z. B.
- offen getragene Unternehmensausweise
- Erstellung eines Katastrophenhandbuchs
- Führen von Anwesenheitsprotokollen/-büchern
- Schulungen der Mitarbeiter
- Vier-Augen-Prinzip
- Vorlage von polizeilichen Führungszeugnissen bei Einstellung von Mitarbeitern für Hochsicherheitsbereiche

1.2.1 technisch
1.2.2 organisatorisch
1.2.3 programmtechnisch
1.2.4 organisatorisch
1.2.5 programmtechnisch
1.2.6 technisch
1.2.7 organisatorisch
1.2.8 programmtechnisch

1.3 Datensicherungsmaßnahmen auswählen:
1.3.1 Brandschutzeinrichtungen, wie Brandmelder und Brandlöschanlagen.
1.3.2 Tresor, zur Aufbewahrung von sensiblen Daten
1.3.3 Zugangsbeschränkung mit biometrischer Benutzeridentifikation
1.3.4 Notstromaggregat
1.3.5 Firewall
1.3.6 Antiviren-Software
1.3.7 Schulung der Benutzer
1.3.8 Prüfziffernverfahren nutzen, Vier-Augen-Prinzip
1.3.9 Alarmanlagen, Türen- und Fenstersicherungen
1.3.10 Taschenkontrollen, Zugangskontrollen, Polizeiliches Führungszeugnis

2. Aufgabe

Situation
Die Laco Büroideen GmbH muss darauf achten, dass Ihre Daten sicher gespeichert sind und nur befugte Personen Zugriff haben. Dazu müssen unterschiedliche Vorkehrungen getroffen werden.

2.1 Nennen Sie drei wichtige Bestandteile einer Sicherungsstrategie.

-
-
-

2.2 Wie sollte ein sicheres Passwort aussehen und welche Regeln sollten bei der Verwendung von Passwörtern beachtet werden, damit diese sicher sind?

2.3 Beschreiben Sie die Datensicherung nach dem Generationenprinzip und geben Sie Vorteile dieser Strategie an.

2.4 Sie werden darauf hingewiesen, bei Arbeitsende ein Backup vorzunehmen. Was ist damit gemeint?

2.5 Warum sollten sensible Daten verschlüsselt werden?

2.6 Bei welchen Aktivitäten können Computerviren auf die Festplatte gelangen?

2.7 Welche Funktion hat eine Antiviren-Software?

2.8 Warum ist eine Firewall wichtig?

3. Aufgabe

Situation
Bei der Laco Büroideen GmbH greifen viele Mitarbeiter auf die gespeicherten Daten zu und verarbeiten diese. Dabei kommt es immer wieder vor, dass etwas nicht richtig gespeichert ist.

3.1 Warum muss ein Unternehmen auf eine zuverlässige Datenpflege achten?

3.2 Nennen und erläutern Sie drei Maßnahmen, die im Rahmen der Datenpflege durchgeführt werden.

-
-
-

Erläuterungen und Lösungen

2. Aufgabe

2.1 Es kann viele Gründe dafür geben, dass gespeicherte Daten nicht mehr verfügbar sind. Deshalb ist es wichtig, Maßnahmen zu ergreifen, damit Daten im Falle ihres Verlustes im lokalen System wieder hergestellt werden können. Um dies sicherzustellen, sollte es in Unternehmen eine **Datensicherungsstrategie** geben. Bestandteile einer solchen Sicherungsstrategie sind u. a. Festlegungen,

- wann Datensicherungen durchgeführt werden sollen,
- wer für die Durchführung der Datensicherung verantwortlich ist,
- welche Daten gesichert werden sollen,
- welches externe Speichermedium für die Datensicherung zu verwenden ist,
- wie der Schutz vor Diebstahl sichergestellt wird,
- wie lange die Sicherungen aufzubewahren sind.

2.2 Ein sicheres **Passwort** sollte

- mindestens 12 Zeichen lang sein (laut Bundesamt für Sicherheit in der Informationstechnik)
- aus Groß- und Kleinbuchstaben sowie Ziffern und Sonderzeichen bestehen
- möglichst nicht in einem Wörterbuch vorkommen
- nicht der Name eines Familienmitgliedes, Freundes, Lieblingsstars und nicht der Geburtstag sein

Besser ist die Nutzung von Merkwortsätzen, d. h. man denkt sich einen Satz aus und benutzt von jedem Wort nur den 1. Buchstaben (oder nur den zweiten oder letzten) und verwandelt bestimmte Buchstaben in Zahlen oder Sonderzeichen.

Umgang mit Passwörtern:

- Passwörter niemals unverschlüsselt auf dem PC ablegen oder aufschreiben und an den Bildschirm kleben
- Passwörter regelmäßig ändern
- unterschiedliche Passwörter für unterschiedliche Zugänge verwenden
- Passwörter nicht an Dritte weitergeben oder per E-Mail versenden.

2.3 Bei der Sicherung nach dem Generationenprinzip (auch Großvater-Vater-Sohn-Prinzip) genannt, werden drei Speichermedien (z. B. drei Magnetbänder) eingesetzt. Am ersten Tag der Sicherung werden alle Daten auf dem ersten Speichermedium gesichert. Bei der nächsten Datensicherung wird das zweite Speichermedium genutzt. Somit wird das erste Speichermedium zum „Vater" (da es älter ist) und das neue Speichermedium wird zum „Sohn".

Bei der nächsten Datensicherung wird das dritte Speichermedium verwendet. Dieses wird nun zum „Sohn", der „Sohn" wird zum „Vater" und der „Vater" wird zum „Großvater". Bei einer erneuten Sicherung wird das älteste Band („Großvater") überschrieben und wird somit zum „Sohn" usw.

Vorteil: Minimierung des Datenverlustes

2.4 Ein Backup ist eine Sicherungskopie. Sie sollen eine Sicherungskopie ihrer Daten zum Arbeitsende erstellen.

2.5 Durch eine Verschlüsselung soll der Zugriff auf sensible Daten durch Unbefugte vermieden werden.

2.6 Durch das Öffnen eines E-Mail-Anhangs, durch Downloads aus dem Internet oder über einen infizierten Datenträger (z. B. USB-Stick).

2.7 Eine Antiviren-Software ist ein Programm, das bekannte Computerviren aufspürt, blockiert und löscht.

> ***Tipp***
>
> *Um ein gutes Ergebnis zu erzielen, ist es wichtig, dass immer das neueste Update des Programms installiert ist.*

2.8 Eine Firewall schützt den PC oder ein Rechnernetz vor Zugriffen von außen (Hackerangriffen).

3. Aufgabe

3.1 Bei der Erfassung von Daten kommt es, z. B. durch Tippfehler, häufiger zu fehlerhaften Eingaben. Die Datenpflege ist ein Verfahren, um zuverlässige, dopplungsfreie und aktuelle Daten zu erhalten. Für Unternehmen ist es wichtig, dass alle erfassten Daten richtig und auf dem neuesten Stand sind. Eine schlechte Datenpflege kostet Geld. Häufig sind in Unternehmen jedoch die Prozesse und Regeln zur Datenpflege nicht hinreichend definiert.

3.2 Daten aktualisieren: Gespeicherte Daten werden auf den neuesten Stand gebracht, z. B. Durchführen von Adressänderungen, Umfirmierungen.

Fehlerhafte Daten entfernen: Hierunter fallen Daten, die falsch erfasst wurden und nun gelöscht bzw. geändert werden.

Daten-Doppelungen entfernen: Häufig werden Daten mehrfach erfasst. Dies führt zu einer unnötig erhöhten Datenmenge, die es zu vermeiden gilt.

4. Aufgabe

Situation
Die Laco Büroideen GmbH prüft im Rahmen ihrer Sicherungsstrategie, welche Speichermedien für die Datensicherung im Unternehmen geeignet sind.

4.1 Nennen Sie vier für Unternehmen bedeutsame digitale Speichermedien.

- ______________________
- ______________________
- ______________________
- ______________________

4.2 Kreuzen Sie an, um welche Art von Speichermedium es sich handelt.

Speichermedium	elektronischer Speicher	magnetischer Speicher	optischer Speicher
4.2.1 USB-Stick			
4.2.2 Magnetband			
4.2.3 Festplatte			
4.2.4 DVD			

4.3 Was ist unter einem Server zu verstehen?

4.4 Worauf müssen Unternehmen beim Cloud-Computing achten, um die Datensicherheit zu gewährleisten?

4.5 Wie kann sichergestellt werden, dass Daten, die sich auf ausrangierten Speichermedien befinden, auch wirklich gelöscht sind?

4.6 Geben Sie Vor- und Nachteile der aufgeführten Speichermedien an.

Speichermedium	Vorteile	Nachteile
Interne Festplatte		
DVD		
USB-Stick		
Magnetband		
Cloud		

4.7 Ordnen Sie den folgenden Speichermedien ihre durchschnittliche Speicherkapazität zu: *8,5 GB, 128 GB, unbegrenzt, 4 TB*

Speichermedium	Größe
4.7.1 Festplatte	
4.7.2 DVD	
4.7.3 Cloud	
4.7.4 USB-Stick	

Erläuterungen und Lösungen

4. Aufgabe

4.1 Magnetband, externe Festplatte, Cloud, Server
Der USB-Stick eignet sich nur eingeschränkt, da hier die Gefahr der Übertragung von Computerviren und des Diebstahls von geheimen Unternehmensdaten besteht.

4.2 Art des Speichermediums:
4.2.1 elektronischer Speicher
4.2.2 magnetischer Speicher
4.2.3 magnetischer Speicher
4.2.4 optischer Speicher

4.3 **Server** sind leistungsstarke, zentrale Netzwerkrechner. Sie stellen den im Netz verbundenen Arbeitsplatzrechnern bestimmte Dienste (z. B. Software, Dateien) zur Verfügung.

4.4 Unter **Cloud-Computing** versteht man die Nutzung von IT-Dienstleistungen (wie das Nutzen von Arbeits- und Datenspeicher sowie von Softwareanwendungen), die von einem externen Rechenzentrum (Cloud-Anbieter) zur Verfügung gestellt werden. Es sollte darauf geachtet werden, dass das Rechenzentrum für das Cloud-Computing in Deutschland steht. Die Übertragung der Daten sollte über eine verschlüsselte Verbindung erfolgen. Besonders sensible Daten sollten nicht in der Cloud gespeichert werden. Weiterhin müssen grundlegende Regeln für die sichere IT-Nutzung beachtet werden, z. B. Nutzen von sicheren Passwörtern, die regelmäßig gewechselt werden.

4.5 Auf nicht mehr benötigten Speichermedien finden sich häufig noch wichtige Dokumente und Software. Es reicht nicht aus, die entsprechenden Daten in den „Papierkorb" zu verschieben oder die Festplatte zu formatieren. Am Sichersten ist die Zerstörung des Speichermediums, z. B. durch Schreddern oder Magneteinwirkung (bei magnetischen Datenträgern). Auch können spezielle Programme die Daten überschreiben und dadurch vernichten.

4.6 Vor- und Nachteile der Speichermedien:

Speichermedium	Vorteile	Nachteile
Interne Festplatte	große Speicherkapazität bei relativ geringem Preis, schneller Datenzugriff	nicht transportabel, Verschleiß durch mechanische Bauteile
DVD	preisgünstig, geringer Platzbedarf, transportabel, relativ lange haltbar bei adäquater Lagerung	relativ geringe Speicherkapazität, Abnahme der Lebensdauer bei nicht sachgerechter Lagerung (Licht, Staub etc.)
USB-Stick	klein/handlich, transportabel, preiswert, direkte Anschlussmöglichkeit	hohe Verlustgefahr durch Größe, leichte Verbreitung von Viren, Gefahr des Datendiebstahls
Magnetband	hohe Speicherkapazität, lange Lebensdauer und somit geeignet für die Archivierung, transportabel	Verschleiß bei häufigem Beschreiben, empfindlich gegenüber äußeren Einwirkungen, wie Staub, Magnetfeldern, hohe Zugriffszeit
Cloud	theoretisch unbegrenzte Speicherkapazität, Zugriff ist ortsungebunden	Abhängigkeit von Internetzugang, bei Servern im Ausland ist der Datenschutz nicht zwingend gewährleistet, ebenso wie die Datensicherheit

4.7 Durchschnittliche Speicherkapazität:

Speichermedium	Größe
4.7.1 Festplatte	4 TB
4.7.2 DVD	8,5 GB
4.7.3 Cloud	unbegrenzt
4.7.4 USB-Stick	128 GB

5. Anwendungsaufgabe: Interne Mitteilung zur Datensicherheit

Sie sind Auszubildende/Auszubildender der
Laco Büroideen GmbH, Hohenstaufenring 112 – 116, 50674 Köln.
Telefonisch sind Sie erreichbar unter der Nummer 0221 823498, Durchwahl 126.
Ihre E-Mail-Adresse lautet: vorname.nachname@laco-bueroideen.com.
Sie haben Artvollmacht, ebenso wie die Ausbildungsleiterin, Frau Antonia Gräfe.
Ihre Durchwahl lautet 120.

Sie benötigen die folgende Datei aus der Datensammlung: Web
Interne_Mitteilung_Vorlage.docx

Corporate-Design-Anweisungen:
- Schriftart Arial, Schriftgröße 11
- Überschriften zentriert, in Fettschrift, Schriftgröße 14

Die Datei ist in der Fußzeile mit Ihrem Namen rechtsbündig zu formatieren.

Einstiegsszenario:
Ihre Ausbildungsleiterin, Frau Gräfe, ruft Sie an.

Frau Gräfe: Guten Tag.

Sie: Guten Tag, Frau Gräfe.

Frau Gräfe: Ich habe eine Bitte an Sie. Nächste Woche starten die neuen Auszubildenden und ich halte es für sehr wichtig, dass diese gleich zu Beginn über wichtige Grundlagen zum Thema Datensicherheit informiert werden.

Sie: Ja, gerne. Wie haben Sie sich das vorgestellt?

Frau Gräfe: Ich habe von der IT-Abteilung eine Übersicht erhalten, in der die Gründe für unsere Datenverluste in den letzten 12 Monaten aufgeführt sind. Ich schicke sie Ihnen zu. Es wäre schön, wenn Sie in meinem Namen eine interne Mitteilung für die neuen Auszubildenden entwerfen, in der Sie auf die zwei wichtigsten Gründe für Datenverluste hinweisen und vorgeben, was bei Passwörtern zu beachten ist und wie vermieden werden kann, dass Viren auf die Festplatte gelangen.

Gleichzeitig möchte ich Sie bitten, in dem Schreiben eine Datensicherheitsschulung, die am 20. September diesen Jahres stattfindet und für alle neuen Auszubildenden verbindlich ist, anzukündigen. Die Schulung findet ab 10:00 Uhr im Schulungsraum „Eiche" statt und dauert drei Stunden.

Sie: Ja, mache ich.

Beachten Sie die Rechtschreibung, den Ausdruck und die Zeichensetzung.
Formulieren Sie in vollständigen Sätzen. Gestalten Sie Ihre Ergebnisse übersichtlich.
Wenden Sie die Regeln der DIN 5008 an.

Öffnen Sie die Datei „Interne_Mitteilung_Vorlage" und speichern Sie diese unter „AA 6.4.5" und Ihrem Vor- und Nachnamen.

5.1 Erstellen Sie eine interne Mitteilung. Begrüßen Sie in dem Schreiben die neuen Auszubildenden und weisen Sie sie auf zwei wichtige Gründe für Datenverluste im Unternehmen hin. Die Informationen entnehmen Sie bitte dem unten stehenden Diagramm.

5.1.1 Benennen Sie in Ihrem Schreiben drei Regeln für eine sichere Passwortvergabe sowie drei weitere Tipps, was bei Passwörtern beachtet werden sollte, um Unbefugten den Zugriff auf das Passwort zu erschweren. Erklären Sie in diesem Zusammenhang auch die Nutzung von Merksätzen bei der Passwortauswahl und geben Sie ein konkretes Beispiel für eine solche Vorgehensweise.

5.1.2 Laden Sie die neuen Auszubildenden in dem Schreiben zu der geplanten Datensicherheitsschulung ein.

5.2 Geben Sie dem unten stehenden Diagramm einen aussagekräftigen Diagrammtitel. Was müssen Sie beachten?

Diagrammtitel:	

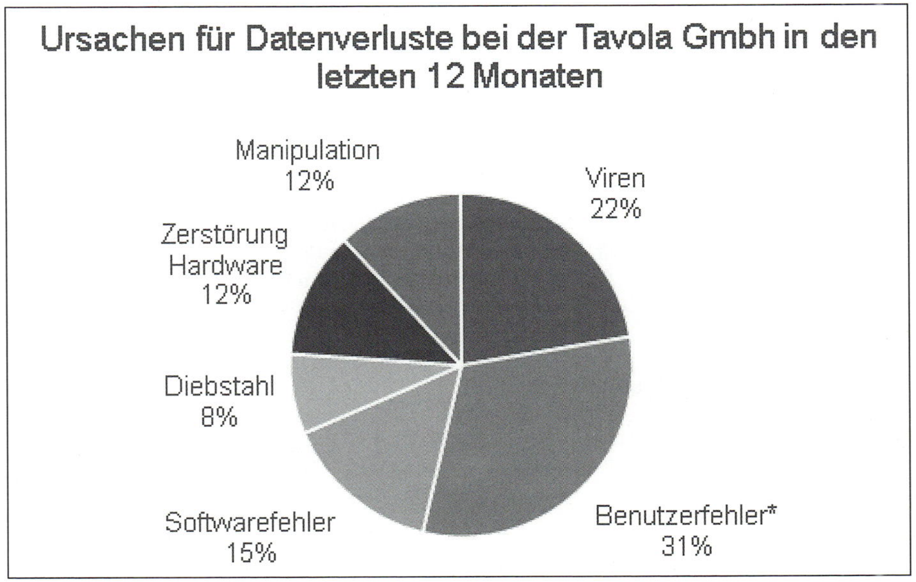

* Unter die Benutzerfehler fallen vor allem das Verwenden unsicherer Passwörter sowie Unkenntnis über den richtigen Umgang mit der vorhandenen Software

Erläuterungen und Lösungen

5. Aufgabe

5.1 Interne Mitteilung

Interne Mitteilung
von: Antonia Gräfe, Ausbildungsleiterin
an: alle neuen Auszubildenden
Datum: [aktuelles Datum]
Betreff: Informationen zur Datensicherheit und zur Datensicherheitsschulung

Sehr geehrte neue Auszubildende,
¶
willkommen bei der Laco Büroideen GmbH und viel Erfolg in Ihrer Ausbildung. Ich möchte Ihnen gleich zu Beginn Ihrer Ausbildung einige wichtige Informationen zur Datensicherheit in unserem Unternehmen geben.
¶
Eine unzureichende Datensicherheit und daraus entstehende Datenverluste verursachen hohe Kosten in Unternehmen. Von besonderer Bedeutung waren bei der Laco Büroideen GmbH in den letzten 12 Monaten vor allem Datenverluste durch Benutzerfehler und Virenbefall.
¶
Wichtige Voraussetzungen für die Sicherheit von Daten sind die Wahl eines sicheren Passwortes und ein verantwortungsvoller Umgang mit Passwörtern. Bitte beachten Sie hierzu die folgenden Regeln bei der Wahl eines sicheren Passwortes. Es sollte
¶
- mindestens 12 Zeichen lang sein,
- aus Groß- und Kleinbuchstaben sowie Ziffern und Sonderzeichen bestehen,
- kein Name, Geburtstag etc. sein.

¶
Eine sinnvolle Vorgehensweise bei der Passwortwahl sind Merksätze. Hierzu denken Sie sich einen Satz aus und benutzen für Ihr Passwort immer nur den ersten Buchstaben eines jeden Wortes. Am besten verwandeln Sie einige Buchstaben auch in Zahlen oder Sonderzeichen. Ein Beispiel wäre der Satz „Im nächsten Juli fahre ich ganz bestimmt für drei Wochen in die USA in den Urlaub“. Daraus entsteht das Passwort In7figbf3Wid$idU, wobei aus Juli die „7“ wird, für den 7. Monat des Jahres und aus den USA „$“ für die dortige Währung.
¶
Beachten Sie auch die folgenden Regeln im Umgang mit Passwörtern:
¶
- Notieren Sie sich Ihr Passwort nicht auf einem Blatt, wenn Sie es sich nicht merken können.
- Ändern Sie Ihr Passwort in regelmäßigen Abständen.
- Geben Sie Ihr Passwort nicht an Dritte weiter.

¶
Um Ihnen noch weitere Einblicke in wichtige Regeln zur Datensicherheit zu geben, lade ich Sie hiermit zu unserer Datensicherheitsschulung am 20. September diesen Jahres von 10:00 Uhr bis 13:00 Uhr im Schulungsraum „Eiche“ ein.
¶
Für weitere Fragen stehe ich Ihnen jederzeit gerne unter der Telefonnummer 448822-120 zur Verfügung.
¶
¶
i. A. Antonia Gräfe

Vergleichen Sie Ihr Ergebnis mit der nebenstehenden Lösung sowie der Lösungsdatei.

Web

Die interne Mitteilung gehört zum innerbetrieblichen Schriftverkehr, dennoch sollten die Schreib- und Gestaltungsregeln für die Textverarbeitung nach DIN 5008 eingehalten werden.

Tipp

Lesen Sie sich Ihren Text noch einmal sorgfältig durch und achten Sie dabei auf die Rechtschreibung, Zeichensetzung und den Ausdruck!

Im oberen Bereich müssen Sie daran denken, den **richtigen Absender** zu wählen. Laut Aufgabenstellung ist dies Ihre Ausbildungsleiterin, Frau Gräfe. Als Empfänger könnten Sie, falls vorhanden, auch die Namen der Empfänger einsetzen. Wichtig ist es, einen passenden und **aussagekräftigen Betreff** zu wählen. Nur der Begriff „Information“ wäre unzureichend.

Auch wenn eine **Anrede** bei einer internen Mitteilung nicht zwingend vorgeschrieben ist, so ist dies jedoch höflicher und persönlicher. Auch einen **einleitenden Satz** sollten Sie wählen. Denken Sie bei der Gestaltung des Schreibens daran, den Text in **sinnvolle zusammenhängende Absätze** zu gliedern. Absätze sind vom nachfolgenden Text jeweils durch eine Leerzeile zu trennen.

Für die Regeln zur Wahl eines sicheren Passwortes und den Umgang mit Passwörtern bietet es sich an, **Aufzählungszeichen** zu verwenden. Der Beginn und das Ende von Aufzählungen sind vom übrigen Text durch eine Leerzeile zu trennen. Auch die einzelnen Aufzählungsglieder dürfen durch Leerzeilen getrennt werden.

Sondereinzug:	Um:
Hängend	0,63 cm

Die Aufzählungszeichen, sollten, wie in der Musterlösung, in einer Flucht mit dem übrigen Text erfolgen. Der Text beginnt bei 0,63 cm. Dies können Sie über die „Einzüge und Abstände“ einstellen. Setzen Sie den hängenden Einzug auf 0,63 cm. Alternativ können Sie die Aufzählungszeichen bei 2,5 cm beginnen. Der hängende Sondereinzug bleibt aber bei 0,63.

Denken Sie an einen **abschließenden Satz**. Da Frau Gräfe **Artvollmacht** hat, müssen Sie die Abkürzung „i. A.“ vor den Namen schreiben. In der Musterlösung unterschreibt Frau Gräfe nicht persönlich. Sollte die interne Mitteilung persönlich unterschrieben werden, müssen Sie daran denken, zwischen Text und Namen drei Leerzeilen einzuplanen.

5.2 Diagrammtitel

Tipp

Denken Sie an die drei W's: was – wer/wo – wann

Prozentuale Verteilung der Ursachen von Datenverlusten bei der Laco Büroideen GmbH in den letzten 12 Monaten

Aufgabe 1 bis 2: Aufgaben zur Stofferschließung

1. Aufgabe

Situation
Alle Abteilungen der Laco Büroideen GmbH achten darauf, dass wichtige Vorgänge im Unternehmen schriftlich festgehalten werden. Dies kann auf unterschiedliche Weise geschehen.

1.1 Unterscheiden Sie den internen Schriftverkehr vom externen Schriftverkehr.

1.2 Nennen Sie drei häufig vorkommende innerbetriebliche Schriftstücke.

-
-
-

1.3 Was ist ein Protokoll?

1.4 Füllen Sie die Übersicht zum Aufbau eines Protokolls aus.

Bestandteil	Beispielhafter Inhalt

1.5 Welche Arten von Protokollen kennen Sie aus Ihrem Ausbildungsbetrieb?

1.6 Unterscheiden Sie die verschiedenen Protokollarten nach der Niederschrift des Verlaufs sowie der Redebeiträge und geben Sie die Vor- und Nachteile an.

Protokollart	Niederschrift des Verlaufs und Redebeiträge	Vorteile	Nachteile
wörtliches Protokoll			
Ergebnis-protokoll			
Kurz-protokoll			
Verlaufs-protokoll			
Gedächtnis-protokoll			

1.7 Welche Anforderungen werden an einen Protokollanten gestellt?

Erläuterungen und Lösungen

1. Aufgabe

1.1 Beim **internen Schriftverkehr** geht es um den Austausch von Informationen innerhalb des Unternehmens, während es beim externen Schriftverkehr um die schriftliche Kommunikation mit Adressaten außerhalb des Unternehmens geht, wie z. B. mit Geschäftspartnern, Kunden, Behörden etc.
Aber auch im Aufbau unterscheiden sich interner und externer Schriftverkehr. Beim internen Schriftverkehr wird kürzer und formloser miteinander kommuniziert. Deshalb fehlen häufiger Anrede und Grußformel.

1.2 Interne Mitteilung, Protokoll, Kurzmitteilung, Telefonnotiz.

1.3 Ein **Protokoll** ist die berichtende Niederschrift über Ablauf, Inhalte und Absprachen in Konferenzen und Versammlungen.

1.4

Bestandteil	Beispielhafter Inhalt
Protokollkopf	Name des Unternehmens, Titel „Protokoll“, Name der Besprechungsgruppe, Verteiler
Organisatorische Angaben	Teilnehmer mit besonderen Funktionen (Vorsitzender, Sitzungsleiter, Protokollführer) werden mit Namen und Funktionen aufgeführt, alle anderen Teilnehmer mit Namen, Ort, Zeitpunkt, Dauer, Tagesordnungspunkte
Protokollteil/Textteil	Wiedergabe der Inhalte und Beschlüsse – je nach Protokollart
Protokollschluss	Ort und Datum der Erstellung des Protokolls, Unterschrift des Sitzungsleiters und der Protokollführung

1.5 Individuelle Schülerantwort, z. B. Kurzprotokoll, Ergebnisprotokoll, Gedächtnisprotokoll.

1.6 Protokollarten:

Protokollart	Niederschrift des Verlaufs und Redebeiträge	Vorteile	Nachteile
wörtliches Protokoll	Vollständige, chronologische Wiedergabe mit unverändertem Wortlaut, Redebeiträge werden wörtlich notiert	Sitzung ist genau nachvollziehbar	unübersichtlich, sehr zeitaufwendig, meist ein professioneller Protokollant nötig
Ergebnisprotokoll	Keine Wiedergabe des Verlaufs, Redebeiträge werden nicht notiert. Lediglich Ergebnisse erfasst.	übersichtlich, schnelle Entnahme der wichtigsten Informationen	keine Übersicht über den Verlauf der Sitzung
Kurzprotokoll	Wiedergabe des Verlaufs in Kurzform, Gliederung orientiert sich an der Tagesordnung, Redebeiträge werden zusammengefasst.	übersichtlich, schnelles Anfertigen möglich, schnelle Entnahme der wichtigsten Informationen	wenige Informationen über den Sitzungsverlauf
Verlaufsprotokoll	Die wesentlichen Inhalte werden sachlogisch und chronologisch aufgeführt. Redebeiträge werden inhaltlich wiedergegeben.	ausführliche Informationen, Nachvollziehbarkeit der Meinungsfindung	Unübersichtlichkeit, zeitaufwendige Anfertigung
Gedächtnisprotokoll	Die wesentlichen Beiträge/Inhalte werden festgehalten, allerdings aus dem Gedächtnis. Redebeiträge werden nicht einzeln aufgeführt.	schnelle Entnahme der Informationen	hohe Fehleranfälligkeit, keine Beweiskraft

1.7 Anforderungen an einen Protokollanten:
- Er muss Sachkenntnisse bezüglich des Themas der Konferenz haben.
- Es ist von Vorteil, wenn er die Teilnehmer der Konferenz mit Namen kennt.
- Er sollte Wesentliches von Unwesentlichem unterscheiden können.
- Er sollte sich gut konzentrieren können.
- Er sollte gut organisiert sein (Schreibmaterial, Tagesordnung).
- Es sollte das Vorgetragene gut in Schriftform bringen können.

2. Aufgabe

Situation
Die Laco Büroideen GmbH plant die Durchführung eines Einführungsseminars für die neuen Auszubildenden, das vom 15. bis 20.09.20.. in Haltern am See stattfinden soll. Sie gehören dem Vorbereitungsteam an und nehmen gemeinsam mit dem Personalleiter Herrn Müller, der Ausbildungsleiterin Frau Gräfe sowie dem Personalsachbearbeiter Herrn Janns am 23.05.20.. an einer Vorbesprechung teil. Die Organisation des Seminars übernimmt Frau Gräfe.
Sie erwartet bis zum 05.06.20.. Vorschläge aller Teilnehmer zum Ablauf des Seminars. Herr Janns holt Angebote verschiedener Busunternehmen ein und schickt diese an Frau Gräfe. Beim nächsten Treffen am 10.06.20.. stellt Frau Gräfe das Gesamtkonzept für das Seminar vor.

2.1 Was ist eine Aktennotiz/eine Telefonnotiz und wozu dient sie?

2.2 Welche Bestandteile sollte eine Aktennotiz/eine Telefonnotiz enthalten?

2.3 Entwerfen Sie ein Muster für eine Telefonnotizvorlage für die Laco Büroideen GmbH.

2.4 Fertigen Sie eine Aktennotiz zur Besprechung aus der Einstiegssituation an.

Aktennotiz	
Betreff	
Datum/Zeit	
Ort	
Gesprächspartner	
Inhalt	
Unterschrift	
Verteiler	

2.5 Was ist der Unterschied zwischen einer Aktennotiz und einer Kurzmitteilung?

2.6 Was ist eine interne Mitteilung und wann wird diese Art des Schriftverkehrs genutzt?

2.7 Welche grundsätzlichen Inhalte sollte eine interne Mitteilung beinhalten?

Erläuterungen und Lösungen

2. Aufgabe

2.1 Eine **Aktennotiz** ist eine spezielle Form eines Protokolls. Hierbei werden wichtige Inhalte aus Gesprächen oder Telefonaten (dann spricht man von einer Telefonnotiz) dokumentiert.
Akten-/Telefonnotizen sind sehr knapp und sachlich gehalten. Sinnvoll beim Verfassen ist eine stichwortartige Aufzählung der Fakten, um einen schnellen Überblick über den Vorgang erhalten zu können.

2.2 Bestandteile einer **Aktennotiz/Telefonnotiz**:
- Überschrift „Aktennotiz" bzw. „Telefonnotiz"
- Datum und Ort der Niederschrift
- Betreff, d.h. Anlass des Gesprächs
- Gesprächspartner
- Inhalt des Gesprächs mit Angabe des Gesprächsorts, Gesprächstermins und ggf. der Gesprächsdauer
- Ergebnis des Gesprächs, Schlussfolgerungen aus dem Gespräch
- Unterschrift
- Verteiler

2.3 Muster für eine **Telefonnotizvorlage**:

Telefonnotiz

Anruf von Frau/Herrn ______________________

Firma (Name, Anschrift) ______________________

Rückruf-Nummer ____________ Angenommen durch ____________

Datum ____________ Uhrzeit ____________

☐ erbittet Rückruf ☐ zur Information ☐ bittet um

☐ ruft wieder an ______ ☐ eilig ______ ☐ ______

Mitteilung:

Name ____________ Weiterleitung an ____________

2.4 **Aktennotiz** zur Einstiegssituation:

Aktennotiz	
Betreff	Einführungsseminar neue Auszubildende
Datum/Zeit	23.05.20..
Ort	
Gesprächspartner	Frau Gräfe, Herr Müller, Herr Janns, [Ihr Name]
Inhalt	• Termin Einführungsseminar 15. bis 20.09.20.. • Ort: Haltern am See • Organisation des Seminars: Frau Gräfe • Vorschläge für den Ablauf des Seminars sollen bis zum 05.06.20.. an Frau Gräfe gesendet werden • Angebote von Transportunternehmen: Herr Janns, schickt diese an Frau Gräfe • nächstes Treffen: 10.06.20.., Inhalt: Gesamtkonzept für das Seminar
Unterschrift	[Ihre Unterschrift]
Verteiler	Frau Gräfe, Herr Müller, Herr Janns, [Ihr Name]

2.5 **Aktennotizen** gehören zu den innerbetrieblichen Schreiben. Kurzmitteilungen (oder Kurzbriefe) dienen häufig als Ersatz für einen Begleitbrief, wenn Unterlagen verschickt werden. Sie gehören also zum externen Schriftverkehr und sollten sich an der DIN 5008 orientieren. Kurzmitteilungen sollen die Arbeit erleichtern und enthalten vorgedruckte Standardtexte zum Ankreuzen, wie z.B. „Rückgabe bis".
Aktennotizen werden abgelegt, Kurzmitteilungen werden abgeschickt.

2.6 In der **internen Mitteilung** (auch Rundschreiben genannt) werden weniger Ereignisse oder Ergebnisse notiert, wie im Protokoll oder der Aktennotiz, sondern vielmehr bestimmte Wünsche oder Informationen mitgeteilt.
Sie informiert Mitarbeiterinnen und Mitarbeiter z.B. über neue gesetzliche Regelungen oder Änderungen im betrieblichen Ablauf.

2.7 Inhalte einer **internen Mitteilung**:
- Verfasser (Name, Abteilung, Durchwahl, E-Mail)
- Datum
- Betreff/Inhalt
- Verteiler

3. Anwendungsaufgabe: Erstellen eines Verlaufsprotokolls

Sie sind Auszubildende/Auszubildender der
Laco Büroideen GmbH, Hohenstaufenring 112 – 116, 50674 Köln.
Telefonisch sind Sie erreichbar unter der Nummer 0221 823498, Durchwahl 126.
E-Mail-Adressen werden im Unternehmen wie folgt gebildet:
vorname.nachname@laco-bueroideen.com. Sie haben Artvollmacht.

Sie benötigen die folgende Dateien aus der Datensammlung: Web
Vorlage Protokoll.docx sowie Vorlage E-Mail.docx

Corporate-Design-Anweisungen:
- Schriftart Arial, Schriftgröße 10
- Überschriften zentriert, in Fettschrift, Schriftgröße 14

Die Datei ist in der Fußzeile mit Ihrem Namen rechtsbündig zu formatieren.

Einstiegsszenario:
Die Laco Büroideen GmbH plant die Durchführung eines Einführungsseminars für die neuen Auszubildenden, das vom 15. bis 20.09.20.. in Haltern am See stattfinden soll. Sie gehören dem Vorbereitungsteam an und nehmen gemeinsam mit dem Personalleiter Herrn Jens Müller, der Ausbildungsleiterin Frau Antonia Gräfe, die die Sitzung leitet, sowie dem Personalsachbearbeiter Herrn Henning Janns an einer Besprechung am 10.06.20.. in der Zeit von 10:30 Uhr bis 11:15 Uhr im Sitzungsraum „Eiche" teil. Sie führen das Protokoll. Die Tagesordnung wird als Anlage beigefügt.

Frau Gräfe: Guten Tag zusammen. Als Unterkunft können wir 8 Doppelzimmer für die Auszubildenden und 2 Einzelzimmer für die Betreuer in der Jugendbildungsstätte „Wald & See" zu einem Preis von insgesamt 464,00 €/Tag inklusive Vollpension buchen. Herr Janns und ich werden als Betreuer und Moderatoren des Seminars mitfahren.

Frau Gräfe zeigt einen kurzen Film über die Jugendbildungsstätte.

Frau Gräfe: Sind Sie damit einverstanden?

Alle anderen Teilnehmer nicken.

Frau Gräfe: Gut, dann ist das schon einmal beschlossen. Was macht die Anreise, Herr Janns?

Herr Janns verteilt Kopien der Busangebote, die er eingeholt hat.

Herr Janns: Das günstigste Angebot, das ich gefunden habe, ist ein Minibus für einen Preis von 814,00 €. Ich gehe davon aus, dass wir den Bus nicht vor Ort benötigen?

Herr Müller: Nein, das tun wir nicht. Uns reicht der Hin- und Rücktransport. Aber wenn ich mir die Unterlagen so anschaue, haben wir ein Problem mit diesem Angebot. Der Bus hat zwar 19 Sitze, aber lediglich einen kleinen Gepäckraum. Sie müssen auch ihr Seminarmaterial transportieren und dann noch das Gepäck der Reisenden. Das wird nicht passen.

Frau Gräfe: Ich schlage vor, das Angebot von Neo zu nehmen, der Bus hat einen großen Gepäckraum und eine Klimaanlage. Und mit 1.265,00 € liegt er preislich doch noch weit unter den anderen Angeboten. Sind alle einverstanden?

Auch hier nicken alle zustimmend.

Herr Müller: Lassen Sie uns nun über den Ablauf abstimmen. Ich habe noch einen anderen Termin.

Frau Gräfe: Die folgenden Themen stehen auf dem Programm: Gruppendynamische Übungen zum besseren Kennenlernen, Informationen rund um die Ausbildung, Teamtraining im Hochseilgarten, Lern- und Gedächtnistraining, Rückenfit am Arbeitsplatz. Können wir so darüber abstimmen?

Herr Müller: Das hört sich ja ganz gut an. Aber ich bin der Meinung, dass es auch Informationen rund um unser Unternehmen geben muss. Und Rückenfit am Arbeitsplatz ist zwar recht gut, aber könnte man nicht noch etwas mit mehr Aktivität einbauen?

Herr Janns: Wie wäre es mit einem Beachvolleyballturnier und einer Nachtwanderung?

Herr Müller: Ja, mit diesen Änderungen würde ich dem ganzen zustimmen. Können wir uns darauf einigen? Beachvolleyballturnier, Nachtwanderung und Informationen zum Unternehmen und dafür Rückenfit am Arbeitsplatz streichen?

Frau Gräfe: Ja, aber ich möchte, dass wir festhalten, dass der Kurs Rückenfit am Arbeitsplatz zu einem späteren Zeitpunkt nachgeholt wird.

Alle nicken.

Frau Gräfe: Gut, dann übernehmen Sie bitte alle Buchungen, Herr Janns. Ich werde den Ablaufplan genau ausarbeiten und die Einladungsschreiben vorbereiten.

Beachten Sie die Rechtschreibung, den Ausdruck und die Zeichensetzung.
Formulieren Sie in vollständigen Sätzen. Gestalten Sie Ihre Ergebnisse übersichtlich.
Wenden Sie die Regeln der DIN 5008 an.

3.1 Öffnen Sie die Datei „Vorlage Protokoll" und speichern Sie diese unter „AA 7.1.3.1" und Ihrem Vor- und Nachnamen.

3.1.1 Füllen Sie den Protokollkopf sowie die organisatorischen Angaben entsprechend dem Einstiegsszenario aus.

3.1.2 Erstellen Sie den Text für ein Verlaufsprotokoll für die Situation. Überlegen Sie sich dafür drei geeignete Tagesordnungspunkte.

3.1.3 Gestalten Sie den Protokollschluss gemäß der Vorgaben. Hinweis: Sie schreiben das Protokoll noch am gleichen Tag.

3.2 Öffnen Sie die Datei „Vorlage E-Mail" und speichern Sie diese unter „AA 7.1.3.2" und Ihrem Vor- und Nachnamen und erstellen Sie eine E-Mail mit einem passenden Text, mit der Sie das Verlaufsprotokoll als Anhang an alle Teilnehmer versenden.

Erläuterungen und Lösungen

3. Aufgabe

Vergleichen Sie Ihr Ergebnis mit der nachfolgenden Lösung sowie der Lösungsdatei.

Web

3.1.1 Protokollkopf:

Verlaufsprotokoll	
Thema:	Einführungsseminar für neue Auszubildende
Ort:	Sitzungsraum „Eiche“
Datum:	10.06.20..
Zeit:	10:30 – 11:15 Uhr
Teilnehmer	Frau Gräfe, Herr Janns, Herr Müller, [Name des Schülers]
Protokollant:	[Name des Schülers]
Sitzungsleiter:	Frau Gräfe

3.1.2 Verlaufsprotokoll:

TOP 1: Unterkunft
¶
Frau Gräfe stellt die Unterkunft für das Seminar mit einem kleinen Film vor. Es handelt sich um die Jugendbildungsstätte „Wald & See“. Der Preis würde 464,00 € pro Tag inklusive Vollpension betragen. Als Betreuer würden Frau Gräfe und Herr Janns mitfahren.
¶
Die Sitzungsteilnehmer stimmen der Unterkunft einstimmig zu.
¶
TOP 2: Anreise
¶
Herr Janns teilt die eingeholten Busangebote aus und schlägt vor, das günstigste Angebot zu einem Preis von 824,00 € zu nehmen. Der Bus wird lediglich für die Hin- und Rückfahrt benötigt. Herr Müller weist darauf hin, dass das Angebot nicht geeignet ist, weil der Gepäckraum des Busses zu klein ist. Frau Gräfe schlägt daraufhin das Angebot von Neo zu einem Preis von 1.265,00 € vor.
¶
Die Sitzungsteilnehmer stimmen diesem Vorschlag einstimmig zu.
¶
TOP 3: Inhalte des Seminars
¶
Frau Gräfe schlägt die Themen Gruppendynamische Übungen zum besseren Kennenlernen, Informationen rund um die Ausbildung, Teamtraining im Hochseilgarten, Lern- und Gedächtnistraining sowie Rückenfit am Arbeitsplatz vor. Herr Müller möchte das Programm um Informationen zum Unternehmen sowie eine weitere Aktivität ergänzt haben. Dafür möchte er den Punkt Rückenfit streichen. Herr Janns macht den Vorschlag als Aktivitäten noch ein Beachvolleyballturnier und eine Nachtwanderung zu veranstalten.

Beachten Sie DIN-Norm gerechte Schreibweise von Währungsbeträgen

Die Sitzungsteilnehmer stimmen diesem geänderten Vorschlag zu. Frau Gräfe betont dabei, dass der Programmpunkt Rückenfit am Arbeitsplatz zu einem späteren Zeitpunkt nachgeholt werden soll.
¶
Herr Janns soll alle Buchungen übernehmen. Frau Gräfe bereitet den Ablaufplan und die Einladungsschreiben vor.

3.1.3 Protokollschluss:

¶
Köln, 10.06.20..
¶
¶
¶
Frau Gräfe/Sitzungsleiterin [Name des Schülers]/Protokollführer
¶
Anlagen
Tagesordnung
Busangebote
¶
Verteiler
Frau Gräfe, Herr Janns, Herr Müller, [Name des Schülers]

Denken Sie an den Ort und das Datum der Protokollerstellung.

Protokolle werden vom Sitzungsleiter und vom Protokollführer unterschrieben. Lassen Sie mindestens 3 Zeilen Platz für die Unterschrift

Vergessen Sie nicht die Anlagen! Die Tagesordnung gehört auf jeden Fall dazu. In diesem Fall wurden auch noch Busangebote ausgeteilt. Nehmen Sie diese auch als Anlagen auf.

3.2 E-Mail:

An:	antonia.graefe@laco-bueroideen.com; jens.mueller@laco-bueroideen.com; henning.janns@laco-bueroideen.com
Cc:	
Bcc:	
Betreff:	Protokoll zur Besprechung „Einführungsseminar neue Auszubildende“
Anhang:	Protokoll.docx, tagesordnung.docx, busangebote.pdf

Sehr geehrte Teilnehmer,

anbei erhalten Sie das Protokoll der Besprechung „Einführungsseminar für neue Auszubildende“ vom 10.05.20.. sowie die entsprechenden Anlagen.

Mit freundlichem Gruß

i. A. [Name des Schülers]

E-Mail: [Name des Schülers]@laco-bueroideen.com
Telefon: 0221 823498-126
Fax: 0221 823498-10
Internet: www.laco-bueroideen.com

Sitz/Anschrift: Hohenstaufenring 112 – 116, 50674 Köln
Geschäftsführer: Joris van Hagens
Handelsregister HRB 2590 beim Amtsgericht Köln

1. Aufgabe

Situation
Die Geschäftsleitung plant eine Abteilungsleiterkonferenz im Konferenzraum der Laco Büroideen GmbH, um die Einführung einer neuen Produktlinie abzustimmen. Der Konferenzraum ist mit einer Projektionswand, einem Beamer, einem Whiteboard und mehreren Flipcharts ausgestattet.

1.1 Ergänzen Sie folgende Tabelle zu den Präsentationsmedien in Stichpunkten.

Präsentationsmedium	Beschreibung	Einsatzgebiete bei der Besprechung	Bewertung nach – Kosten – Zeit – Nutzen
Beamer			
Whiteboard			
Flipchart			

1.2 Erläutern Sie wichtige Prinzipien für einen sinnvollen Medieneinsatz bei einer Besprechung.

2. Aufgabe

Situation
Drei Teilnehmer der Besprechung werden gebeten, einen Vortrag zu neuen Produktideen zu halten. Dabei kommt es besonders auf die richtige Präsentationstechnik an.

2.1 Der Erfolg eines guten Vortrags hängt oft von der Vorbereitung ab.

2.1.1 Wie viel Zeit sollte sich der Vortragende für die Vorbereitung nehmen?

2.1.2 Welche Möglichkeiten gibt es, Lampenfieber zu reduzieren?

2.2 Während des Vortrags kommt es besonders auf die Sprache und die Körpersprache an.

2.2.1 Auf welche Regeln zur Sprache sollte der Vortragende achten?

2.2.2 Welche Fehler bei der Körpersprache sollte der Vortragende unbedingt vermeiden?

2.3 Erläutern Sie die Besonderheiten eines Vortrags, der durch ein Präsentationsprogramm und einen Beamer unterstützt wird, im Vergleich mit einem Vortrag ohne technische Unterstützung.

Erläuterungen und Lösungen

1. Aufgabe

1.1

Präsentationsmedium	Beschreibung	Einsatzgebiete bei der Besprechung	Bewertung nach – Kosten – Zeit – Nutzen
Beamer	Projektion von Bildern und Filmen auf Projektionswand; computerunterstützt; Präsentationsprogramme, z. B. PowerPoint	z. B. Einführungsvortrag, Vorstellung neuer Produkte durch Film, Vorträge der Teilnehmer	hohe Kosten (z. B. Anschaffung, Wartung, Strom); abhängig vom IT-System; Abstimmung mit Referenten notwendig; geeignet für großes Publikum
Whiteboard	weiße Kunststofftafel u. a. zur Beschriftung mit abwischbaren Whiteboard-Markern oder für Moderationskarten	z. B. Unterstützung von Vorträgen durch einfache Zeichnungen, Stichpunkte und Ideen; Moderation und Teamarbeit	niedrige Anschaffungskosten; unabhängig vom IT-System, spontane Nutzung möglich; variabel
Flipchart	Tafelschreibblock mit großen Blättern; Beschriftung mit Markern oder als Unterlage für Moderationskarten	z. B. Begrüßung der Teilnehmer und Gliederung der Veranstaltung; jederzeit wiederabrufbar; Teamarbeit	niedrige Anschaffungskosten; unabhängig vom IT-System; Blätter können vorbereitet werden, spontane Nutzung möglich

1.2 Geeignete Präsentationsmedien werden frühzeitig abgestimmt, bei Bedarf beschafft und getestet. Alle Teilnehmer haben eine gute Sicht auf die Projektionswand. Die Inhalte sind gut lesbar, der Referent ist gut zu verstehen. Dabei ist der Blickkontakt zum Publikum immer möglich. Die Medien werden sparsam und gezielt eingesetzt. Nicht genutzte Medien werden abgedeckt oder abgeschaltet.

2. Aufgabe

2.1

2.1.1 Die Vorbereitungszeit umfangreicher Vorträge und Präsentationen kann u. U. mehrere Wochen betragen. Diese Zeit ist notwendig für eine gezielte Recherche, die Abstimmung z. B. mit Kollegen und dem Auftraggeber, die Reduktion der Inhalte auf das Wesentliche und die Erstellung geeigneter Statistiken und Visualisierungen. Einige Tage vor dem Termin sollte die Präsentation fertig sein, damit kein Stress entsteht und letzte kleine Korrekturen vorgenommen werden können.

2.1.2 Lampenfieber, das sich z. B. durch feuchte Hände, erhöhten Herzschlag und Stottern zeigen kann, kann nicht gänzlich beseitigt werden, da es eine normale Reaktion des Körpers ist. Es kann reduziert werden durch die rechtzeitige Fertigstellung der Präsentation und eine „Generalprobe" mit vertrauten Personen. Wichtig sind auch eine positive Grundeinstellung und Entspannungsübungen.

2.2

2.2.1 Der Referent sollte möglichst frei sprechen. Dabei sollte er die Lautstärke und das Sprechtempo variieren und gezielt Pausen machen. Die Formulierungen sollten kurz und klar sein, ohne zu viele Fachbegriffe und Fremdwörter.

2.2.2 Typische Fehler bei der Körpersprache sind z. B.
- mit dem Rücken zum Publikum stehen
- ständig umherlaufen und/oder unsicher stehen
- fehlender Blickkontakt mit dem Publikum und/oder eine Person im Publikum lange anstarren

2.3 Eine PowerPoint-Präsentation sollte rechtzeitig zur Verfügung stehen, um die Kompatibilität mit dem vorhandenen System sicherzustellen. Der Inhalt der PowerPoint-Folien sollte nur die Kerngedanken des Vortrags darstellen.
Zu viele Folien könnten die Zuschauer überfordern und zu viele Bilder und Animationseffekte könnten unprofessionell wirken und vom eigentlichen Vortrag zu sehr ablenken.

3. Anwendungsaufgabe: Checkliste für den Medieneinsatz bei Sitzungen und Besprechungen

Sie sind Auszubildende/Auszubildender der Laco Büroideen GmbH, Hohenstaufenring 112 – 116, 50674 Köln. Telefonisch sind Sie erreichbar unter der Nummer 0221 823498, Durchwahl 126. E-Mail-Adressen werden im Unternehmen wie folgt gebildet: vorname.nachname@laco-bueroideen.com. Sie haben Artvollmacht.

Corporate-Design-Anweisungen:
- Schriftart Arial, Schriftgröße 11
- Überschriften zentriert, Fettschrift, Schriftgröße 14

Benötigte Datei: Web
Logo Laco.jpg

Die Datei ist in der Fußzeile mit Ihrem Namen rechtsbündig zu formatieren.

Einstiegsszenario:
In der Laco Büroideen GmbH werden in regelmäßigen Abständen Besprechungen und Konferenzen durchgeführt, bei denen unterschiedliche Präsentationsmedien benötigt werden.
Für die gute Vorbereitung von Besprechungen ist es wichtig, den Einsatz dieser Präsentationsmedien auf die jeweilige Präsentation abzustimmen.
Sie erhalten den Auftrag eine Checkliste für den Medieneinsatz zu entwerfen, die dann als Hilfsmittel für die Vorbereitung von Besprechungen in einem bereits reservierten Besprechungsraum dienen soll.

Informationen zum Einsatz von Präsentationsmedien bei Besprechungen:

ca. 2 Wochen vor der Besprechung: Referentenliste erstellen, geplante/gewünschte Präsentationsmedien bei den Referenten und Verantwortlichen erfragen (z. B. Vortrag mit Präsentationsprogramm und Beamer, Whiteboard, Flipchart, Moderationskarten, Stifte u. a.) und abstimmen, Programmversionen prüfen, Medien kontrollieren und fehlende Medien nachbestellen
ca. 1 Woche vor der Besprechung: Besprechungsraum kontrollieren, Eingang der Nachbestellungen kontrollieren
ca. 2 Tage vorher: Vollständigkeit aller Medien prüfen, technische Überprüfung des Beamers und der IT im Besprechungsraum
30 Minuten vor der Besprechung: Überprüfen der Technik (Beamer, Notebook)

Beachten Sie die Rechtschreibung, den Ausdruck und die Zeichensetzung. Formulieren Sie in vollständigen Sätzen. Gestalten Sie Ihre Ergebnisse übersichtlich. Wenden Sie die Regeln der DIN 5008 an.

Öffnen Sie eine Word-Datei und speichern Sie diese unter „AA_7.2.3“ und Ihrem Vor- und Nachnamen.

3.1 Erstellen Sie eine Vorlage für eine Medieneinsatz-Checkliste. Orientieren Sie sich dabei an dem Muster in Anlage 1.

3.1.1 Ergänzen Sie dieses jedoch um eine übersichtliche Darstellung der Phasen (2 Woche vorher, 1 Woche vorher, 2 Tage vorher, 30 Minuten vorher).

3.1.2 Fügen Sie in die Zeile „Gebuchter Besprechungsraum“ ein Dropdownlisten-Inhaltssteuerelement ein und hinterlegen Sie die Besprechungsräume 01, 02 und 03. Fügen Sie für die vier weiteren Zeilen und die Spalten „Bis wann?“, „Verantwortlicher“ und „Erledigt“ ebenfalls Inhaltssteuerelemente ein.

3.1.3 Fügen Sie aus dem Unterordner Grafiken die Grafik „Logo Laco“ an sinnvoller Stelle und in geeigneter Größe ein und erstellen Sie eine passende Überschrift. Web

3.2 Gestalten Sie den Inhalt der Checkliste.

3.2.1 Übernehmen Sie die angegebenen Informationen in Ihre Checkliste.

3.2.2 Ergänzen Sie die Liste mit zwei eigenen zu beachtenden Kriterien.

Anlage 1:

Gebuchter Besprechungsraum:			
Datum der Besprechung:			
Uhrzeit/Beginn der Besprechung:			
Leitung der Besprechung:			
Thema der Besprechung.			
Vorbereitung			
Was?	Bis wann?	Verantwortlicher	☑

Erläuterungen und Lösungen

3. Aufgabe

Vergleichen Sie Ihr Ergebnis mit der nachfolgenden Lösung sowie der Lösungsdatei.

Web

3.1 Checkliste Telefonkonferenz

Laco Büroideen GmbH

Checkliste für den Medieneinsatz bei Sitzungen und Besprechungen

Gebuchter Besprechungsraum:	Wählen Sie einen Besprechungsraum aus.
Datum der Besprechung:	Wählen Sie das Datum aus.
Uhrzeit/Beginn der Besprechung:	Geben Sie die Uhrzeit an.
Leitung der Besprechung:	Geben Sie die Leitung der Besprechung an.
Thema der Besprechung:	Geben Sie das Thema der Besprechung an.

Vorbereitung:				
Was?		Bis wann?	Verantwortlicher	☑
2 Wochen vorher	Referentenliste erstellen	Datum	Verantwortlicher	☐
	Geplante/gewünschte Präsentationsmedien bei den Referenten und Verantwortlichen erfragen (z. B. Vortrag mit Präsentationsprogramm und Beamer, Whiteboard, Flipchart, Moderationskarten, Stifte) und abstimmen	Datum	Verantwortlicher	☐
	Programmversionen prüfen	Datum	Verantwortlicher	☐
	Medien kontrollieren und fehlende Medien nachbestellen	Datum	Verantwortlicher	☐
1 Woche vorher	Besprechungsraum kontrollieren	Datum	Verantwortlicher	☐
	Eingang der Nachbestellungen kontrollieren	Datum	Verantwortlicher	☐
2 Tage vorher	Vollständigkeit aller Medien prüfen	Datum	Verantwortlicher	☐
	Technische Überprüfung des Beamers und der IT im Besprechungsraum	Datum	Verantwortlicher	☐
	Sicherung der Präsentationen auf dem Notebook	Datum	Verantwortlicher	☐
30 Min. vorher	Überprüfen der Technik (Beamer, Notebook)	Datum	Verantwortlicher	☐
	Kontakt mit Referenten aufnehmen und Datei der Präsentation auf das Notebook sichern	Datum	Verantwortlicher	☐
	Lichtverhältnisse für Beamer prüfen	Datum	Verantwortlicher	☐

Name des Schülers

3.1.1 Sie können die Phasen der Vorbereitung auf unterschiedliche Weise in die Tabelle integrieren. Am elegantesten ist die neben stehende Lösung. Nutzen Sie hierfür im Register *Layout* (nur wenn sich der Cursor in der Tabelle befindet) die Möglichkeiten zum Zellen teilen bzw. verbinden. In diesem Register können Sie auch die Textrichtung ändern.
Färben Sie die Zelle mit dem Überbegriff „Vorbereitung" hellgrau ein.

3.1.2 Fügen Sie die drei Besprechungsräume 01, 02 und 03 über „Eigenschaften" und „Dropdownlisten-Eigenschaften" hinzu.

Tipp

Haben Sie vergessen, wie die Inhaltssteuerelemente eingesetzt werden? Schauen Sie im Kapitel „Nutzen und Risiken von Onlineanwendungen" nach.

Ein passendes Inhaltssteuerelement für das Datum der Besprechung sowie die Spalte „Bis wann?" ist das Datumsauswahl-Inhaltssteuerelement, für die Spalte „Verantwortlicher" wird das Text-Inhaltssteuerelement und für die Spalte ☑ das Kontrollkästchensteuerelement ausgewählt.

3.1.3 Beachten Sie beim Erstellen der Checkliste, dass Sie eine Überschrift brauchen. Diese sollte in Fettschrift, mittig und in Schriftgröße 14 in angemessenem Abstand zur Tabelle eingesetzt werden.

3.2 Ergänzen der Checkliste:
Sie können die Checkliste z. B. in der Phase „30 Minuten vorher" durch die folgenden Punkte ergänzen:

- Kontakt mit Referenten aufnehmen und Datei der Präsentation auf das Notebook sichern
- Lichtverhältnisse für Beamer prüfen

Tipp

Denken Sie daran, die Fußzeile mit Ihrem Namen zu versehen.

1. Aufgabe

Situation
Yasemin Mai ist in der Abteilung Einkauf eingesetzt und soll die Einkaufspreise für Kopierpapier (Art. 348990) für das Jahr 20.. auswerten: Januar 3,50 €, Februar 2,50 €, März 2,80 €, April 3,40 €, Mai 3,60 €, Juni 4,00 €, Juli 2,40 €, August 2,80 €, September 3,50 €, Oktober 5,25 €, November 4,50 €, Dezember 5,50 €.

1.1 Erläutern Sie Vorteile der Darstellung der Daten in einem Diagramm.

____

____

1.2 Ordnen Sie folgenden Diagrammbeispielen die richtige Diagrammart zu und ergänzen Sie die Eignung des Diagramms.

Darstellung des Diagramms	Diagrammart	Eignung des Diagramms
1.2.1 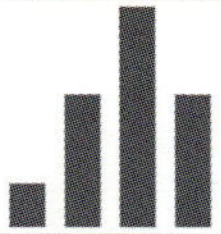		
1.2.2 		
1.2.3 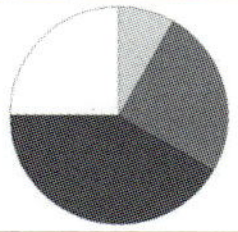		
1.2.4 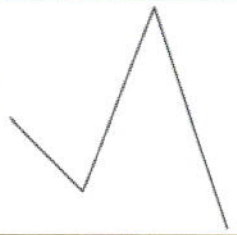		

1.3 Begründen Sie, welche der Diagrammarten für die Situation geeignet ist.

____

____

2. Aufgabe

Situation
Yasemin erstellt ein Säulendiagramm.

2.1 Beschriften Sie in dem Diagramm folgende Gestaltungselemente des Diagrammtools Layout:

Diagrammtitel, Achsentitel, Legende, Datenbeschriftungen, horizontale Primärachse, vertikale Primärachse, Gitternetzlinien, Zeichnungsfläche, Trendlinie

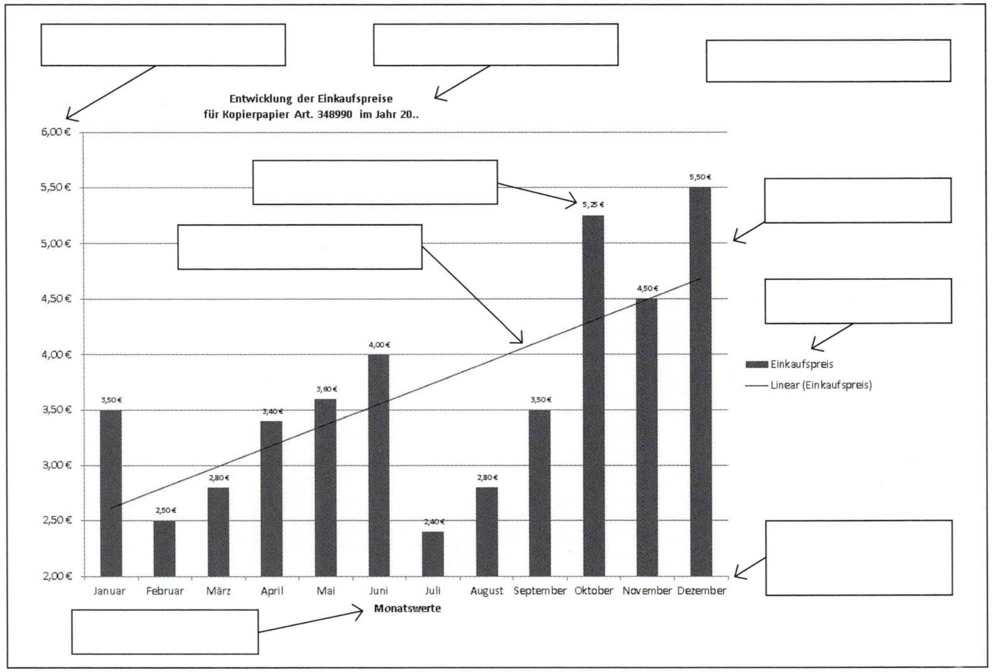

2.2 Bewerten Sie die Einstellung der Achsenoptionen für die vertikale Achse mit dem Minimum von 2,00 € und dem Maximum von 6,00 €.

Erläuterungen und Lösungen

1. Aufgabe

1.1 Diagramme eignen sich dafür, kleine und auch größere Datenmengen zu visualisieren. Diagramme machen z. B. Entwicklungen im Zeitverlauf sehr deutlich. Auch für Präsentationen bei Besprechungen sind Diagramme ein wichtiges Hilfsmittel, um Entwicklungen und Verteilungen zu verdeutlichen.

1.2 Excel bietet zahlreiche unterschiedliche Diagrammarten an. Je nachdem, welche Art von Daten vorliegt, muss der Diagrammtyp sinnvoll ausgewählt werden.

Darstellung des Diagramms	Diagrammart	Eignung des Diagramms
1.2.1 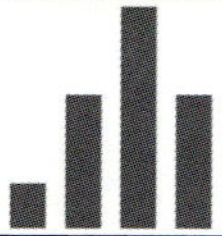	Säulendiagramm	Darstellung von Häufigkeiten über einen bestimmten Zeitraum
1.2.2 	Balkendiagramm	Darstellung von Häufigkeiten über einen bestimmten Zeitraum
1.2.3 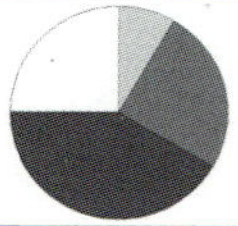	Kreisdiagramm	Darstellung von Verteilungen zu einem bestimmten Zeitpunkt
1.2.4 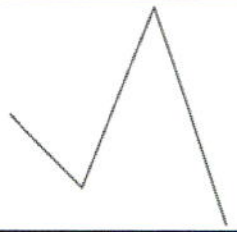	Liniendiagramm	Darstellungen von Trends über einen bestimmten Zeitraum

1.3 Für die Darstellung der Daten zu den Einkaufspreisen im Zeitverlauf eignen sich die Diagrammarten Säulen-, Balken- und Liniendiagramm. Das Kreisdiagramm ist nicht geeignet, da es Verteilungen zu einem bestimmten Zeitpunkt darstellt. Hinweis: Ähnlich wie das Liniendiagramm kann auch das Punktdiagramm angewendet werden. Bei allen Diagrammarten gibt es mehrere Ausführungen, z. B. die dreidimensionale Ausführung. In den Aufgabenstellungen ist die Ausführung jeweils genau dargestellt und muss genau übernommen werden.

2. Aufgabe

2.1 Excel bietet im Register *Einfügen* für die Diagrammbearbeitung die Diagrammtools *Entwurf*, *Layout* und *Format* an. Insbesondere die Auswahl von *Layout* bietet zahlreiche und prüfungsrelevante Bearbeitungsoptionen an:

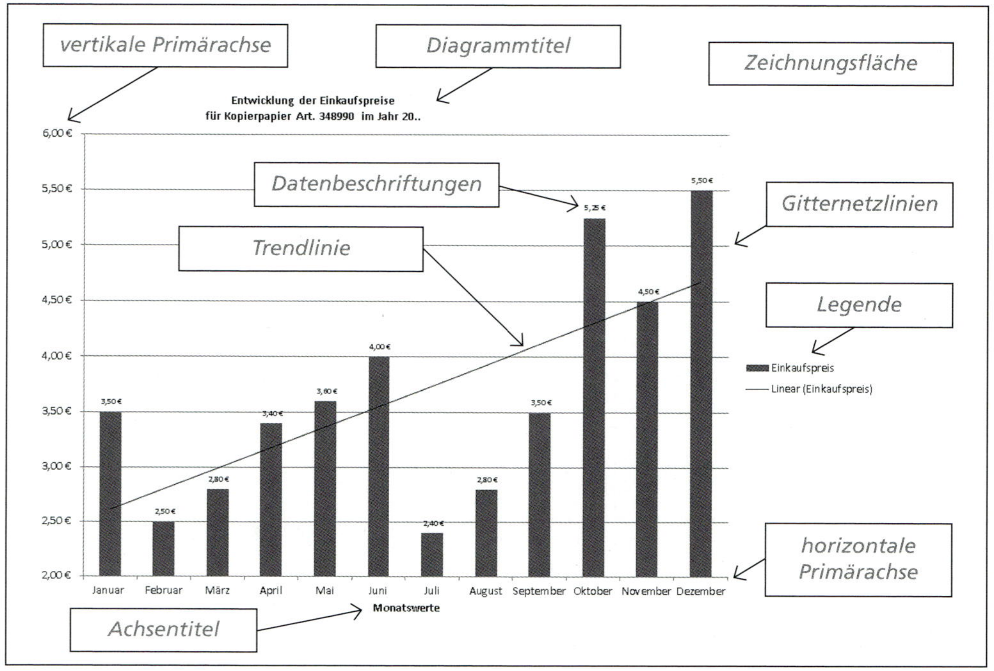

2.2 Im vorliegenden Fall werden die Daten erst ab dem Minimum von 2,00 € dargestellt. Dies führt dazu, dass z. B. der Preis im Juli mit 2,40 € als sehr niedrig erscheint. Die Darstellung ab einem Minimum von 0,00 € ist hier besser geeignet, um den Sachverhalt darzustellen.

In vielen Statistiken wird u. a. durch die Bearbeitung der Skalen die Wirkung des Diagramms manipuliert. Bestimmte Werte werden nicht angegeben oder bestimmte Bereiche werden zu sehr betont. Bei der Betrachtung und Auswertung von Statistiken muss immer auch die Möglichkeit einer Skalenmanipulation in Betracht gezogen werden.

3. Anwendungsaufgabe: Ein Balkendiagramm situationsgerecht darstellen

Sie sind Auszubildende/Auszubildender der
Laco Büroideen GmbH, Hohenstaufenring 112 – 116, 50674 Köln.
Telefonisch sind Sie erreichbar unter der Nummer 0221 823498, Durchwahl 126.
Ihre E-Mail-Adresse lautet: vorname.nachname@laco-bueroideen.com.
Sie haben Artvollmacht. Herr Schneider ist der Sicherheitsbeauftragte.

Sie benötigen die folgende Datei aus der Datensammlung: Web
7.3.3_Unfallstatistik.xlsx

Corporate-Design-Anweisungen:
- Zahlendarstellungen mit Tausender-Trennzeichen; ohne Dezimalstellen
- Euro mit Tausender -Trennzeichen und zwei Dezimalstellen
- Prozentsätze mit zwei Dezimalstellen
- Diagramm mit voreingestellter Schriftart; Diagrammtitel in Schriftgröße 14

Die Datei ist in der Fußzeile mit Ihrem Namen im rechten Abschnitt zu formatieren.

Einstiegsszenario:

Herr Schneider: Die Geschäftsleitung meint, dass die Betriebsunfälle in den letzten zwei Jahren deutlich zugenommen haben. Deswegen benötige ich für eine Präsentation ein Diagramm zur Statistik der gemeldeten Betriebsunfälle in den verschiedenen Abteilungen. Hier ist die Übersicht. Erstellen Sie bitte daraus ein aussagekräftiges Säulendiagramm und werten Sie das Diagramm aus.

Abteilung	Unfälle 2014	Unfälle 2015
Einkauf	2	1
Produktion	15	13
Vertrieb	3	4
Rechnungswesen	5	7
Allgemeine Verwaltung	1	3

Sie: Vielen Dank für die Unterlagen. Sie erhalten das Diagramm und die Auswertung dann per Mail.

Beachten Sie die Rechtschreibung.

Öffnen Sie die Datei „7.3.3_Unfallstatistik.xlsx" und speichern Sie diese unter „AA 7.3.3" und Ihrem Vor- und Nachnamen. Erstellen Sie das Diagramm nach dem beiliegenden Muster und unter Beachtung der Corporate-Design-Anweisungen.

3.1 Erstellen Sie ein Säulendiagramm.

3.2 Ergänzen Sie die horizontalen Achsenbeschriftungen (Rubriken).

3.3 Fügen Sie einen Achsentitel zur horizontalen Achse ein.

3.4 Fügen Sie einen Achsentitel zur vertikalen Achse ein.

3.5 Überprüfen Sie, ob die Achsenoptionen der vertikalen Achse angepasst werden müssen, und passen Sie diese ggf. an.

3.6 Ergänzen Sie einen aussagekräftigen Diagrammtitel.

3.7 Positionieren Sie die Legende.

3.8 Passen Sie die Gestaltung der Gitternetzlinien an.

3.9 Wählen Sie die entsprechende Diagrammformatvorlage aus.

3.10 Werten Sie das Diagramm aus, verfassen Sie eine Stellungnahme zur Annahme der Geschäftsleitung und nennen Sie mögliche Gründe für die Entwicklung.

Anlage 1 (Muster):

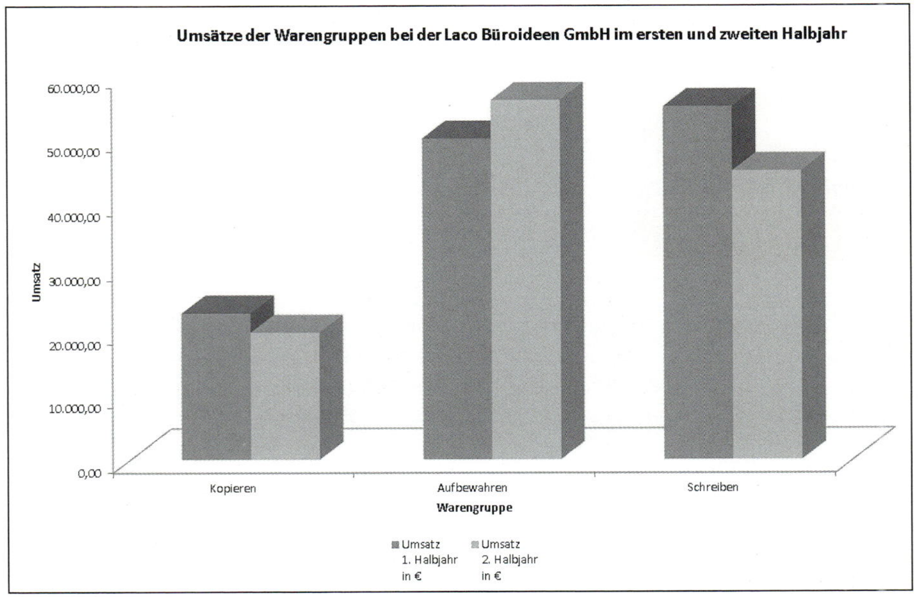

Erläuterungen und Lösungen

3. Aufgabe

Vergleichen Sie Ihr Ergebnis mit der nachfolgenden Lösung sowie der Lösungsdatei „AA_7.3.3.Lösung.xlsx".

Web

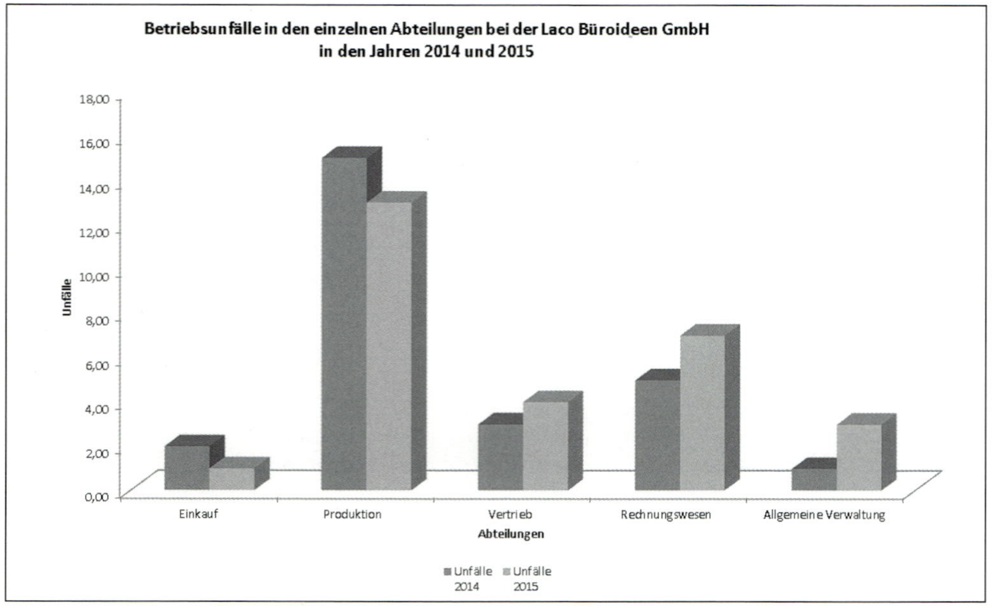

3.1 Wählen Sie ein gruppiertes 3D-Säulendiagramm aus.

3.2 Ergänzen Sie die horizontalen Achsenbeschriftungen (Rubriken), indem Sie die Achsenbeschriftung markieren (linke Maustaste) und dann die Option *Daten auswählen* über das Register *Entwurf* auswählen. Markieren Sie die erste Rubrik (hier: 1), aktivieren Sie *Bearbeiten* und markieren Sie alle fünf Abteilungen in der Datentabelle. Dann entsprechend bestätigen.

3.3 Fügen Sie einen Achsentitel („Abteilungen") für die horizontale Achse ein, indem Sie über das Register *Layout – Achsentitel* und *Achsentitel der horizontalen Primärachse* auswählen und bearbeiten.

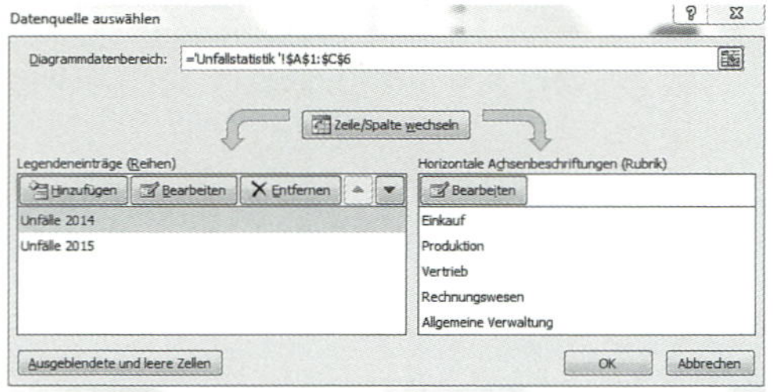

3.4 Fügen Sie einen Achsentitel („Unfälle") für die vertikale Achse ein über Register *Layout – Achsentitel – vertikale Primärachse* und *vertikalen Achsentitel.*

3.5 Die Achsenoptionen der vertikalen Primärachse können geändert werden, indem Sie die vertikale Achse markieren und dann über das Register *Layout – Achsen – vertikale Primärachse – weitere Optionen für die vertikale Primärachse* die Option *Achse formatieren* auswählen und bearbeiten. Hier kann z. B. der Maximalwert von 16 auf 18 geändert werden.

3.6 Ergänzen Sie einen aussagekräftigen Diagrammtitel. Der Diagrammtitel wird über das Register *Layout – Diagrammtitel* eingefügt.

Hinweis

Denken Sie bei der Überschrift an die drei W's: was – wer/wo – wann

3.7 Positionieren Sie die Legende nach unten (Register *Layout – Legende*).

3.8 Entfernen Sie die horizontalen Gitternetzlinien über das Register *Layout – Gitternetzlinien – primäre horizontale Gitternetzlinien.*

3.9 Das Register *Entwurf* bietet zahlreiche Diagrammformatvorlagen an. Wählen Sie z. B. die Formatvorlage 8 aus.

3.10 Durch das Diagramm kann die Aussage der Geschäftsleitung widerlegt werden, dass in allen Abteilungen die Betriebsunfälle zugenommen haben. In der Abteilung Einkauf und in der Abteilung Produktion ist die Anzahl der Betriebsunfälle gesunken. Gründe können z. B. verbesserte Schulungen in der Produktion und die Anschaffung neue Maschinen sein.

Tipp

Überprüfen Sie, ob Sie daran gedacht haben, in der Fußzeile Ihren Namen im rechten Abschnitt einzutragen.

Aufgaben 1 bis 4: Aufgaben zur Stofferschließung

1. Aufgabe

Situation
Die Laco Büroideen GmbH hat Anita Stübler neu eingestellt. Sie arbeitet in der Abteilung Allgemeine Verwaltung u. a. im Bereich Posteingang. Frau Stübler soll eine Postvollmacht erhalten und die Post vom Postfach abholen.

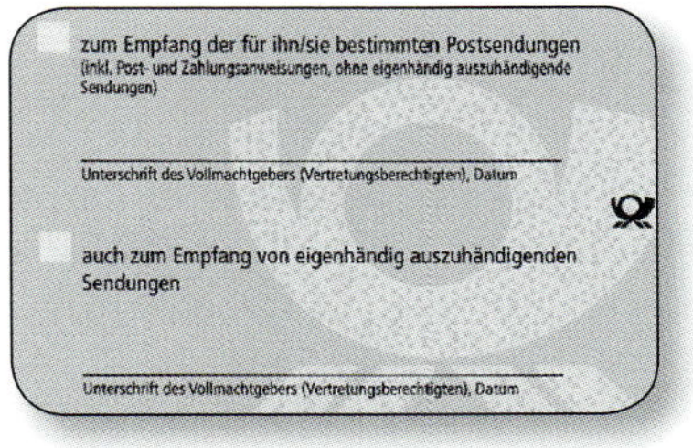
zum Empfang der für ihn/sie bestimmten Postsendungen (inkl. Post- und Zahlungsanweisungen, ohne eigenhändig auszuhändigende Sendungen)

Unterschrift des Vollmachtgebers (Vertretungsberechtigten), Datum

auch zum Empfang von eigenhändig auszuhändigenden Sendungen

Unterschrift des Vollmachtgebers (Vertretungsberechtigten), Datum

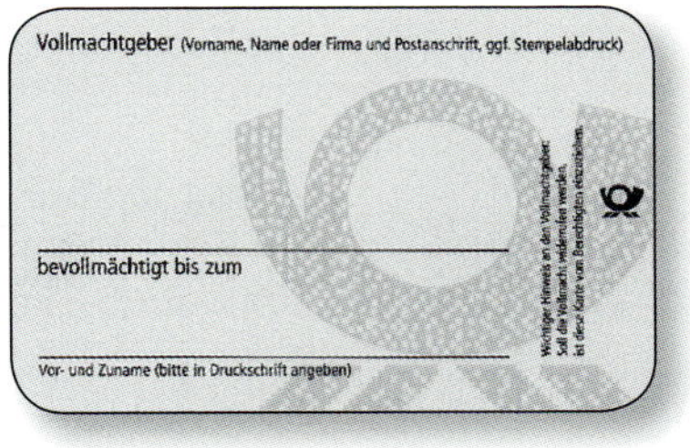
Vollmachtgeber (Vorname, Name oder Firma und Postanschrift, ggf. Stempelabdruck)

bevollmächtigt bis zum

Vor- und Zuname (bitte in Druckschrift angeben)

Wichtiger Hinweis an den Vollmachtgeber: Soll die Vollmacht widerrufen werden, ist diese Karte vom Berechtigten einzuziehen.

1.1 Erläutern Sie die Vorteile der Erteilung der Postvollmacht für die Laco Büroideen GmbH.

1.2 Beschreiben Sie den Unterschied zwischen einer normalen und einer besonderen Postvollmacht.

1.3 Beschreiben Sie mehrere Vorteile und Nachteile eines Postfachs.

2. Aufgabe

Situation
Folgende zwei Briefe mit unterschiedlichen Empfängeranschriften befinden sich in der Eingangspost der Laco Büroideen GmbH.

Brief 1:	*Brief 2:*
Frau Dilara Haydar Laco Büroideen GmbH Hohenstaufenring 112 – 116 50674 Köln	Laco Büroideen GmbH Frau Dilara Haydar Hohenstaufenring 112 – 116 50674 Köln

2.1 Begründen Sie, ob Frau Stübler diese Briefe öffnen darf.

2.2 Beschreiben Sie fünf Arbeitsschritte, die nach dem Öffnen der täglichen Eingangspost anfallen, und nennen Sie mögliche technische Hilfsmittel.

2.3 Erläutern Sie, warum es sinnvoll ist, die Eingangspost mit einem Eingangsstempel zu versehen.

2.4 Bestimmte Schriftstücke dürfen nicht mit einem Eingangsstempel versehen werden. Nennen Sie mehrere Beispiele und begründen Sie ihre Antwort.

Erläuterungen und Lösungen

1. Aufgabe

1.1 Die Zustellung der Post erfolgt an den Empfänger der jeweiligen Postsendung. Im Geschäftsleben kann die Zustellung der Post auch durch Aushändigung an einen Empfangsbevollmächtigten erfolgen. Dafür wird eine Postvollmacht für die zuständigen Personen ausgestellt. Das Formular im Scheckkartenformat wird von der Post AG im Internet zur Verfügung gestellt. Eine Postvollmacht muss schriftlich erteilt werden.
Durch eine Postvollmacht wird die Postbearbeitung beschleunigt. Ansonsten könnte es z. B. passieren, dass Briefe bei Abwesenheit des zuständigen Mitarbeiters nicht ausgehändigt werden und es dadurch zu Zeitverzögerungen kommt. Durch die Postvollmacht ist auch sichergestellt, dass nur autorisierte Mitarbeiter die Post annehmen können.

1.2 Eine Postvollmacht kann befristet oder unbefristet erteilt werden. Weiterhin kann der Empfang von eigenhändig auszuhändigenden Sendungen in die Vollmacht eingeschlossen werden oder nicht.
Der Unterschied zwischen einer normalen und einer besonderen Postvollmacht besteht darin, dass der Bevollmächtigte auch Einschreiben-Sendungen mit der Zusatzleistung „Eigenhändig" entgegennehmen darf. Normalerweise werden diese Sendungen immer ausschließlich dem Empfänger persönlich gegen seien Unterschrift ausgehändigt.

1.3 Unternehmen mit höherem Briefaufkommen können bei der Deutschen Post ein Postfach beantragen. Die einmalige Gebühr ist gering und das Unternehmen erhält zwei Postfachschlüssel für die Abholung der Post.

Vorteile eines Postfaches:
- Abholung jederzeit möglich
- Frühzeitiger Zugriff auf die Geschäftspost

Nachteile eines Postfaches:
- Leerung mindestens einmal pro Woche
- Einschreiben mit Zusatz „Eigenhändig" werden nicht an das Postfach, sondern an die Hausanschrift geliefert.

2. Aufgabe

2.1 In Unternehmen gilt das Briefgeheimnis. Nur die Briefe, die an das Unternehmen gerichtet sind, dürfen von den bevollmächtigten Mitarbeitern geöffnet werden. Persönliche Briefe erkennt man oft an dem Wort „persönlich" auf dem Umschlag, oder daran, dass der Personenname bei der Empfängeranschrift zuerst genannt wird. Persönliche Briefe werden nicht geöffnet.
Frau Stübler darf nur den Brief 2 öffnen, da es sich hier um Geschäftspost handelt, bei der der Firmenname zuerst genannt ist. Brief 1 ist ein persönlicher Brief, der ungeöffnet an die betreffende Person weitergeleitet werden muss. Hier ist der Empfängername zuerst genannt.

2.2 Nur die geschäftliche Post darf von Frau Stübler geöffnet werden. Dies erfolgt mithilfe eines Brieföffners bzw. einer Brieföffner-Maschine.

Die nächsten Schritte beim Posteingang sind:
- Anlagen- und Leerkontrolle
- Digitalisieren
- Stempeln
- Sortieren
- Verteilen

Technische Hilfsmittel sind z. B. die Leuchtplatte, Scanner, manuelle Stempel, Stempelmaschinen, Sortiermaschinen, Sortierregale und zur Verteilung Rohrpost und Schriftguttransportanlagen.

2.3 Der Eingangsstempel wird meist rechts oben neben der Empfängeranschrift angebracht.
Der Eingangsstempel ermöglicht einen späteren Abgleich von dem Tag der Ausfertigung des Briefs, dem Datum des Poststempels und dem Tag des Eingangs. Dies ist z. B. bei Mahnungen wichtig.

2.4 Nicht alle Briefe und Schriftstücke dürfen beim Posteingang gestempelt werden.
Urkunden, Zeugnisse und Verträge dürfen nicht gestempelt werden, da diese Dokumente von besonderer Bedeutung sind. Hier wird der Stempel auf den Briefumschlag angebracht und dieser angeheftet.

3. Aufgabe

Situation
Bei der Laco Büroideen GmbH sollen die Arbeitsabläufe beim Postausgang verbessert werden. Das folgende Schriftgut wird für den Versand vorbereitet. Folgende Unterlagen der Deutschen Post liegen vor.

Briefe: Formate, Gewichte und Preise National Stand 01.01.2016

Sendungsart	Maße	Gewicht	Euro
Standardbrief	L: 140–235 mm, B: 90–125 mm, H: max. 5 mm	bis 20 g	0,70
Kompaktbrief	L: 100–235 mm, B: 70–125 mm, H: max. 10 mm	bis 50 g	0,85
Großbrief	L: 100–353 mm, B: 70–250 mm, H: max. 20 mm	bis 500 g	1,45
Maxibrief	L: 100–353 mm, B: 70–250 mm, H: max. 50 mm	bis 1 000 g	2,60

Zusatzleistungen (zusätzlich zum Beförderungsentgelt)

+ 2,50 €: EINSCHREIBEN: Falls der Absender einen Nachweis braucht, dass ein Brief sowohl ein- als auch ausgeliefert wurde, wählt man die Versandart EINSCHREIBEN. Die Auslieferung erfolgt nur gegen Unterschrift an den Empfänger, einen Bevollmächtigten oder einen anderen Empfangsberechtigten.

+ 2,15 €: EINSCHREIBEN EINWURF Wie beim EINSCHREIBEN erhält der Absender einen Einlieferungsnachweis. Zusätzlich wird der Einwurf der Sendung in den Briefkasten oder das Postfach des Empfängers durch die Unterschrift des Zustellers bestätigt.

+ 2,15 €: EINSCHREIBEN EIGENHÄNDIG Mit der Zusatzleistung „EIGENHÄNDIG" wird vom Absender sichergestellt, dass das EINSCHREIBEN nur dem Empfänger persönlich oder einem zum Empfang besonders Bevollmächtigten übergeben wird. In Verbindung mit „EINSCHREIBEN"

+ 2,15 €: EINSCHREIBEN RÜCKSCHEIN Ist eine persönliche Bestätigung für den Empfang eines Einschreibens erforderlich, sollte die Zusatzleistung „RÜCKSCHEIN" gewählt werden. In Verbindung mit „EINSCHREIBEN"

Wählen Sie eine geeignete Sendungsart und Zusatzleistung aus.

Sendung	Sendungsart Zusatzleistung
Es werden wichtige Unterlagen/Kopien (450 g) im A4-Format versendet, für die ein schriftlicher Nachweis des fristgerechten Eingangs benötigt wird.	
Wichtige Papiere werden im A5-Format versendet. Der Empfänger soll die Unterlagen persönlich erhalten und die ALL IN ONE braucht darüber einen Nachweis.	
Eine Kündigung (Standard-Briefgröße) soll einem Mitarbeiter auf dem Postweg zugestellt werden.	

4. Aufgabe

Situation
Die Geschäftsleitung der Laco Büroideen GmbH überprüft am Ende des Geschäftsjahres die Kosten für die Versendung von Briefen und Paketen. Dabei stellt sich heraus, dass in der Poststelle nicht alle Möglichkeiten genutzt werden, um Porto zu sparen, keine technischen Hilfsmittel verwendet werden und nur die Dienste der Deutschen Post eingesetzt werden.

4.1 Beschreiben Sie Möglichkeiten, um im Unternehmen Portokosten einzusparen.

4.2 Erläutern Sie Vor- und Nachteile der elektronischen Post.

4.3 Beschreiben Sie die Einsatzmöglichkeiten einer Poststraße.

4.4 Prüfen Sie bei folgenden Sendungen, welcher privater Dienstleister ausgewählt werden sollte (KEP-Dienste: Kurier-, Express- und Paketdienste).

Sendung	KEP-Dienst
Paket, Gewicht 25 kg	
Wichtige Vertragsunterlagen, die an den Vertragspartner persönlich und schnell versendet werden müssen.	
Sendung (500 g), die garantiert am gleichen Tag um 16:00 Uhr beim Kunden sein muss.	

Erläuterungen und Lösungen

3. Aufgabe

Sendung	Sendungsart Zusatzleistung
Es werden wichtige Unterlagen/Kopien (450 g) im A4-Format versendet, für die ein schriftlicher Nachweis des fristgerechten Eingangs benötigt wird.	Großbrief Einschreiben mit Rückschein Großbrief
Wichtige Papiere werden im A5-Format versendet. Der Empfänger soll die Unterlagen persönlich erhalten und die ALL IN ONE braucht darüber einen Nachweis.	Einschreiben Eigenhändig Rückschein
Eine Kündigung (Standard-Briefgröße) soll einem Mitarbeiter auf dem Postweg zugestellt werden.	Standard-Brief Einschreiben (oder Eigen-händig/Rückschein)

4. Aufgabe

4.1 Portokosten können z. B. gespart werden durch
- die korrekte Bestimmung der Sendungsart (keine Überfrankierung)
- die Beschränkung der Seitenzahl und der Anlagen
- die Nutzung der Dialogpost (z. B. bei Mailing-Aktionen)
- den Vergleich der Kosten von Deutscher Post und privaten Anbietern
- Nutzung von elektronischen Kommunikationsmöglichkeiten (z. B. E-Mail, Internet).

4.2 In vielen Unternehmen wird der postalische Geschäftsbrief immer mehr durch die Korrespondenz mittels E-Mail ersetzt.
Vorteile der elektronischen Post: u. a. Kostenersparnis, Schnelligkeit, Anhänge an zahlreiche Personen (Verteiler).
Nachteile der elektronischen Post: u. a. Abhängigkeit vom Internet, Gefahr, dass die Informationen in falsche Hände geraten (Datenschutz) oder verloren gehen (Datensicherheit), ggf. nachlässiger Schreibstil, Abmahnungen wegen fehlender Pflichtangaben (wie z. B. HR-Nummer).

4.3 Bei einer Poststraße werden die Maschinen die zur Verarbeitung der ausgehenden Post benötigt werden, in einem Raum zusammengefasst und hintereinandergeschaltet. Dies können Maschinen sein, die die ausgehende Post automatisch sortieren, falzen, kuvertieren, wiegen und frankieren
Gute Einsatzmöglichkeiten einer Poststraße sind gegeben, wenn in einem Unternehmen täglich sehr viele Briefe versendet werden. Ab einem bestimmten Briefvolumen rentieren sich die hohen Anschaffungskosten der Poststraße, da so viele Personalkosten gespart werden können.

4.4 Die ausgehenden Postsendungen können in einer Postfiliale abgegeben werden. Außerdem bietet die Deutsche Post einen Bring- und Abholservice (Dienst HIN + WEG) an. Darüber hinaus gibt es zahlreiche private Dienstleister, die Sendungen befördern (Kurierdienste, Expressdienste und Paketdienste).
Kurierdienste befördern Sendungen direkt und persönlich zum jeweiligen Empfänger. Kurierdienste sind schnell und eignen sich dann, wenn vertrauliche Dokumente in kurzer Zeit zum Empfänger gelangen sollen.
Expressdienste garantieren, dass Sendungen innerhalb einer bestimmten Frist beim Empfänger eintreffen.
Paketdienste übernehmen im Gegensatz zum Expressdienst keine Garantie für die vereinbarte Laufzeit. Die meisten Paketdienste befördern nur Sendungen bis 30 kg Gewicht.

Sendung	KEP-Dienst
Paket, Gewicht 25 kg	Paketdienst
Wichtige Vertragsunterlagen, die an den Vertragspartner persönlich und schnell versendet werden müssen.	Kurierdienst
Sendung (500 g), die garantiert am gleichen Tag um 16:00 Uhr beim Kunden sein muss.	Expressdienst

5. Anwendungsaufgabe: Analyse der Portokosten

Sie sind Auszubildende/Auszubildender der
Laco Büroideen GmbH, Hohenstaufenring 112 – 116, 50674 Köln.
Telefonisch sind Sie erreichbar unter der Nummer 0221 823498, Durchwahl 126.
Ihre E-Mail-Adresse lautet: vorname.nachname@laco-bueroideen.com.
Sie haben Artvollmacht.

Sie benötigen die folgendeDatei aus der Datensammlung: Web
8.1.5_Portokosten.xlsx

Corporate-Design-Anweisungen:
- Angepasst auf eine Seite
- Schriftart Arial, Schriftgröße 10
- Euro mit Tausender-Trennzeichen und zwei Dezimalstellen
- Übrige Zahlendarstellungen mit Tausender-Trennzeichen; ohne Dezimalstellen
- Prozentsätze mit zwei Dezimalstellen im Format Zahlen
- Diagramm mit voreingestellter Schriftart; Diagrammtitel in Schriftgröße 14

Die Datei ist in der Fußzeile mit Ihrem Namen im rechten Abschnitt zu formatieren.

Einstiegsszenario:
Sie erhalten von Herrn Mike Stone (Allgemeine Verwaltung) folgenden Anruf:

Herr Stone: Guten Morgen. Gerade habe ich die Übersicht über die Portokosten der letzten zwei Jahre erhalten. Die Geschäftsleitung sieht hier großes Einsparpotential und bittet um konkrete Informationen. Bitte erstellen Sie ein aussagefähiges Diagramm, werten Sie dieses aus und machen Sie Vorschläge für Einsparmöglichkeiten.

Sie: Hallo Herr Stone. Ja, das mache ich gerne.

Beachten Sie die Rechtschreibung.

Öffnen Sie die Datei „8.1.5_Portokosten" und speichern Sie diese unter „AA_8.1.5" und Ihrem Vor- und Nachnamen.

5.1 Ermitteln Sie in der Tabelle (Anlage 1) mit geeigneten Funktionen die Summe der Portokosten sowie die prozentualen Anteile der einzelnen Abteilungen und berechnen Sie die prozentualen Veränderungen (Prozentformat) der Portokosten von 2015 auf 2016. Basis ist das Jahr 2016.

5.2 Veranschaulichen Sie in einem Säulendiagramm den Vergleich der Portokosten in den Jahren 2015 und 2016 in den verschiedenen Abteilungen. Gestalten Sie das Diagramm nach dem Muster in Anlage 2.

5.3 Werten Sie die Daten des Diagramms aus, geben Sie mögliche Gründe für die Erhöhung der Portokosten an und machen Sie mehrere Vorschläge, wie Portokosten in Zukunft eingespart werden können.

Anlage 1:

Abteilung/Bereich	2015		2016		Veränderung gegenüber 2015 in %
	Portokosten (€)	Anteil in %	Portokosten (€)	Anteil in %	
Einkauf	556,00		831,00		
Produktion	140,00		120,00		
Vertrieb	448,00		720,00		
Rechnungswesen	96,00		108,00		
Allgemeine Verwaltung	629,00		1.030,00		
Gesamt					

Anlage 2 (Muster):

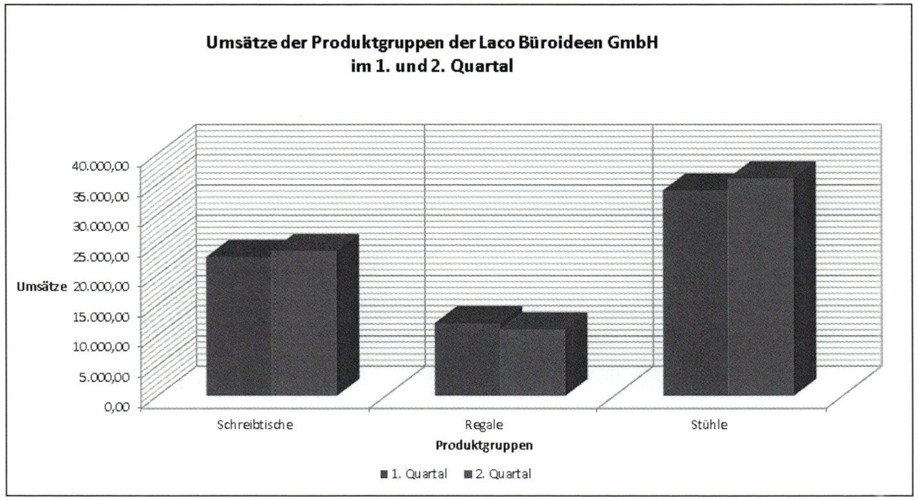

Erläuterungen und Lösungen

5. Aufgabe

Vergleichen Sie Ihr Ergebnis mit der nachfolgenden Lösung sowie der Lösungsdatei AA_8.1.5_Portokosten_Lösung.xlsx.

Web

5.1 *Tabellenblatt „Auswertung“:*

Abteilung/Bereich	2015		2016		Veränderung gegenüber 2015 in %
	Portokosten (€)	Anteil in %	Portokosten (€)	Anteil in %	
Einkauf	556,00	0,30	831,00	0,30	0,49
Produktion	140,00	0,07	120,00	0,04	-0,14
Vertrieb	448,00	0,24	720,00	0,26	0,61
Rechnungswesen	96,00	0,05	108,00	0,04	0,13
Allgemeine Verwaltung	629,00	0,34	1.030,00	0,37	0,64
Gesamt	1869	1,00	2809	1,00	

Lösungshinweise:
- Die Prozentbeträge sind mit zwei Nachkommastellen zu formatieren – aber ohne Prozentzeichen.
- Überprüfen Sie, ob Sie die Schriftart Arial, Größe 10 verwendet haben.

Tabellenblatt „Auswertung Formelansicht“:

Abteilung/Bereich	2015		2016		Veränderung gegenüber 2015 in %
	Portokosten (€)	Anteil in %	Portokosten (€)	Anteil in %	
Einkauf	556	=B3/$B$8	831	=D3/$D$8	=(D3-B3)/B3
Produktion	140	=B4/$B$8	120	=D4/$D$8	=(D4-B4)/B4
Vertrieb	448	=B5/$B$8	720	=D5/$D$8	=(D5-B5)/B5
Rechnungswesen	96	=B6/$B$8	108	=D6/$D$8	=(D6-B6)/B6
Allgemeine Verwaltung	629	=B7/$B$8	1030	=D7/$D$8	=(D7-B7)/B7
Gesamt	=SUMME(B3:B7)	=SUMME(C3:C7)	=SUMME(D3:D7)	=D8/$D$8	

Hinweise zu den Formeln:
- Achten Sie darauf, den Bezug zur Gesamtsumme absolut zu adressieren (d. h. mithilfe der $-Zeichen „festzusetzen“).

5.2 *Tabellenblatt „Auswertung“, Diagramm:*

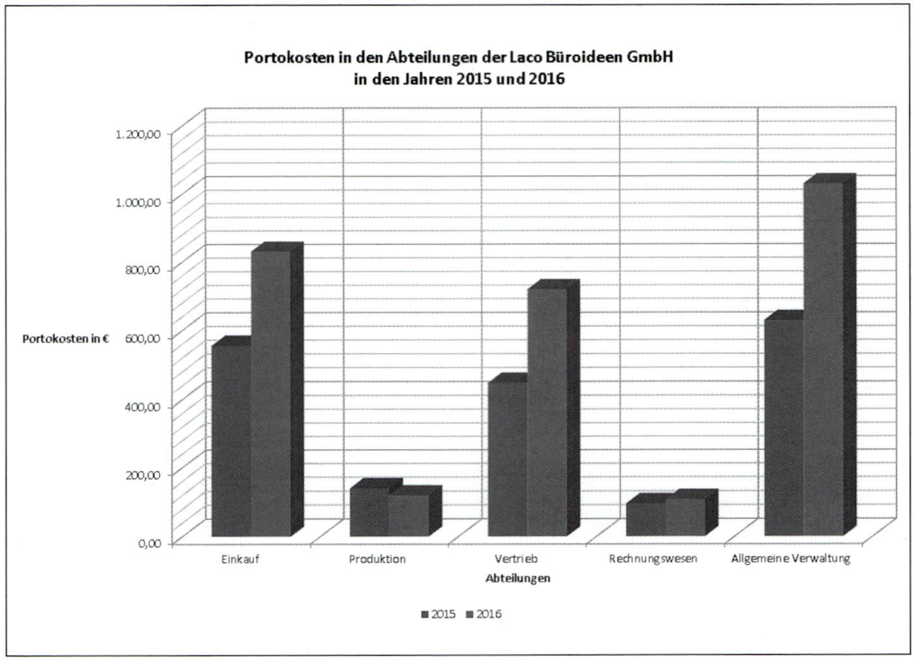

Achten Sie bei Ihrem Diagramm auf die folgenden Punkte:
- 3D-Säulendiagramm gruppiert
- Diagrammtitel in Arial Größe 14
- Achsenbeschriftungen horizontal
- Achsenbeschriftungen vertikal
- Legende unten
- Gitternetzlinien mit Haupt und Hilfsgitternetz

Hinweis

Denken Sie bei der Überschrift an die drei W's: was – wer/wo – wann

5.3 Hohe Steigerungen der Portokosten sind für alle Abteilungen außer der Produktionsabteilung zu erkennen. Die Steigerungen gegenüber dem Vorjahr sind in der Abteilung Allgemeine Verwaltung am größten. Mögliche Ursachen sind vermehrte Versendung von großen Briefmengen (Mailingaktionen) oder Erhöhungen der Portogebühren. Einsparungen sind möglich durch die vermehrte Nutzung von E-Mails für die Kommunikation und die Nutzung z. B. der Dialogpost.

1. Aufgabe

Situation
Die Auszubildende Yasemin Mai ist zurzeit in der Abteilung Allgemeine Verwaltung der Laco Büroideen GmbH eingesetzt. Auf dem Schreibtisch liegt unterschiedliches Schriftgut.

1.1 Ordnen Sie das Schriftgut der jeweiligen Wertstufe zu und nennen Sie die entsprechenden Aufbewahrungsfristen.

Beispiele für Schriftgut	Wertstufe	Aufbewahrungsfrist
1.1.1 Verlangtes Angebot		
1.1.2 Quittung		
1.1.3 Angebot (Auftrag erfolgt)		
1.1.4 Werbeblatt (kostenlose Zustellung)		
1.1.5 Gesellschaftsvertrag		
1.1.6 Einladung zu einer Hausmesse		
1.1.7 Eröffnungsbilanz		
1.1.8 Eingangsrechnung		
1.1.9 Kontoauszüge		

1.2 Erläutern Sie die Unterschiede zwischen Tageswert, Prüfwert, Gesetzeswert und Dauerwert von Schriftgut.

1.2.1 Tageswert

1.2.2 Prüfwert

1.2.3 Gesetzeswert

1.2.4 Dauerwert

1.3 Geben Sie an, ab welchem Datum Sie eine Eingangsrechnung mit dem heutigen Datum vernichten dürfen und begründen Sie dies.

1.4 Welche Vorgaben macht das HGB für die Archivierung von Unterlagen auf Datenträgern?

Erläuterungen und Lösungen

1. Aufgabe

1.1

Beispiele für Schriftgut	Wertstufe	Aufbewahrungsfrist
1.1.1 Verlangtes Angebot	Prüfwert	Entscheidung nach Prüfung
1.1.2 Quittung	Gesetzeswert (Buchungsbeleg)	10 Jahre nach HGB
1.1.3 Angebot (Auftrag erfolgt)	Gesetzeswert (Handelsbrief)	6 Jahre nach HGB
1.1.4 Werbeblatt (kostenlose Zustellung)	Tageswert	keine
1.1.5 Gesellschaftsvertrag	Dauerwert	Dauerhaft (solange Unternehmen besteht)
1.1.6 Einladung zu einer Hausmesse	Prüfwert	Entscheidung nach Prüfung
1.1.7 Eröffnungsbilanz	Gesetzeswert	10 Jahre nach HGB
1.1.8 Eingangsrechnung	Gesetzeswert (Buchungsbeleg)	10 Jahre nach HGB
1.1.9 Kontoauszüge	Gesetzeswert (Buchungsbeleg)	10 Jahre nach HGB

Nach § 257 HGB sind empfangene und abgesandte Handelsbriefe (Schriftstücke, die ein Handelsgeschäft betreffen) 6 Jahre aufzubewahren. Ein Angebot mit Auftragsfolge ist demnach ein Handelsbrief und muss 6 Jahre aufbewahrt werden. Buchungsbelege sind 10 Jahre aufzubewahren.

1.2

1.2.1 Tageswert
Schriftstücke mit Tageswert haben keinen bleibenden Wert für den Betrieb. Sie können nach Kenntnisnahme vernichtet werden.

1.2.2 Prüfwert
Schriftstücke mit Prüfwert sind nur für einen begrenzten Zeitraum von Bedeutung. Nach der Prüfung wird entschieden, ob das Schriftstück vernichtet werden kann oder aufbewahrt werden soll.

1.2.3 Gesetzeswert
Das HGB und die Abgabenordnung schreiben die gesetzlichen Aufbewahrungsfristen vor. Nach § 257 HGB müssen z. B. Bilanzen, Inventare und Buchungsbelege 10 Jahre aufbewahrt werden, Handelsbriefe 6 Jahre.

1.2.4 Dauerwert
Schriftstücke mit Dauerwert werden solange aufbewahrt, wie das Unternehmen besteht (z. B. Gründungsunterlagen, Patente).

1.3 Nach § 257 HGB beginnt die Aufbewahrungsfrist mit dem Schluss des Kalenderjahres, in dem z. B. die letzte Eintragung gemacht wurde oder der Buchungsbeleg entstanden ist.
Beispiel: 23.07.2016: 2016 + 10 Jahre = 2026, aufzubewahren bis 31.12.2026.
Die Rechnung kann am 01.01.2027 vernichtet werden.

1.4 Nach § 257 HBG können alle Schriftstücke mit Gesetzeswert (außer Eröffnungsbilanzen und Abschlüsse) auch als Wiedergabe auf einem Bild- oder Datenträger aufbewahrt werden, wenn die Grundsätze ordnungsmäßiger Buchführung eingehalten werden und die Schriftstücke während der Dauer der Aufbewahrungsfrist jederzeit innerhalb angemessener Frist wieder lesbar gemacht werden können.

2. Aufgabe

Situation
Yasemin Mai hilft bei der Ablage der Schriftstücke. Bei der Laco Büroideen GmbH werden die Schriftstücke in Papierform und digital abgelegt.

2.1 Ordnen Sie folgende Unterlagen entsprechend des vorliegenden Auszugs aus dem Aktenplan/Schriftgutkatalog mit der Hauptgruppe 0 (Unterlagen Rechtsverhältnisse) der Gruppe und Untergruppe zu.

Schriftgut	Gruppe	Untergruppe
Protokoll Abteilungsleitersitzung		
Ergänzung zum Gesellschaftervertrag		
Mitteilung Beitragssätze IHK		

Aktenplan Hauptgruppe 0: Unterlagen Rechtsverhältnisse

Gruppe 01: Gründungsunterlagen
Untergruppe 01: Gesellschafterverträge
Untergruppe 02: Eintragungen in das Handelsregister

Gruppe 02: Unterlagen über die Organe der Unternehmung
Untergruppe 01: Geschäftsleitung
Untergruppe 02: Abteilungsleitung

Gruppe 03: Unterlagen über Mitgliedschaften
Untergruppe 01: Handelskammer
Untergruppe 02: Arbeitgeberverband

2.2 Der vorliegende Aktenplan ist numerisch geordnet. Nennen Sie drei weitere Ordnungssysteme der Registratur und geben Sie jeweils ein Beispiel an.

2.3 Unterscheiden Sie die Arbeitsplatzablage, die Abteilungsablage, die Ablage in der Zentralregistratur und im Archiv.

2.4 Geben Sie zu folgenden Registraturformen ein typisches Beispiel und einen Vor- und Nachteil an.

Registraturform	Beispiel	Vorteil	Nachteil
2.2.1 liegend			
2.2.2 stehend			
2.1.3 hängend			

2.5 Die digitale Ablage erfolgt mit einem Dokumentenmanagementsystem.

2.5.1 Erklären Sie die Funktionsweise eines Dokumentenmanagementsystems.

2.5.2 Erläutern Sie Vor- und Nachteile eines Dokumentenmanagementsystems gegenüber der Ablage in Papierform.

Erläuterungen und Lösungen

2. Aufgabe

2.1

Schriftgut	Gruppe	Untergruppe
Protokoll Abteilungsleitersitzung	02	02
Ergänzung zum Gesellschaftervertrag	01	01
Mitteilung Beitragssätze IHK	03	01

2.2
- Alphabetische Ordnung (nach den ABC-Regeln, DIN 5007), Beispiel: Personalakte nach Namen
- Alphanumerische Ordnung (Kombination von numerischer und alphabetischer Ordnung, zuerst nach Schriftzeichenfolgen und dann nach der laufenden Nummer), Beispiel: Kfz-Kennzeichen
- Chronologische Ordnung (in zeitlicher Reihenfolge nach dem Datum; kaufmännisch: das jüngste Schriftstück auf die älteren Schriftstücke). Beispiel: Rechnung nach Datum
- Mnemotechnische Ordnung (Verwendung von merktechnischen Merkmalen zur Eingruppierung), Beispiel: ER für Eingangsrechnungen

2.3 Schriftgut, das in Papierform vorliegt benötigt viel Raum und die Aufbewahrung stellt einen großen Kostenfaktor dar. Deswegen sind kurze Wege, schnelle Zugriffszeiten und geringe Raum- und Personalkosten ein wichtiger Faktor bei der Entscheidung der räumlichen Aufbewahrung:
- Unterlagen, die von einer Person benötigt werden und häufig benutzt werden, sollten in der Nähe des Arbeitsplatzes aufbewahrt werden.
- Unterlagen, die von mehreren Sachbearbeitern einer Abteilung benötigt werden, werden in einem Raum dieser Abteilung abgelegt.
- In der Zentralregistratur haben mehrere Abteilungen Zugriff auf die Unterlagen und in die Altablage (Archiv) kommen z. B. Akten, die nur noch selten benötigt werden und deren gesetzliche Aufbewahrungsfrist noch nicht abgelaufen ist.

2.4

Registraturform	Beispiel	Vorteil	Nachteil
2.2.1 liegend	Mappen	schnell, gute Raumnutzung gut: Arbeitsplatz	umständlich und unübersichtlich bei großen Mengen
2.2.2 stehend	Ordner	übersichtlich schneller Zugriff	Zeitaufwand bei Ablage und Einrichtung
2.1.3 hängend	vertikale Pendelregistratur	gute Übersicht gute Arbeitsplatzablage	großer Raumbedarf (Auszug)

2.5

2.5.1 Unter einem Dokumentenmanagementsystem versteht man eine datenbankgestützte Verwaltung von elektronischen Dokumenten. Ziel ist es, Schriftstücke zu archivieren und sie unternehmensweit zugänglich zu machen. Auf Papier vorliegende Dokumente werden durch Scanner zunächst digitalisiert, dann katalogisiert, indiziert und kategorisiert. So entsteht ein digitales Archiv, in das z. B. auch eingescannte, gedruckte oder gefaxte Dokumente integriert werden können.

2.5.2 Vorteile: z. B. Zugriff von allen Abteilungen (u. a. auch verschiedenen Unternehmensbereichen, Filialen) entsprechend der eingerichteten Benutzerrechte, schnelles Versenden, geringer Platzanspruch, großes Speichervolumen.

Nachteile: z. B. hohe Einrichtungs- und Wartungskosten, Schulungsbedarf der Mitarbeiter, Datenschutz- und Datensicherungsproblematik.

3. Anwendungsaufgabe: Diagramme zur Warengruppe Registratur erstellen und auswerten

Sie sind Auszubildende/Auszubildender der
Laco Büroideen GmbH, Hohenstaufenring 112 – 116, 50674 Köln.
Telefonisch sind Sie erreichbar unter der Nummer 0221 823498, Durchwahl 126.
Ihre E-Mail-Adresse lautet: vorname.nachname@laco-bueroideen.com.
Sie haben Artvollmacht.

Sie benötigen die folgende Datei aus der Datensammlung: Web
8.2.3_Registratur.xlsx

Corporate-Design-Anweisungen:

- Angepasst auf eine Seite
- Schriftart Arial, Schriftgröße 10
- Euro mit Tausender-Trennzeichen und zwei Dezimalstellen
- Übrige Zahlendarstellungen mit Tausender-Trennzeichen; ohne Dezimalstellen
- Prozentsätze mit zwei Dezimalstellen im Format Zahlen
- Diagramm mit voreingestellter Schriftart; Diagrammtitel in Schriftgröße 14

Die Datei ist in der Fußzeile mit Ihrem Namen im rechten Abschnitt zu formatieren.

Einstiegsszenario:
Herr d'Ore aus dem Vertrieb wertet gerade die Umsatzzahlen der Handelswaren aus und spricht Sie auf folgendes Thema an:

Herr d'Ore: Guten Tag. Ich werte gerade die Umsatzzahlen der Handelswaren aus.

Ich kann folgende Umsatzsteigerungen gegenüber dem Vorjahr feststellen:
- Warengruppe Versenden 23 %
- Warengruppe Schreiben 12 %
- Warengruppe Kopieren 9 %

Bei der ersten Durchsicht der Umsatzzahlen der Warengruppe Registratur scheint dies anders auszusehen. Könnten Sie bitte beiliegende Excel-Datei auswerten und ein aussagefähiges Diagramm erstellen. Nennen Sie auch mögliche Gründe für die Entwicklung und Vorschläge auf die Entwicklung zu reagieren.

Sie: Ja, dann sehe ich mir die Daten einmal an.

Beachten Sie die Rechtschreibung.

Öffnen Sie die Datei „8.2.3_Registratur" und speichern Sie diese unter „AA 8.2.3." und Ihrem Vor- und Nachnamen.

3.1 Ermitteln Sie in der Tabelle (Anlage 1) mit geeigneten Funktionen den Umsatz für die Warengruppe Registratur und die prozentualen Veränderungen (Prozentformat) der Umsätze. Basis ist das Vorjahr.

3.2 Veranschaulichen Sie in einem Säulendiagramm die Veränderungen der einzelnen Produkte der Warengruppe Registratur. Gestalten Sie das Diagramm nach dem Muster in Anlage 2.

3.3 Werten Sie die Daten des Diagramms aus, geben Sie mögliche Gründe für die Umsatzentwicklung bei dieser Warengruppe an und machen Sie mehrere Vorschläge, wie die Laco Büroideen GmbH auf diese Entwicklung reagieren könnte. Nehmen Sie auch Bezug auf die Umsatzentwicklung der anderen Warengruppen.

Anlage 1:

Warengruppe Registratur

Artikel-Nr.	Bezeichnung	Mengen-einheit	Verkaufs-preis in €	Vorjahres-umsatz in €	Absatz in Stück	Umsatz in €	Veränderung zum Vorjahres-umsatz in %
10216	Hängetasche (25 Stück)	Packung	9,61	120.012,00	11.800		
10201	Ordner 50 mm	St.	0,68	49.470,00	60.400		
10202	Ordner 80 mm	St.	0,74	97.990,00	100.400		
10203	Pultordner A - Z	St.	3,18	90.234,00	25.800		
10210	Register 1 - 12	Satz	0,23	10.345,00	35.300		
10211	Register A - Z	Satz	0,34	13.567,00	32.500		
10204	Terminordner 1 - 31	St.	3,93	49.034,00	15.500		
Summe				430.652,00			

Anlage 2 (Muster):

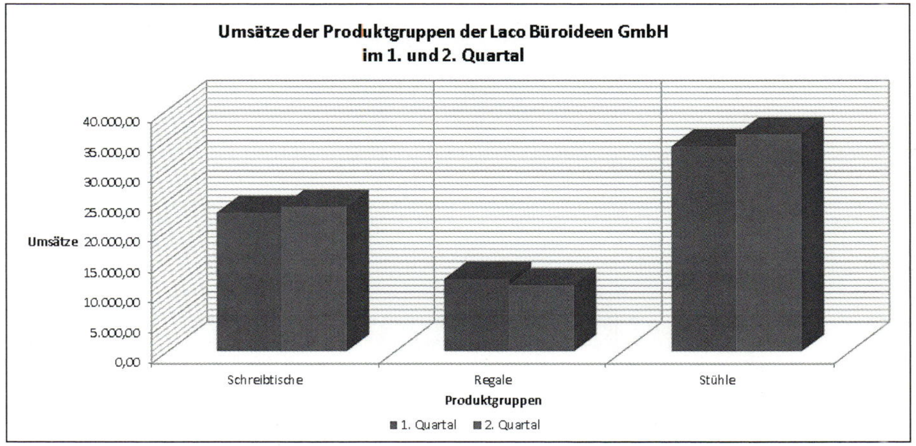

Erläuterungen und Lösungen

3. Aufgabe

Vergleichen Sie Ihr Ergebnis mit der nachfolgenden Lösung sowie der Lösungsdatei AA_8.2.3_Lösung.xlsx

Web

3.1 *Tabellenblatt „Auswertung“:*

Warengruppe Registratur

Artikel-Nr.	Bezeichnung	Mengen-einheit	Verkaufs-preis in €	Vorjahres-umsatz in €	Absatz in Stück	Umsatz in €	Veränderung zum Vorjahres-umsatz in %
10216	Hängetasche (25 Stück)	Packung	9,61	120.012,00	11.800	113.398,00	-5,51
10201	Ordner 50 mm	St.	0,68	49.470,00	60.400	41.072,00	-16,98
10202	Ordner 80 mm	St.	0,74	97.990,00	100.400	74.296,00	-24,18
10203	Pultordner A - Z	St.	3,18	90.234,00	25.800	82.044,00	-9,08
10210	Register 1 - 12	Satz	0,23	10.345,00	35.300	8.119,00	-21,52
10211	Register A - Z	Satz	0,34	13.567,00	32.500	11.050,00	-18,55
10204	Terminordner 1 - 31	St.	3,93	49.034,00	15.500	60.915,00	24,23
Summe				430.652,00		390.894,00	-9,23

Tabellenblatt „Auswertung Formelansicht“:

Warengruppe Registratur

Artikel-Nr.	Bezeichnung	Mengen-einheit	Verkaufs-preis in €	Vorjahres-umsatz in €	Absatz in Stück	Umsatz in €	Veränderung zum Vorjahres-umsatz in %
10216	Hängetasche (25 Stück)	Packung	9,61	120012	11800	=D3*F3	=(G3-E3)*100/E3
10201	Ordner 50 mm	St.	0,68	49470	60400	=D4*F4	=(G4-E4)*100/E4
10202	Ordner 80 mm	St.	0,74	97990	100400	=D5*F5	=(G5-E5)*100/E5
10203	Pultordner A - Z	St.	3,18	90234	25800	=D6*F6	=(G6-E6)*100/E6
10210	Register 1 - 12	Satz	0,23	10345	35300	=D7*F7	=(G7-E7)*100/E7
10211	Register A - Z	Satz	0,34	13567	32500	=D8*F8	=(G8-E8)*100/E8
10204	Terminordner 1 - 31	St.	3,93	49034	15500	=D9*F9	=(G9-E9)*100/E9
Summe				=SUMME(E3:E9)		=SUMME(G3:G9)	=(G10-E10)*100/E10

3.2 Tabellenblatt „Auswertung Diagramm“:

Achten Sie bei Ihrem Diagramm auf die folgenden Punkte:

- 3D-Säulendiagramm gruppiert
- Diagrammtitel in Arial Größe 14
- Achsenbeschriftungen horizontal
- Achsenbeschriftungen vertikal
- Legende unten
- Gitternetzlinien mit Haupt und Hilfsgitternetz

Hinweis

Denken Sie bei der Überschrift an die drei W's: was – wer/wo – wann

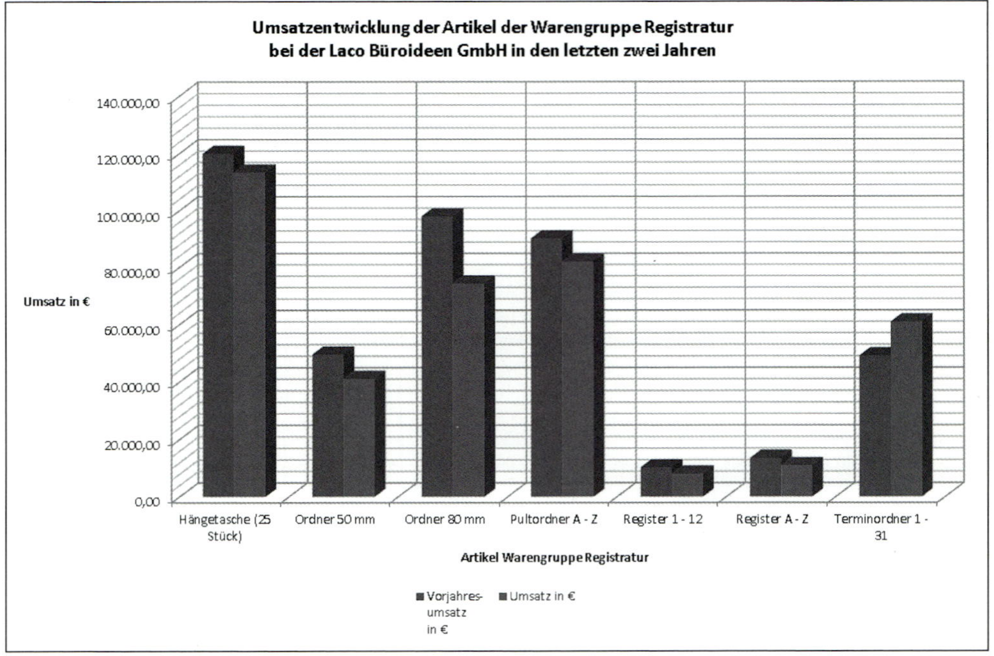

Bei der Erstellung des Diagramms muss darauf geachtet werden, die Summen der Umsätze nicht mit zu markieren.

3.3 Bei allen Artikeln der Warengruppe Registratur bis auf die Terminordner sind die Umsätze gesunken. Besonders stark ist der Umsatzrückgang bei den Ordnern und den Registern. Gründe für diesen Rückgang können z. B. sein:

- zu hohe Verkaufspreise (Konkurrenz bietet günstiger an)
- zu wenig Werbung
- Kunden kaufen diese Produkte online

Im Vergleich zu den Warengruppen Versenden mit 23 %, Schreiben mit 12 % und Kopieren mit 9 % Umsatzsteigerung schneidet die Warengruppe Registratur mit – 9,23 % auffällig schlecht ab. Möglicherweise zeichnet sich ein Trend für diese Warengruppe ab. Die Kunden kaufen immer weniger Ordner, weil sie auf Dokumentenmanagementsystem und digitale Lösungen umsteigen.
Die Laco Büroideen GmbH könnte zukünftig in diesem Markt aktiv werden.

Aufgabe 1: Aufgaben zur Stofferschließung

1. Aufgabe

Situation
Yasemin Mai und Jannis Merk, beides Auszubildende bei der Laco Büroideen GmbH unterhalten sich über ihre Aufgaben und Tätigkeiten in ihren Abteilungen. Yasemin klagt darüber, dass ihr für die zu erledigenden Aufgaben häufig zu wenig Zeit bleibt. An solchen Tagen fehlt ihr auch oft die Übersicht über die zu erledigenden Tätigkeiten, sodass sie gar nicht weiß, was sie zuerst machen soll. Jannis gibt ihr den Tipp über ihr Selbst- und Zeitmanagement nachzudenken.

1.1 Erklären Sie, was Jannis mit den Begriffen Selbstmanagement und Zeitmanagement meint.

1.2 Wenn Sie das Gefühl haben, dass zu wenig Zeit für die Erledigung der anfallenden Aufgaben da ist, dann kann das an den sogenannten Zeitdieben liegen. Geben Sie Beispiele für Zeitdiebe und unterscheiden Sie diese in selbst verschuldete und von anderen verschuldete Zeitdiebe.

1.3 Überlegen Sie, wodurch Yasemin ihr Zeitmanagement verbessern könnte.

1.4 Erklären Sie, was unter einer To-Do-Liste zu verstehen ist.

1.5 Neben der To-Do-Liste gibt es noch andere Möglichkeiten des Zeitmanagements. Nennen Sie Ihnen bekannte Methoden.

1.6 Erklären Sie das Vorgehen bei der ABC-Analyse des Zeitmanagements und geben Sie an, was unter A-, B- und C-Aufgaben verstanden wird.

Vorgehensweise	
Aufgaben mit der Priorität A	
Aufgaben mit der Priorität B	
Aufgaben mit der Priorität C	

1.7 Erklären Sie, was unter der Eisenhower-Methode verstanden wird und wie die Aufgaben dabei eingeteilt werden.

Erklärung		
Wichtigkeit ↑		
	Dringlichkeit →	

Erläuterungen und Lösungen

1. Aufgabe

1.1 **Zeitmanagement** ist die zielorientierte Anwendung geeigneter Arbeitstechniken zur Optimierung der Organisation von Arbeits- und Privatleben, um die zur Verfügung stehende Zeit sinnvoll zu nutzen. Der Begriff des **Selbstmanagements** ist weiter gefasst. Im Prinzip geht es darum, den eigenen (Arbeits-)Alltag bewusst selbst in die Hand zu nehmen. Konkret heißt das, selbständig Ziele bestimmen, deren Erreichung zu planen, den Plan effizient und fokussiert durchzuführen und am Ende die Zielerreichung zu kontrollieren.

1.2 **Zeitdiebe**:

selbst verschuldete Zeitdiebe:
- keine Zeitplanung vorhanden
- fehlende Übersicht über alle Aufgaben
- fehlende Prioritätensetzung
- zu viele Routineaufgaben
- Arbeiten werden begonnen, bevor andere abgeschlossen sind
- unaufgeräumter Schreibtisch
- fehlende Selbstdisziplin
- zu viele Privatgespräche

von anderen verschuldete Zeitdiebe:
- permanente, nicht einplanbare Unterbrechungen (Telefon, Kundenbesuche, Kollegen)
- fehlender Informationsfluss
- zu viele Besprechungen
- zu wenig Kollegen
- äußere Störungen, wie (Telefon-)Gespräche der Kollegen, Lärm von draußen, schlechtes Raumklima)

1.3 Yasemin sollte alle Tätigkeiten auflisten, diese analysieren (Dauer, Wichtigkeit) und mithilfe geeigneter Zeitmanagementmethoden eine Zeitplanung vornehmen.

1.4 Eine **To-Do-Liste** enthält alle anfallenden Tätigkeiten mit den dazugehörigen Terminen bzw. Zeiten. Sinnvoll ist es, die Tätigkeiten nach Wichtigkeit zu sortieren und abzuarbeiten, auch kann es hilfreich sein, die Wichtigkeit farbig hervorzuheben. Um eine Übersicht über die erledigten Tätigkeiten zu erhalten, sollten diese abgehakt oder durchgestrichen werden.
Den To-Do-Listen ähnlich ist die **Checkliste**. Diese beinhaltet eine Aufzählung von Merkmalen, die einen Arbeitsablauf umfassend beschreiben. Sie soll das Vergessen bzw. das Übersehen von Teilaspekten verhindern. Sie wird bei komplexen bzw. immer wiederkehrenden Aufgaben eingesetzt.

1.5 ABC-Analyse, Eisenhower-Prinzip, ALPEN-Methode (Strukturierungsmethode für die Aufgaben eines Arbeitstages), Pareto-Prinzip (Herausfiltern der Aufgaben, die in kürzester Zeit die größten Ziele erreichen).

1.6 Bei der **ABC-Analyse** werden die anstehenden Aufgaben sortiert und mit einer Priorität versehen.

Vorgehensweise	Auflistung aller anstehenden Aufgaben → Ordnen der Aufgaben nach ihrer Wichtigkeit → Bewertung der Aufgaben nach dem ABC-Raster → Überprüfen, ob das Zeitbudget der Bedeutung der Aufgaben entspricht → Konzentration auf A-Aufgaben → Überprüfen, ob B- und C-Aufgaben von anderen übernommen werden können. ***Achtung!*** *C-Aufgaben sind nicht entbehrlich!*
Aufgaben mit der Priorität A	sind wichtig und haben einen hohen Wert, tragen zur Erreichung der Hauptziele bei, sind nicht delegierbar
Aufgaben mit der Priorität B	mittelwichtig und mittelwertig, sie können an andere delegiert werden
Aufgaben mit der Priorität C	wenig wichtig und wenig wertig, Routinearbeiten, wenn möglich sollten sie delegiert werden

1.7 Erklären Sie, was unter der **Eisenhower-Methode** verstanden wird und wie die Aufgaben dabei eingeteilt werden.

Erklärung	Die anstehenden Aufgaben werden kategorisiert mit dem Ziel, das Wichtige vor dem Dringenden zu tun.	
Wichtigkeit ↑	**B-Aufgaben:** Sie sind wichtig, aber nicht so dringlich. Sie sollten terminiert aber nicht delegiert werden.	**A-Aufgaben:** Sie sind wichtig und dringlich. Sie sollten sofort erledigt und nicht delegiert werden.
	D-Aufgaben: Weder wichtig noch dringlich. Können in den Papierkorb. 	**C-Aufgaben:** Sie sind nicht so wichtig, aber dringlich. Sie können delegiert oder später selber erledigt werden.
	Dringlichkeit →	

2. Anwendungsaufgabe: Checkliste für Telefonkonferenzen mithilfe eines Online-Formulars

Sie sind Auszubildende/Auszubildender der
LacoBüroideen GmbH, Hohenstaufenring 112 – 116, 50674 Köln.
Telefonisch sind Sie erreichbar unter der Nummer 0221 823498, Durchwahl 126.
E-Mail-Adressen werden im Unternehmen wie folgt gebildet:
vorname.nachname@laco-bueroideen.com. Sie haben Artvollmacht.

Corporate-Design-Anweisungen:
- Schriftart Arial, Schriftgröße 11
- Überschriften zentriert, in Fettschrift, Schriftgröße 14

Benötigte Datei:
Logo Laco.jpg

Die Datei ist in der Fußzeile mit Ihrem Namen rechtsbündig zu formatieren.

Einstiegsszenario:
Die Laco Büroideen GmbH führt in regelmäßigen Abständen Telefonkonferenzen durch, für die eine gute Vorbereitung sehr wichtig ist. Aber auch während der Telefonkonferenzen sind bestimmte Vorgehensweisen wichtig. Um den Teilnehmern eine Hilfe an die Hand zu geben, erhalten Sie den Auftrag eine Checkliste für Telefonkonferenzen zu entwerfen und an die Leiter der Abteilungen Einkauf, Vertrieb, Rechnungswesen und Allgemeine Verwaltung zu schicken.

Informationen zur Vorbereitung, Ablauf und Moderation einer Telefonkonferenz

Vorbereitung:
ca. 1 Woche vorher: Teilnehmerliste erstellen, Rollen der Teilnehmer festlegen (Moderator, Protokollführer, Teilnehmer), Gesprächsinhalte festlegen, Termin festlegen.

ca. 5 Tage vorher: Telefonkonferenzanbieter heraussuchen und Zugangscode beantragen, Einladungen mit den entsprechenden Einwahldaten verschicken.

ca. 2 Tage vorher: Reservieren des Konferenzraumes, Ausdrucken der Teilnehmerliste, Ordnen der Unterlagen für die Konferenz.

15 Minuten vorher: Überprüfen der Technik, Moderator wählt die vom Anbieter mitgeteilte Telefonnummer, Eingabe des Zugangscodes.

Durchführung der Konferenz:
Angemessene Lautstärke einstellen, Anwesenheit der Teilnehmer prüfen, Hinweis auf Benutzen der Stummtaste bei Husten oder Räuspern, Zusammenfassung der Ergebnisse am Ende der Konferenz.

Nachbereitung:
Besprechungsprotokoll anfertigen, Besprechungsprotokoll versenden.

Beachten Sie die Rechtschreibung, den Ausdruck und die Zeichensetzung.
Formulieren Sie in vollständigen Sätzen. Gestalten Sie Ihre Ergebnisse übersichtlich.
Wenden Sie die Regeln der DIN 5008 an.

Öffnen Sie eine Word-Datei und speichern Sie diese unter „AA_8.3.2.1“ und Ihrem Vor- und Nachnamen.

2.1.1 Erstellen Sie eine Vorlage für eine Telefonkonferenz-Checkliste. Orientieren Sie sich dabei an dem Muster in Anlage 1. Ergänzen Sie dieses jedoch um eine übersichtliche Darstellung der Phasen Vorbereitung (1 Woche vorher, 5 Tage vorher, 2 Tage vorher, 15 Minuten vorher).

2.1.2 Fügen Sie in den Spalten „Bis wann?“, „Verantwortlicher“ und „Erledigt“ sowie in die Zeile „Datum“ passende Inhaltssteuerelemente ein.

2.1.3 Fügen Sie aus dem Unterordner „Grafiken“ die Grafik „Logo Laco“ an sinnvoller Stelle und in geeigneter Größe ein.

2.2 Gestalten Sie den Inhalt der Checkliste.

2.2.1 Übernehmen Sie die angegebenen Informationen in Ihre Checkliste.

2.2.2 Ergänzen Sie den Punkt „Durchführung“ mit zwei eigenen zu beachtenden Kriterien.

Anlage 1:

Teilnehmer:			
Datum der Telefonkonferenz			
Vorbereitung:			
Was?	Wann?	Verantwortlicher	☑
Durchführung:			
Was?	Erledigt		
Nachbereitung:			
Was?	Wann?	Verantwortlicher	☑

Erläuterungen und Lösungen

2. Aufgabe

Vergleichen Sie Ihr Ergebnis mit der nachfolgenden Lösung sowie der Lösungsdatei „AA_8.3.2_Lösung.docx".

Web

2.1 Checkliste Telefonkonferenz

Checkliste für Telefonkonferenzen				
Teilnehmer:				
Datum der Telefonkonferenz	Datum			
Vorbereitung:				
	Was?	Wann?	Verantwortlicher	☑
1 Woche vorher	Teilnehmerliste erstellen	Datum	Verantwortlicher	☐
	Rollen der Teilnehmer festlegen (Moderator, Protokollführer, Teilnehmer)	Datum	Verantwortlicher	☐
	Gesprächsinhalte festlegen	Datum	Verantwortlicher	☐
	Termin festlegen	Datum	Verantwortlicher	☐
5 Tage vorher	Telefonkonferenzanbieter heraussuchen und Zugangscode beantragen	Datum	Verantwortlicher	☐
	Verschicken der Einladungen mit den entsprechenden Einwahldaten	Datum	Verantwortlicher	☐
2 Tage vorher	Reservieren des Konferenzraumes	Datum	Verantwortlicher	☐
	Ausdrucken der Teilnehmerliste	Datum	Verantwortlicher	☐
	Ordnen der Unterlagen für die Konferenz	Datum	Verantwortlicher	☐
15 Min. vorher	Überprüfen der Technik	Datum	Verantwortlicher	☐
	Wählen der vom Anbieter mitgeteilten Telefonnummer	Datum	Verantwortlicher	☐
	Eingabe des Zugangscodes	Datum	Verantwortlicher	☐
Durchführung:				
Was?			Verantwortlicher	☑
Angemessene Lautstärke einstellen			Verantwortlicher	☐
Anwesenheit der Teilnehmer prüfen			Verantwortlicher	☐
Hinweis auf Benutzen der Stummtaste bei Husten oder Räuspern			Verantwortlicher	☐
Zusammenfassung der Ergebnisse am Ende der Konferenz			Verantwortlicher	☐
Bedanken für die Teilnahme an der Konferenz			Verantwortlicher	☐
Beenden der Telefonkonferenz			Verantwortlicher	☐
Nachbereitung:				
Was?		Wann?	Verantwortlicher	☑
Besprechungsprotokoll anfertigen		Datum	Verantwortlicher	☐
Besprechungsprotokoll versenden		Datum	Verantwortlicher	☐

Beachten Sie beim Erstellen der Checkliste, dass Sie eine Überschrift brauchen. Diese sollte in Fettschrift, mittig und in Schriftgröße 14 in angemessenem Abstand zur Tabelle eingesetzt werden.

Sie können die Phasen der Vorbereitung auf unterschiedliche Weise in die Tabelle integrieren. Am elegantesten ist die neben stehende Lösung. Nutzen Sie hierfür im Register *Layout* (nur wenn sich der Cursor in der Tabelle befindet) die Möglichkeiten zum Zellen teilen bzw. verbinden. In diesem Register können Sie auch die Textrichtung ändern.

Färben Sie die Zellen mit den Überbegriffen „Vorbereitung", „Durchführung" und „Nachbereitung" hellgrau ein.

Tipp

Haben Sie vergessen, wie die Inhaltssteuerelemente eingesetzt werden? Schauen Sie im Kapitel „Nutzen und Risiken von Onlineanwendungen" nach.

Passendes Inhaltssteuerelement für das Datum der Telefonkonferenz sowie die Spalte „Wann?" ist das Datumsauswahl-Inhaltssteuerelement, für die Spalte „Verantwortlicher" das Text-Inhaltssteuerelement und für die Spalte ☑ das Kontrollkästchensteuerelement.

2.2 Ergänzen der Checkliste zur Telefonkonferenz:

Sie können die Checkliste im Bereich Durchführung durch die folgenden Punkte ergänzen:

- Teilnehmer bitten, mögliche Störgeräusche (Handys) zu vermeiden
- Vorstellen der Teilnehmer
- Dank für die Teilnahme aussprechen
- Hörer auflegen und Konferenz beenden.

Tipp

Denken Sie daran die Fußzeile mit Ihrem Namen zu versehen.

Aufgabe 1 bis 4: Aufgaben zur Stofferschließung

1. Aufgabe

Situation
Die Auszubildende Yasemin Mai ist für diese Woche zuständig für die Terminplanung und Terminüberwachung.

1.1 Ordnen Sie die Terminart zu.

Beispiele für Termine	Terminart intern oder extern	Terminart fest oder variabel
1.1.1 Termin einer Fachmesse		
1.1.2 Urlaubstermin (vor Festlegung des Urlaubsplans)		
1.1.3 Besprechungstermin		
1.1.4 Schulferien		
1.1.5 Besuchstermine		
1.1.6 Firmenjubiläum		
1.1.7 Steuertermin für die Umsatzsteuer		

1.2 Erläutern Sie an einem Beispiel den Unterschied zwischen festen und variablen Terminen.

1.3 Beschreiben Sie Möglichkeiten, wie Termine mit den Beteiligten abgestimmt und wie die Beteiligten fristgerecht informiert werden können.

1.4 Nennen Sie typische Anwendungsmöglichkeiten der folgenden Hilfsmittel zur Terminplanung und Terminüberwachung.

1.4.1 Elektronisches Terminplanungsprogramm

1.4.2 Kalender (konventionell)

1.4.3 Wiedervorlagemappen

1.5 Stellen Sie Vor- und Nachteile von konventionellen und elektronischen Hilfsmitteln der Terminplanung und -überwachung gegenüber.

Hilfsmittel der Terminplanung und Terminüberwachung	Vorteile	Nachteile
1.5.1 Papierlösungen (z. B. Kalender, Mappen, Tafeln)		
1.5.2 Elektronischer Terminplaner (z. B. PC mit Outlook oder Smartphone mit Terminkalender-App)		

Erläuterungen und Lösungen

1. Aufgabe

1.1 Termine sind feststehende Zeitpunkte, an denen bestimmte Tätigkeiten geplant sind, z. B. eine Besprechung. Eine Frist ist ein Zeitraum bis zu einem Termin.

Beispiele für Termine	Terminart intern oder extern	Terminart fest oder variabel
1.1.1 Termin einer Fachmesse	externer Termin	fester Termin unveränderbar
1.1.2 Urlaubstermin (vor Festlegung des Urlaubsplans)	interner Termin Urlaubsplan	variabler Termin flexibel
1.1.3 Besprechungstermin	interner Termin	variabler Termin flexibel
1.1.4 Schulferien	externer Termin	fester Termin unveränderbar
1.1.5 Besuchstermine	interner Termin	variabler Termin flexibel
1.1.6 Firmenjubiläum	interner Termin	fester Termin unveränderbar
1.1.7 Steuertermin für die Umsatzsteuer	externer Termin	fester Termin unveränderbar

1.2 Es kommt auf die Terminart an, wie man mit dem Termin umgeht.
Feste und damit unveränderliche Termine wiederholen sich oft regelmäßig und können nicht verschoben werden. Sie werden meist schon zu Beginn des Jahres in die Kalender eingetragen und sind damit „gesetzt".
Im Laufe der Zeit kommen variable (flexible) Termine hinzu und werden entsprechend eingetragen. Variable Termine, z. B. Besprechungstermine oder Besuchstermine, sind meist interne Termine und können in Abstimmung mit allen Beteiligten auch verlegt werden.

1.3 Termine werden z. B. anhand einer Terminabfrage mit bereits eingetragenen Terminen der Beteiligten abgestimmt. Eine Terminerinnerung kann z. B. durch ein Terminverwaltungsprogramm erfolgen.

1.4

1.4.1 Termine werden heute meist mithilfe elektronischer Kalender z. B. Outlook) verwaltet. Mitarbeiter, die auswärts unterwegs sind, können z. B. auf dem Smartphone Termine verwalten und mit den Terminen im Büro abgleichen (z. B. über Bluetooth oder die Cloud).

1.4.2 Es gibt sehr viele Arten von Kalendern (z. B. Tages-, Wochen- oder Jahreskalender). Je nachdem ist eine kurzfristige, eine mittelfristige oder eine langfristige Planung möglich.

1.4.3 Wiedervorlagemappen dienen dazu, Sachverhalte, die schriftlich vorliegen, zu einem bestimmten Tag „auf Termin" zu legen. Durch tägliche Kontrolle der Mappe wird kein Termin versäumt.

1.5

Hilfsmittel der Terminplanung und Terminüberwachung	Vorteile	Nachteile
1.5.1 Papierlösungen (z. B. Kalender, Mappen, Tafeln)	einfach, kostengünstig, unabhängig von der Technik/vom Strom	keine Kommunikation möglich, umständlich
1.5.2 Elektronischer Terminplaner (z. B. PC mit Outlook oder Smartphone mit Terminkalender-App)	flexibel, vielfältig, Kommunikation möglich, auch unterwegs Termine abrufbar	höhere Kosten, abhängig von Technik und Strom, störanfällig

2. Aufgabe

Situation
Yasemin Mai erhält vom Abteilungsleiter des Vertriebs den Auftrag, mit einem wichtigen Kunden der Laco Büroideen GmbH telefonischen Kontakt aufzunehmen und eine Terminverlegung zu vereinbaren.

2.1 Beschreiben Sie wichtige Vorbereitungen auf das Telefonat.

2.2 Beschreiben Sie die Begrüßung des Kunden am Telefon und den Gesprächsbeginn.

2.3 Der Kunde ist verärgert über die Terminverlegung. Wie sollte sich Yasemin Mai verhalten?

2.4 Yasemin Mai hat die Terminverlegung mit dem Kunden abgestimmt. Wie sollte Sie nun mit dem Abteilungsleiter des Vertriebs kommunizieren?

2.5 Yasemin Mai macht den Vorschlag, Terminverlegungen nicht telefonisch abzustimmen, sondern eine Mail zu schreiben. Bewerten Sie diesen Vorschlag mit Bezug auf die Situation.

3. Aufgabe

Situation
Die Auszubildende Yasemin Mai hat Probleme die vielfältigen Aufgaben, die ihr übertragen werden in der vorgegebenen Zeit zu bewältigen und informiert sich über Methoden des Zeitmanagements.

3.1 Beschreiben Sie die Schritte der Alpen-Methode.

Schritte	Beschreibung
A	
L	
P	
E	
N	

3.2 Erläutern Sie, nach welchen Kriterien die Prioritäten von Aufgaben bestimmt werden können.

3.3 Nennen Sie typische Störfaktoren und machen Sie Vorschläge, wie Sie diese Störfaktoren ausschalten können.

Erläuterungen und Lösungen

2. Aufgabe

2.1 Wichtige Vorbereitungen auf das Telefonat sind z. B.:
- Rücksprache mit dem Abteilungsleiter Vertrieb und Alternativtermine mit Abteilungsleiter festlegen
- Kontaktdaten des Kunden prüfen, Auftrag heraussuchen, Unterlagen bereithalten
- PC mit Terminplanungsprogramm einschalten, Notizzettel, Stifte bereithalten, Telefonnotiz bereithalten
- Störungen während des Telefonats ausschließen

2.2 Der Kunde sollte mit den für die Laco Büroideen GmbH üblichen Worten begrüßt werden, z. B. „Laco Büroideen GmbH, Yasemin Mai, guten Morgen". Danach ggf. zu dem Verantwortlichen durchstellen lassen und das Anliegen (Wunsch nach Terminverlegung mit Begründung) kurz beschreiben.

2.3 Yasemin Mai sollte ruhig und freundlich bleiben und Verständnis für die Verärgerung zeigen. Ggf. noch einmal die betriebliche Notwendigkeit der Verlegung des Termins darstellen. Sollte keiner der Alternativtermine passen, ist ggf. Rücksprache mit dem Abteilungsleiter notwendig. Wichtig ist auch die Körpersprache (z. B. Lächeln, Körperspannung, aufrechte Haltung). Obwohl der Angerufene den Anrufer nicht sieht, spürt der Anrufer die positive Körpersprache.

2.4 Möglich sind z. B. folgende Vorgehensweisen:
- Erstellung einer Telefonnotiz und Gespräch mit dem Abteilungsleiter
- Terminänderung im gemeinsam genutzten elektronischen Terminkalender eintragen, ggf. mit Vermerk der Löschung des bisherigen Termins und Hinweis auf Verärgerung des Kunden (Gespräch/Telefonat).

2.5 Die Art der Kommunikation zu einer Terminverlegung hängt u. a. ab von der Wichtigkeit des Termins, vom zeitlichen Vorlauf, ob es sich auch um externe Beteiligte handelt und wie die Beziehung zu den Beteiligten ist.
In der vorliegenden Situation ist das persönliche Gespräch richtig, da es ein wichtiger Kunde ist und der Termin im Gespräch abgestimmt werden kann.

3. Aufgabe

3.1

Schritte	Beschreibung
A	Aufgaben zusammenstellen und ähnliche Aufgaben bündeln
L	Länge der benötigten Zeit für die einzelnen Aufgabenbündel einschätzen
P	Pufferzeiten einbauen (wegen Unvorhersehbarem, Störungen)
E	Entscheidungen treffen: Prioritäten nach der Wichtigkeit und der Dringlichkeit setzen
N	Nachkontrolle (z. B. im Terminplaner oder Kalender, ob Zeitraster eingehalten worden ist)

3.2 Prioritäten werden häufig nach der Wichtigkeit und Dringlichkeit der Aufgabe gesetzt (vgl. Eisenhower-Prinzip).
- Wichtige und dringende Termine werden sofort erledigt (A-Aufgabe)
- Für wichtige, nicht dringende Aufgaben wird ein Termin eingetragen und die Erledigung kontrolliert (B-Aufgabe).
- Dringende, weniger wichtige Aufgaben werden delegiert oder eingeschränkt (C-Aufgabe).
- Unwichtige D-Aufgaben sind Zeitfresser und werden gestrichen.

3.3 Störfaktoren wie z. B. eingehende Mails mit Signalton, Telefonanrufe oder ungeplante Besuche im Büro können eingeschränkt werden durch entsprechende Informationen oder Stummschalten/Umleiten. Störungen durch Straßenlärm oder Durchsagen können teilweise nicht verhindert werden.

4. Anwendungsaufgabe: Erstellen eines Formulars für eine Telefonnotiz

Sie sind Auszubildende/Auszubildender der
Laco Büroideen GmbH, Hohenstaufenring 112 – 116, 50674 Köln.
Telefonisch sind Sie erreichbar unter der Nummer 0221 823498, Durchwahl 126.
E-Mail-Adressen werden im Unternehmen wie folgt gebildet:
vorname.nachname@laco-bueroideen.com. Sie haben Artvollmacht.

Sie benötigen die folgende Datei aus der Datensammlung: Web
Logo Laco.jpg

Corporate-Design-Anweisungen:
- Schriftart Arial, Schriftgröße 10
- Überschriften zentriert, in Fettschrift, Schriftgröße 14

Die Datei ist in der Fußzeile mit Ihrem Namen rechtsbündig zu formatieren.

Einstiegsszenario:
Der Kunde Herr Lauer ruft am 19.06.20.. um 9:00 Uhr bei Ihnen im Sekretariat an. Er möchte mit Herrn D'Ore sprechen. Herr D'Ore ist nicht erreichbar, weil er in einer Besprechung ist. Sie nehmen das Gespräch an.

Herr Lauer: Könnten Sie Herrn D'Ore etwas ausrichten?

Sie: Ja, Herr Lauer, sehr gerne.

Herr Lauer: Ich haben mit Herrn D'Ore morgen am 20.06.20.. um 10:00 Uhr ein wichtiges Gespräch, bei dem es um die Neuausstattung von vier Büros in unserer neuen Filiale geht.
Leider kann ich diesen Termin aus einem sehr dringenden Grund nicht wahrnehmen und würde ihn gerne verschieben. An folgenden Terminen habe ich Zeit:
- 23.06.20.. von 10:00 Uhr bis 14:00 Uhr
- 24.06.20.. von 12:00 Uhr bis 15:00 Uhr
- 27.06.20.. von 10:00 Uhr bis 18:00 Uhr

Sie: Ich habe mir die Termine notiert und leite Ihr Anliegen gerne an Herrn D'Ore weiter. Kann ich Ihnen darüber hinaus noch behilflich sein?

Herr Lauer: Ja, könnten Sie bitte Herrn D'Ore ausrichten, dass der Gesprächstermin für uns sehr wichtig ist und ich mich sehr freuen würde, wenn er mich wegen des neuen Termins unter der Nummer 0221 345612-12 zurückrufen würde.

Sie: Herr Lauer, das richte ich gerne aus. Herr D'Ore wird sich dann bei Ihnen melden.

Beachten Sie die Rechtschreibung, den Ausdruck und die Zeichensetzung.

Öffnen Sie eine neue Datei und speichern Sie diese unter „AA_9.1.4." und Ihrem Vor- und Nachnamen.

4.1 Erstellen Sie nach folgendem Muster ein Onlineformular für die Telefonnotiz und fügen Sie das Logo oben rechts ein.

Telefonnotiz für:	
Anruf von:	
Firma:	
Datum:	
Uhrzeit:	
Rückrufnummer:	
☐ erbittet Rückruf ☐ ruft wieder an ☐ rief zurück	
Mitteilung:	

4.2 Fügen Sie als Überschrift „Telefonnotiz" ein.

4.3 Fügen Sie hinter die Überschrift und in die Tabelle geeignete Inhaltssteuerelemente (Kontrollkästchenelemente, Text-Inhaltssteuerelement, Datumsauswahlelement) ein.

4.4 Schützen Sie das Formular mit dem Kennwort „Laco" und lassen Sie so nur die Bearbeitung von Formularen zu.

4.5 Erstellen Sie eine aussagekräftige Telefonnotiz für Herrn D'Ore.

Erläuterungen und Lösungen

4. Aufgabe

Vergleichen Sie Ihr Ergebnis mit der nachfolgenden Lösung sowie der Lösungsdatei.

Laco Büroideen GmbH

Telefonnotiz

Telefonnotiz für:	Herr D´Ore
Anruf von:	Herr Lauer
Firma:	Lauer GmbH
Datum:	19.06.2016
Uhrzeit:	9:00 Uhr
Rückrufnummer:	0221 345612-12

☒ erbittet Rückruf

☐ ruft wieder an

☐ rief zurück

Mitteilung:

Herr Lauer hat den Gesprächstermin am 20.06.20.. um 10:00 Uhr aus einem dringenden Grund abgesagt.

Er bietet folgende Alternativtermine an:

- 23.06.20.. von 10:00 Uhr bis 14:00 Uhr
- 24.06.20.. von 12:00 Uhr bis 15:00 Uhr
- 27.06.20.. von 10:00 Uhr bis 18:00 Uhr

Der Gesprächstermin ist für ihn sehr wichtig, da es um die Neuausstattung von vier Büros in einer neuen Filiale geht. Er möchte den Termin mit Ihnen persönlich abstimmen,

4.1 Legen Sie zunächst das Formular-Layout entsprechend des Musters fest.

4.2 Beachten Sie bei der Überschrift das Format Schriftgröße 14 und Fettschrift.

4.3 Erstellen Sie das Formular mit den Entwicklertools. Gehen Sie in den Entwurfsmodus und setzen Sie die Inhaltssteuerelemente mit den passenden Inhalten ein.

Vergleichen Sie mit der Lösungsdatei AA_9.1.4_Lösung_Formular.docx.

Telefonnotiz

Telefonnotiz für:	Geben Sie den Namen des Empfängers ein.
Anruf von:	Geben Sie den Namen des Anrufers ein.
Firma:	Geben Sie die Firma des Anrufers ein.
Datum:	Klicken Sie hier, um ein Datum einzugeben.
Uhrzeit:	Geben Sie die Uhrzeit des Anrufs ein.
Rückrufnummer:	Geben Sie die Rückrufnummer ein.

☐ erbittet Rückruf

☐ ruft wieder an

☐ rief zurück

Mitteilung:
Geben Sie die Mitteilung ein.

Hinweis

Haben Sie vergessen, wie die Inhaltssteuerelemente eingesetzt werden? Wiederholen Sie das Kapitel „Nutzen und Risiken von Onlineanwendungen".

4.4 Beenden Sie den Entwurfsmodus und schützen Sie das Formular, indem Sie in der Gruppe *Schützen* die Schaltfläche *Bearbeitung einschr.* auswählen. Auf der rechten Seite wird eine Leiste *Formatierung und Bearbeitung einschränken* eingeblendet. Wählen Sie hier *Formatierungen auf eine Auswahl von Formatierungen beschränken* und *Ausfüllen von Formularen* aus.

Über die Schaltfläche *Ja, Schutz jetzt anwenden* wird ein Fenster eingeblendet, in dem der Schutz mit dem Kennwort „Laco" versehen werden kann.

4.5 In der Mitteilung an Herrn D'Ore müssen die Gesprächsinhalte des Telefonats auf die wichtigsten Punkte zusammengefasst werden.

Wichtig sind hier z. B.
- Alternativtermine
- Bedeutung des Termins für den Kunden

Im vorliegenden Fall ist eine schnelle Übermittlung der Telefonnotiz wichtig und ein zügiger Rückruf durch Herrn d'Ore, da es sich möglicherweise um einen interessanten Auftrag handelt.

Aufgaben 1 bis 2: Aufgaben zur Stofferschließung

1. Aufgabe

Situation
Bei der Laco Büroideen GmbH sind in den nächsten Wochen mehrere Sitzungen und Besprechungen geplant. Yasemin Mai soll die Vorbereitung unterstützen.

1.1 Grenzen Sie Sitzungen und Besprechungen gegenüber Tagungen ab.

1.2 Sitzungen und Besprechungen verfolgen oft unterschiedliche Zielsetzungen. Nennen Sie mehrere Zielsetzungen, die mit der Einberufung einer Sitzung verfolgt werden können.

1.3 Bringen Sie folgende Tätigkeiten, die Voraussetzungen für eine gelungene Sitzung sind, in die richtige Reihenfolge:

- Dauer der Besprechungspunkte festlegen
- Teilnehmer auswählen
- Einladungstext verschicken mit Anhang der Tagesordnung
- Thema und Ziel der Besprechung festlegen
- Ort der Besprechung und Medien reservieren
- Tagesordnungspunkte und Zeit festlegen

1.	
2.	
3.	
4.	
5.	
6.	

1.4 Worauf sollte man bei der Auswahl der Teilnehmer achten?

1.5 Wie wird die Tagesordnung (Agenda) abgestimmt und kommuniziert?

1.6 Wie erfolgt die Auswahl und Reservierung von geeigneten Räumlichkeiten?

1.7 Wie sollte die Tagesordnung formuliert werden, damit die Besprechung im geplanten zeitlichen Rahmen bleibt.

1.8 Welche Punkte sollte die Einladung enthalten?

1.9 Welche weiteren Vorbereitungsaufgaben sind nach Eingang der Rückmeldungen der Teilnehmer vor der Besprechung noch zu erledigen.

Erläuterungen und Lösungen

1. Aufgabe

1.1 Sitzungen sind Zusammenkünfte von mehreren Personen, um ein Thema zu besprechen, zu diskutieren und/oder ein Ergebnis zu erreichen. Bei Sitzungen sind Formalitäten zu beachten (u. a. Einladung mit Tagesordnung, Bestimmung eines Sitzungsleiters und die Anfertigung eines Protokolls).
Bei einer Besprechung sind die formalen Anforderungen geringer und die Teilnehmerzahl ist kleiner als bei der Sitzung, doch werden die Begriffe Sitzung und Besprechung in der Arbeitswelt oft gleichermaßen verwendet, ähnlich wie der Begriff „Meeting".
Sitzungen und Besprechungen dauern meist nur wenige Stunden, während Tagungen große Veranstaltungen sind, die mindestens einen Tag dauern.

1.2 Sitzungen und Besprechungen verfolgen z. B. folgende Zielsetzungen:
- Informationen gewinnen
- Informationen weitergeben (Informationsaustausch)
- neue Ideen finden
- Probleme erkennen und lösen
- Entscheidungen treffen (Beschlüsse fassen)

1.3 Voraussetzung für eine gelungene Sitzung ist eine gute Vorbereitung. Dabei beträgt die Vorbereitungszeit für größere Sitzungen z. B. mehrere Wochen.

1.	Thema und Ziel der Besprechung festlegen
2.	Teilnehmer auswählen
3.	Tagesordnungspunkte und Zeit festlegen
4.	Ort der Besprechung und Medien reservieren
5.	Dauer der Besprechungspunkte festlegen
6.	Einladungstext verschicken mit Anhang der Tagesordnung

1.4 Das Thema und das Ziel der Sitzung sollten klar sein. Nur Personen, die etwas zu der Veranstaltung beitragen können, sollten ausgewählt werden.

1.5 Das Thema und der Termin sollten frühzeitig feststehen und allen Teilnehmern zu geschickt werden. So können mögliche Beiträge in die Tagesordnung integriert werden und die Tagesordnung abgestimmt werden.
Externe Referenten müssen frühzeitig eingeladen werden.
Diese Abstimmung erfolgt oft per Mail oder in einem persönlichen Gespräch/ Telefonat. Beiträge sollten mit dem genauen Wortlaut und mit klarer Zuständigkeit in die Tagesordnung übernommen werden. Sinnvoll ist eine genaue Begrenzung der Dauer des Beitrags. Die Tagesordnungspunkte werden ergänzt.

1.6 Die Auswahl des Besprechungsraums hängt u. a. davon ab, wie viele Teilnehmer eingeladen sind, welche technische Ausstattung erforderlich ist und welche Gegebenheiten die hauseigenen Besprechungsräume bieten.
Ein externer Besprechungsraum ist mit höheren Kosten verbunden. Externe Besprechungsräume bieten dafür oft ein neues, ggf. attraktiveres Ambiente und moderne Technik.
Die Reservierung des Besprechungsraumes muss so frühzeitig wie möglich erfolgen. Terminwahl und Reservierung des Raums bedingen sich.

1.7 In der Tagesordnung kann die Dauer der einzelnen Beiträge minutengenau angegeben werden. Ebenso die Dauer der Pausen.

1.8 Art der Sitzung, Thema, Datum, Uhrzeit, Ort, voraussichtlicher Zeitbedarf, Tagesordnung, Leitung, Hinweis auf Anlagen, Hinweis auf Rückmeldung

1.9 Mögliche Aufgaben nach Eingang der Rückmeldungen:
- Kontrolle der Teilnahmebestätigungen
- Kontrolle des Besprechungsraumes (Buchung korrekt?)
- Organisation der Bewirtung
- Kontrolle der Medien
- Organisation der Protokollführung
- Buchung einer Hotelunterkunft für auswärtige Teilnehmer

2. Aufgabe

Situation
In der Laco Büroideen GmbH findet eine Sitzung statt, bei der Möglichkeiten einer neuen Produktreihe abgestimmt werden sollen. Dazu eingeladen sind 20 Teilnehmer, darunter die Geschäftsleitung, die Abteilungsleiter und externe Gäste. Yasemin Mai soll die Durchführung der Sitzung betreuen und die Sitzung nachbereiten.

2.1 Ergänzen Sie zu jedem Stichwort die Beschreibung der jeweiligen Aufgaben kurz vor der Durchführung der Sitzung.

Stichwort	Beschreibung der Aufgaben vor der Durchführung der Sitzung
Veranstaltungsraum	
Technische Geräte	
Veranstaltungsmaterialien	
Getränke	
Catering	
Teilnehmerlisten	
Türschild	
Referent/-in	
Protokollant/-in	

2.2 Beschreiben Sie die Betreuungsaufgaben von Yasemin Mai bei Eintreten der Teilnehmer, während der Sitzung und in den Pausen.

2.3 Beschreiben Sie die Aufgaben, die nach der Veranstaltung auszuführen sind. Ergänzen Sie zu jedem Stichwort die Beschreibung der jeweiligen Arbeiten.

Stichwort	Beschreibung der Arbeiten nach der Sitzung
Veranstaltungsraum	
Informationsmaterial und Präsentationen	
Getränke Catering	
Protokoll	
Feedback	

2.4 Unterscheiden Sie zwischen einem Verlaufsprotokoll und einem Ergebnisprotokoll.

Erläuterungen und Lösungen

2. Aufgabe

2.1

Stichwort	Beschreibung der Aufgaben vor der Durchführung der Sitzung
Veranstaltungsraum	Kontrolle der Anzahl der Stühle und Tische, Kontrolle der Sitzordnung, Lüften
Technische Geräte	z. B. Notebooks, Beamer, Mikrofone testen, Lichtverhältnisse für Projektionswand prüfen
Veranstaltungs-materialien	z. B. Handout für die Teilnehmer, Stifte, Papier, Moderationskoffer bereitlegen
Getränke Catering	prüfen, ob z. B. Getränke und Imbiss wie bestellt bereitstehen, ebenso Geschirr und Besteck
Teilnehmerlisten	auf Aktualisierung der Teilnehmerlisten achten Teilnehmerliste bereitlegen
Türschild	Überprüfen des Türschildes (z. B. „Keine Störungen – wichtige Sitzung")
Referent/-in	Anwesenheit kontrollieren ggf. begrüßen
Protokollant/-in	Anwesenheit kontrollieren für Ersatz bei Abwesenheit sorgen

2.2 Yasemin Mai steht bei Eintreten der Teilnehmer für Fragen zur Verfügung und unterstützt die Teilnehmer, z. B. bei der Suche nach der Garderobe. Während der Sitzung steht sie für organisatorische Aufgaben bereit. In den Pausen sorgt die z. B. dafür, dass Getränke und Imbiss bereitstehen und steht den Teilnehmern für Fragen zur Verfügung. Außerdem ist es sinnvoll, in der Pause den Sitzungsraum zu lüften.

2.3

Stichwort	Beschreibung der Arbeiten nach der Sitzung
Veranstaltungsraum	aufräumen ggf. Rechnungen bezahlen bei externem Raum
Informationsmaterial und Präsentationen	Informationsmaterial an Teilnehmer versenden Präsentationen versenden
Getränke Catering	Rechnungen bezahlen
Protokoll	schreiben und versenden
Feedback	Feedbackbogen an die Teilnehmer versenden Feedback auswerten

2.4 Sehr häufig wird bei Besprechungen in den Unternehmen ein Ergebnisprotokoll erstellt. Es zeichnet Inhalte und Beschlüsse auf. Im Unterschied zum Verlaufsprotokoll werden nicht die einzelnen Reden und Diskussionsbeiträge aufgezeichnet, sondern diese werden zu Kerninhalten zusammengefasst.

3. Anwendungsaufgabe: Checkliste für Sitzungen und Besprechungen

Sie sind Auszubildende/Auszubildender der
Laco Büroideen GmbH, Hohenstaufenring 112 – 116, 50674 Köln.
Telefonisch sind Sie erreichbar unter der Nummer 0221 823498, Durchwahl 126.
E-Mail-Adressen werden im Unternehmen wie folgt gebildet:
vorname.nachname@laco-bueroideen.com. Sie haben Artvollmacht.

Corporate-Design-Anweisungen:
- Schriftart Arial, Schriftgröße 11
- Überschriften zentriert, in Fettschrift, Schriftgröße 14

Benötigte Datei: Web
Logo Laco.jpg

Die Datei ist in der Fußzeile mit Ihrem Namen rechtsbündig zu formatieren.

Einstiegsszenario:
Die Laco Büroideen GmbH führt in regelmäßigen Abständen Sitzungen und Besprechungen durch, für die eine gute Vorbereitung sehr wichtig ist. Aber auch während der Sitzungen und Besprechungen sind bestimmte Vorgehensweisen wichtig. Um den Teilnehmern eine Hilfe an die Hand zu geben, erhalten Sie den Auftrag eine Checkliste für Sitzungen und Besprechungen zu entwerfen.

Ausgangspunkt: Besprechungstermin ist abgestimmt, Tagesordnung liegt vor.

Informationen zur Vorbereitung, Betreuung und Nachbereitung von Sitzungen und Besprechungen:

Vorbereitung:
Geeigneten Veranstaltungsraum buchen/reservieren; Einladung mit Tagesordnung versenden, Teilnahmebestätigungen kontrollieren, Teilnehmerlisten, Informationsmaterial erstellen, Medien und Veranstaltungsmaterialien ergänzen und kontrollieren, Bewirtung organisieren.

Durchführung:
Veranstaltungsraum kontrollieren, Medien und Veranstaltungsmaterialien kontrollieren, Informationsmaterialien kontrollieren, Anwesenheit der Teilnehmer prüfen, Teilnehmerlisten aktualisieren

Nachbereitung:
Besprechungsprotokoll anfertigen, Besprechungsprotokoll versenden

Beachten Sie die Rechtschreibung, den Ausdruck und die Zeichensetzung.
Formulieren Sie in vollständigen Sätzen. Gestalten Sie Ihre Ergebnisse übersichtlich.
Wenden Sie die Regeln der DIN 5008 an.

Öffnen Sie eine Word-Datei und speichern Sie diese unter „AA_9.2.3." und Ihrem Vor- und Nachnamen.

3.1 Erstellen Sie eine Vorlage für eine Checkliste für Sitzungen und Besprechungen.

3.1.1 Orientieren Sie sich dabei an dem Muster in Anlage 1.

3.1.2 Fügen Sie in den Zeilen „Leitung der Besprechung" und „Anlass der Besprechung" sowie in den Spalten „Bis wann?", „Verantwortlicher" und „Erledigt" passende Inhaltssteuerelemente ein.

3.1.3 Fügen Sie aus dem Unterordner „Grafiken" die Grafik „Logo Laco" an sinnvoller Stelle und in geeigneter Größe ein. Web

3.1.4 Erstellen Sie eine passende Überschrift

3.2 Gestalten Sie den Inhalt der Checkliste.

3.2.1 Übernehmen Sie die angegebenen Informationen in Ihre Checkliste.

3.2.2 Ergänzen Sie jeden der Punkte „Vorbereitung", „Durchführung" und Nachbereitung" mit zwei eigenen zu beachtenden Kriterien.

Anlage 1:

Leitung der Besprechnung:			
Anlass der Besprechnung:			
Vorbereitung:			
Was?	Bis wann?	Verantwortlicher	☑
Durchführung:			
Was?	Erledigt		
Nachbereitung:			
Was?	Bis wann?	Verantwortlicher	☑

Erläuterungen und Lösungen

1. Aufgabe

Vergleichen Sie Ihr Ergebnis mit der nachfolgenden Lösung sowie der Lösungsdatei „AA.9.2.3_Lösung.docx“.

Web

2.1 Checkliste Sitzungen und Besprechungen

Laco Büroideen GmbH

Checkliste für Sitzungen und Besprechungen

Leitung der Besprechung:	Klicken Sie hier, um Text einzugeben.		
Anlass der Besprechung:	Klicken Sie hier, um Text einzugeben.		
Vorbereitung:			
Was?	Bis wann?	Verantwortlicher	☑
Veranstaltungsraum buchen/reservieren	Datum	Verantwortlicher	☒
Einladung mit Tagesordnung versenden	Datum	Verantwortlicher	☐
Kontrolle der Teilnahmebestätigungen	Datum	Verantwortlicher	☐
Erstellung von Teilnehmerlisten	Datum	Verantwortlicher	☐
Erstellung von Informationsmaterial	Datum	Verantwortlicher	☐
Ergänzung und Kontrolle der Medien und Veranstaltungsmaterialien	Datum	Verantwortlicher	☐
Organisation der Bewirtung	Datum	Verantwortlicher	☐
Organisation der Protokollführung	Datum	Verantwortlicher	☐
Ordnen der Unterlagen für die Konferenz	Datum	Verantwortlicher	☐
Buchung einer Hotelunterkunft für auswärtige Teilnehmer	Datum	Verantwortlicher	☐
Durchführung:			
Was?		Verantwortlicher	☑
Kontrolle des Veranstaltungsraums		Verantwortlicher	☐
Kontrolle der Medien und Veranstaltungsmaterialien		Verantwortlicher	☐
Kontrolle der Bewirtung		Verantwortlicher	☐
Anwesenheit der Teilnehmer prüfen und Aktualisierung der Teilnehmerlisten		Verantwortlicher	☐
Kontrolle der Abstimmung der Protokollführung		Verantwortlicher	☐
Nachbereitung:			
Was?	Wann?	Verantwortlicher	☑
Besprechungsprotokoll anfertigen	Datum	Verantwortlicher	☐
Besprechungsprotokoll versenden	Datum	Verantwortlicher	☐
Feedbackbogen versenden	Datum	Verantwortlicher	☐
Feedbackbogen auswerten	Datum	Verantwortlicher	☐

Name des Schülers

Beachten Sie beim Erstellen der Checkliste, dass Sie eine Überschrift brauchen. Diese sollte in Fettschrift, mittig und in Schriftgröße 14 mit angemessenem Abstand zur Tabelle eingesetzt werden.

Färben Sie die Zellen mit den Überbegriffen „Vorbereitung“, „Durchführung“ und „Nachbereitung“ hellgrau ein.

Tipp

Haben Sie vergessen, wie die Inhaltssteuerelemente eingesetzt werden? Schauen Sie im Kapitel „Nutzen und Risiken von Onlineanwendungen“ nach.

Passendes Inhaltssteuerelement für das Datum der Telefonkonferenz sowie die Spalte „Wann?“ ist das Datumsauswahl-Inhaltssteuerelement, für die Spalte „Verantwortlicher“ das Text-Inhaltssteuerelement und für die Spalte ☑ das Kontrollkästchensteuerelement.

2.2 Ergänzen der Checkliste:

Sie können die Checkliste im Bereich „Vorbereitung“ z. B. durch die folgenden Punkte ergänzen:
- Organisation der Protokollführung
- Buchung einer Hotelunterkunft für auswärtige Teilnehmer

Sie können die Checkliste im Bereich „Durchführung“ z.B. durch die folgenden Punkte ergänzen:
- Kontrolle der Bewirtung
- Kontrolle der Abstimmung der Protokollführung

Sie können die Checkliste im Bereich „Vorbereitung“ z. B. durch die folgenden Punkte ergänzen:
- Feedbackbogen versenden
- Feedbackbogen verteilen

Aufgabe 1 bis 6: Aufgaben zur Stofferschließung

1. Aufgabe

Situation
Die Beschaffung umfasst alle Tätigkeiten, die die Versorgung eines Unternehmens mit Materialien, Dienstleistungen, Rechten, Informationen sowie Betriebsmitteln sicherstellen. Von besonderer Bedeutung ist hierbei eine sorgfältige Planung der Beschaffung. Der Auszubildende Jannis Merk überlegt warum.

1.1 Was versteht man unter Beschaffungsobjekten?

____

1.2 Ordnen Sie die folgenden Beschaffungsobjekte der Laco Büroideen GmbH den betrieblichen Produktionsfaktoren zu:

Holz, Kopierer, Stoff für Bürostühle, Lack, Leim, Scharniere, Wasser, Strom, Sachbearbeiter in der Beschaffung, Schreibtische für die Mitarbeiter, Firmenwagen, Lagerarbeiter, Ausbildungsleiterin, Kopierpapier, Lackiermaschine, Glasplatten für die Schreibtische.

Betriebliche Produktionsfaktoren		
Arbeit	Werkstoffe	Betriebsmittel

1.3 Füllen Sie die Lücken zu den Zielen der Beschaffungsplanung aus.
Das Ziel der Beschaffungsplanung ist das Bereitstellen der Beschaffungsobjekte

- in der ______________________________ (Was?),
- zur ______________________________ (Wann?),
- in der ______________________________ (Wie viel?),
- am ______________________________ (Wo?),
- mit ______________________________ (Wie teuer?).

2. Aufgabe

Situation
Der Auszubildende Jannis Merk ist seit kurzem in der Abteilung Einkauf eingesetzt und erhält den Auftrag, eine Übersicht über die Beschaffungsplanung zu erstellen.

Welche Aufgaben umfasst die Beschaffungsplanung?

- ______________________________
- ______________________________
- ______________________________

3. Aufgabe

Situation
Die Laco Büroideen GmbH möchte im Bereich des Einkaufs Kosten reduzieren. Ein Ansatzpunkt hierbei ist die Reduzierung der Einkaufskosten durch die ABC-Analyse.

3.1 Welches Ziel verfolgt die ABC-Analyse?

____

3.2 Wie müssen Sie bei der Durchführung der ABC-Analyse vorgehen?

____

____

3.3 Ergänzen Sie das aufgeführte Schema zu Einteilung der Güter nach der ABC-Analyse.

Kategorie	Wertanteil	Mengenanteil
A-Güter		
B-Güter		
C-Güter		

Erläuterungen und Lösungen

1. Aufgabe

1.1 Zu den Beschaffungsobjekten gehören zum einen alle Produkte, die ein Unternehmen benötigt, um Güter herzustellen. Weiterhin gehören auch Handelswaren, Dienstleistungen, Finanzmittel und Informationen dazu.

1.2 Zuordnung der betrieblichen Produktionsfaktoren:

Betriebliche Produktionsfaktoren		
Arbeit	Werkstoffe	Betriebsmittel
Sachbearbeiter in der Beschaffung Lagerarbeiter Ausbildungsleiterin	Holz Stoff für Bürostühle Lack, Leim Scharniere Wasser Strom Kopierpapier Glasplatten für die Schreibtische	Kopierer Schreibtische für die Mitarbeiter Firmenwagen Lackiermaschine

Der Produktionsfaktor **Arbeit** wird unterteilt in ausführende Arbeit und leitende Arbeit, wie z. B. die Geschäfts- und Abteilungsleitung.
Der Produktionsfaktor **Werkstoff** kann unterteilt werden in Rohstoffe, Hilfs- und Betriebsstoffe. **Rohstoffe** sind Hauptbestandteile des produzierten Objektes während **Hilfsstoffe** Nebenbestandteile des zu fertigenden Objektes sind. **Betriebsstoffe** gehen nicht in das fertige Objekt ein, werden aber für die Produktion (im weitesten Sinne) benötigt.

1.3 Das Ziel der Beschaffungsplanung ist das Bereitstellen der Beschaffungsobjekte

- in der richtigen Art und Qualität (Was?),
- zur richtigen Zeit (Wann?),
- in der richtigen Menge (Wie viel?),
- am richtigen Ort (Wo?),
- mit minimalen Kosten (Wie teuer?).

2. Aufgabe

Aufgaben der **Beschaffungsplanung**:
- Ermittlung was bestellt werden soll, d. h. Bestimmung der Beschaffungsobjekte
- Ermittlung der zu beschaffenden Menge
- Ermittlung des Zeitpunktes, zu dem beschafft werden soll
- Ermittlung der geeigneten Bezugsquelle für die jeweiligen Beschaffungsobjekte unter Berücksichtigung von Preis und Qualität

3. Aufgabe

3.1 Die **ABC-Analyse** verfolgt das Ziel, die Materialien nach ihren Wert- und Mengenanteilen in Bezug auf das gesamte Beschaffungs-/Lagervolumen zu klassifizieren, um die Wirtschaftlichkeit der Beschaffung zu verbessern.

3.2 Vorgehensweise bei der **ABC-Analyse**:
1. Erfassung und Berechnung:
   Wert jeder Waren-/Materialgruppe wird berechnet durch Multiplikation des Preises mit der Menge sowie Berechnung der Waren-/Materialgruppen in Prozent der Gesamtsumme.
2. Sortierung:
   Waren-/Materialgruppen werden nach dem prozentualen Anteil absteigend sortiert.
3. Auswertung:
   Prozentanteile werden zu den Gruppen A – B – C zusammengefasst.

3.3 Einteilung der Güter nach der ABC-Analyse:

Kategorie	Wertanteil	Mengenanteil
A-Güter	hoher Wertanteil von 70 % bis 80 %	meist geringer Mengenanteil von 10 % bis 15 %
B-Güter	mittlerer Wertanteil von 15 % bis 20 %	meist mittlerer Mengenanteil von 20 % bis 40 %
C-Güter	niedriger Wertanteil von 5 % bis 10 %	meist hoher Mengenanteil von 40 % bis 60 %

3.4 Während man bei den B-Gütern individuelle beschaffungs- und lagerpolitische Maßnahmen ergreifen wird, kann man für die A- und C-Güter generelle Handlungsempfehlungen aussprechen. Füllen Sie hierzu die folgenden Übersicht aus:

Handlungsempfehlung in Bezug auf Beschaffung und Lagerhaltung

A-Güter	C-Güter

4. Aufgabe

Situation
Um stets produktions- und verkaufsbereit zu sein, ist es für die Laco Büroideen GmbH wichtig, die benötigten Güter rechtzeitig zu beschaffen. Zur Ermittlung des Bestellzeitpunkts, gibt es verschiedene Möglichkeiten.

4.1 Klären Sie die folgenden Begrifflichkeiten.

Begriff	Erklärung
Mindestbestand	
Meldebestand	
Höchstbestand	

4.2 Welche Möglichkeiten haben Sie, die Lagerbestände zu ermitteln?

4.3 Die Laco Büroideen GmbH hat von dem Handelsartikel „Kopierpapier" noch einen Bestand von 1 240 Kartons auf Lager. Der durchschnittliche tägliche Absatz dieses Artikels liegt bei 40 Kartons Kopierpapier. Die Lieferzeit beträgt 5 Arbeitstage. Als Mindestbestand wurden 200 Kartons festgelegt.
Die Bestellmenge beträgt 1 320 Kartons.

4.3.1 Wie hoch ist der Meldebestand?

4.3.2 Wann muss nachbestellt werden?

4.3.3 Berechnen Sie den Höchstbestand.

4.3.4 Stellen Sie die Lagerbestandsbewegungen in einer Grafik dar.

Erläuterungen und Lösungen

3.4 Handlungsempfehlungen:

Handlungsempfehlung in Bezug auf Beschaffung und Lagerhaltung

A-Güter

- intensive Analyse des Beschaffungsmarktes
- differenzierte Lieferantenauswahl mit intensiven Preisverhandlungen
- Überwachung (permanente Inventur) und Minimierung der Lagerbestände
- exakte Bedarfsermittlung und Einsatz der optimalen Bestellmenge

C-Güter

- vereinfachte Beschaffungsmarktforschung, Bedarfsermittlung (Mengenschätzungen) und Bestellabwicklung
- Beschaffung in größeren Mengen und Zeitintervallen
- Abbau kostenintensiver Bestandskontrollen, da geringe Lagerkosten

4. Aufgabe

4.1 Klären Sie die folgenden Begrifflichkeiten.

Begriff	Erklärung
Mindestbestand	Der Mindestbestand (auch Sicherheitsbestand oder eiserner Bestand genannt) ist der Bestand, der die Leistungsbereitschaft des Unternehmens trotz möglicher Störungen garantiert und zur Aufrechterhaltung der Produktion und Lieferbereitschaft dient. Er sollte nur in absoluten Ausnahmefällen unterschritten werden.
Meldebestand	Der Meldebestand stellt die Menge dar, die erforderlich ist, um den Bedarf im Zeitraum zwischen Auslösen der Bestellung und Eintreffen der neuen Lieferung zu decken, ohne den Mindestbestand anzugreifen. Berechnung: Mindestbestand + durchschnittlicher Tagesverbrauch x Beschaffungszeit in Tagen
Höchstbestand	Der Höchstbestand ist der Bestand, der aus technischen Gründen oder Kostengesichtspunkten maximal auf Lager vorhanden sein darf. In der Regel wird dieser wie folgt berechnet: Mindestbestand + Bestellmenge.

4.2 Ermitteln der Lagerbestände

- durch Sichtkontrolle im Lager,
- anhand der Lagerfachkarte, die die Güterbewegungen festhält,
- anhand von EDV-Programmen, die die Lagerbestandsbewegungen festhalten.

4.3 Berechnungen für den Artikel „Kopierpapier“:

4.3.1 Meldebestand = 200 + 40 x 5 Tage = 400 Kartons

4.3.2 Es muss nach 21 Arbeitstagen nachbestellt werden.
Hinweise: 1 240 Kartons sind noch auf Lager, der Meldebestand beträgt 400 Tage, der durchschnittliche tägliche Verbrauch liegt bei 40 Kartons.
Berechnung: (1 240 – 400)/40 = 21 Arbeitstage

4.3.3 Höchstbestand = 200 + 1 320 = 1 520 Kartons

4.3.4 Lagerbestandsbewegungen:

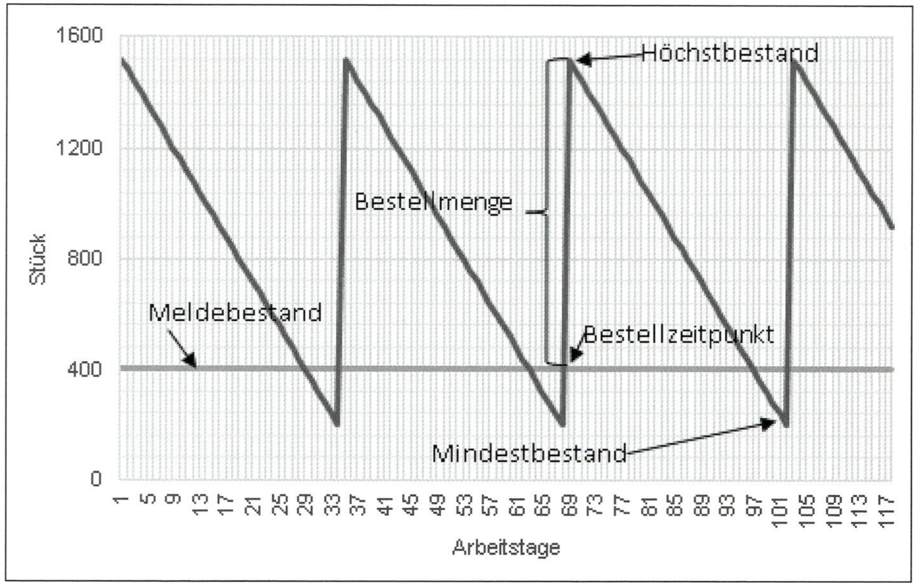

5. Aufgabe

Situation
Der Auszubildende Jannis Merk bekommt ein Streitgespräch zwischen zwei Sachbearbeitern der Beschaffungsabteilung mit. Sie sind sich nicht einig darüber, ob für die Bestellung der Beschaffungsobjekte feste Zeitpunkte festgelegt werden sollen oder jeweils kurzfristig und flexibel bestellt werden soll.

5.1 Es gibt verschiedene Verfahren, den Bestellzeitpunkt zu bestimmen. Ergänzen Sie die Tabelle mit den Fachbegriffen für das jeweilige Verfahren.

Erklärung/Vorgehensweise	Begriff
Bestellung zu festgelegten Zeitpunkten	
Bestellung bei Erreichen festgelegter Lagerbestände	

5.2 Unterscheiden Sie die beiden Verfahren nach ihren Merkmalen.

Merkmale Bestellpunktverfahren	Merkmale Bestellrhythmusverfahren

5.3 Beide Verfahren haben Vor- und Nachteile. Führen Sie diese jeweils auf.

Bestellpunktverfahren	Bestellrhythmusverfahren
+	+
+	+
–	–
–	–

5.4 Wann sollte welches Verfahren zur Anwendung kommen? Geben Sie den beiden Sachbearbeitern einen Rat.

5.5 Was ist die Wiederbeschaffungszeit und von welchen Faktoren ist sie abhängig?

6. Aufgabe

Situation
Die Abteilungsleiterin der Beschaffungsabteilung, Frau Weiß, überlegt, ob eine Just-in-Time-Lieferung für die Laco Büroideen GmbH in Frage kommen würde.

6.1 Was versteht man unter einer Just-in-Time-Lieferung?

6.2 Welche Gründe könnte es für Frau Weiß geben, diese Überlegungen anzustellen?

6.3 Welche Argumente sprechen gegen eine Just-in-Time-Lieferung?

5. Aufgabe

Um die richtige Menge zeitgerecht zu beschaffen, können zwei Verfahren zur **Beschaffungszeitplanung** herangezogen werden.

Bestellpunktverfahren	Bestellrhythmusverfahren
Hierbei wird eine Bestellung ausgelöst, sobald im Lager ein zuvor festgelegter Meldebestand erreicht wird. Hierzu erfolgt nach jedem Lagerabgang eine Überprüfung des Bestands. Da die Bestelltermine somit nicht vorterminiert sind, spricht man auch von variablen Bestellterminen.	Bei diesem Verfahren wird in konstanten, regelmäßigen Zeitabständen eine Bestellung vorgenommen. Dies geschieht unabhängig vom aktuellen Lagerbestand. Die Bestellmenge variiert dabei in der Regel.

5.1 Klären der Begrifflichkeiten.

Erklärung/Vorgehensweise	Begriff
Bestellung zu festgelegten Zeitpunkten	Bestellrhythmusverfahren
Bestellung bei Erreichen festgelegter Lagerbestände	Bestellpunktverfahren

5.2 Unterscheiden Sie die beiden Verfahren nach ihren Merkmalen:

Merkmale Bestellpunktverfahren	Merkmale Bestellrhythmusverfahren
feste Bestellmengen variable Bestelltermine	feste Bestelltermine variable Bestellmengen

5.3 Vor- und Nachteile der Verfahren:

Bestellpunktverfahren	Bestellrhythmusverfahren
+ niedrige Mindestbestände sind möglich, da der Bestand ständig kontrolliert wird	+ geringer Verwaltungsaufwand
+ Sicherheit bei der Warenversorgung durch ständige Bestandsüberwachung	+ Möglichkeit der Ausnutzung von Mengenrabatten durch größere Bestellmengen
– hoher Verwaltungsaufwand durch ständige Bestandsüberwachung	+ geringerer Kontrollaufwand
– kostenintensiv	– Gefahr der Fehlmengen durch fehlende Bestandsüberwachung
	– erfordert höheren Mindestbestand durch fehlende Bestandsüberwachung, dies führt zu höheren Kapitalbindungskosten

5.4 Bei einem relativ konstanten Lagerabgang ist das Bestellrhythmusverfahren sinnvoll. Es eignet sich aber nicht, wenn mit einem unregelmäßigen Bedarf gerechnet werden muss. In diesem Fall wäre die Gefahr der Unterdeckung zu hoch. Folge können entgangene Gewinne, Produktionsausfälle und Imageverluste sein.
Möchte man eine sichere Strategie wählen und muss man kurzfristige Bedarfsschwankungen berücksichtigen, sollte das Bestellpunktverfahren gewählt werden.

5.5 Die Wiederbeschaffungszeit ist die Zeit zwischen dem Bestellzeitpunkt und dem Eingang der Lieferung. Sie ist u. a. abhängig von der Bedarfsrechnungszeit (Zeit, die für die Ermittlung des Bedarfs benötigt wird), der Bestellabwicklungszeit, der Übermittlungszeit zum Lieferanten sowie der Lieferzeit.

6. Aufgabe

6.1 Just-in-Time-Lieferung bedeutet, dass die Beschaffungsobjekte zu dem Zeitpunkte bereitgestellt werden, wenn sie in der Produktion bzw. im Absatz benötigt werden. Es handelt sich um eine fertigungssynchrone Beschaffung.

6.2 Gründe für Just-in-Time wären eine Reduzierung der eigenen Lagerkosten sowie die Möglichkeit kurzfristig auf Kundenwünsche einzugehen, da die Flexibilität des Unternehmens hierdurch erhöht wird.

6.3 Gegen eine Just-in-Time-Lieferung spricht, dass die Gefahr des Produktionsausfalls steigt, da sich die Abhängigkeit von der pünktlichen Anlieferung durch den Lieferanten stark erhöht. Hierbei müssen auch Einflüsse, wie die Verkehrssituation (z. B. Staus), Streiks und Naturkatastrophen mit berücksichtigt werden.

7. Anwendungsaufgabe: ABC-Analyse

Sie sind Auszubildende/Auszubildender der
Laco Büroideen GmbH, Hohenstaufenring 112 – 116, 50674 Köln.
Telefonisch sind Sie erreichbar unter der Nummer 0221 823498, Durchwahl 126.
Ihre E-Mail-Adresse lautet: vorname.nachname@laco-bueroideen.com.

Sie benötigen die folgende Datei aus der Datensammlung: Web
Artikel_Laco.xlsx

Corporate-Design-Anweisungen:
- Angepasst auf eine Seite
- Schriftart Arial, Schriftgröße 11
- Überschriften zentriert, in Fettschrift, Schriftgröße 12
- Zahlendarstellungen mit Tausender-Trennzeichen; ohne Dezimalstellen
- Prozentsätze mit zwei Dezimalstellen
- Diagramm mit voreingestellter Schriftart; Diagrammtitel in Schriftgröße 14

Die Datei ist in der Fußzeile mit Ihrem Namen im rechten Abschnitt zu formatieren.

Einstiegsszenario:
Sie sind im Einkauf der Laco Büroideen GmbH eingesetzt.
Die Kosten für einige Handelswaren sind im letzten Jahr merklich gestiegen.
Deshalb ruft die Abteilungsleiterin Frau Weiß Sie an:

Frau Weiß: Guten Tag.

Sie: Guten Tag, Frau Weiß.

Frau Weiß: Sie wissen, dass wir im Bereich der Handelswaren unsere Kosten überprüfen und senken müssen. Um Einsparmöglichkeiten im Bereich des Lagers aufzudecken, möchte ich Sie bitten, für die betroffenen Artikel eine ABC-Analyse durchzuführen und mir Vorschläge zu unterbreiten, mit denen die Kosten gesenkt werden können.

Weiterhin hätte ich gerne eine grafische Darstellung Ihrer ABC-Analyse.

Sie: Okay.

Beachten Sie die Rechtschreibung, den Ausdruck und die Zeichensetzung.
Formulieren Sie in vollständigen Sätzen. Gestalten Sie Ihre Ergebnisse übersichtlich.

Öffnen Sie die Datei „Artikel_Laco“ und speichern Sie diese unter „AA 10.1.7“ und Ihrem Vor- und Nachnamen.

Tipp

Achten Sie auf die Formatierungen!

7.1 Vervollständigen Sie das Tabellenblatt „Auswertung“ gemäß Anlage 1.

7.2 Ermitteln Sie im mittleren Tabellenteil (Zellen A7 bis H20) mit einer Funktion die den Jahresverbrauch pro Stück. Beziehen Sie sich dabei auf das Tabellenblatt „Artikel“.

7.3 Ermitteln mit einer Funktion den Bezugspreis in Euro. Beziehen Sie sich dabei auf das Tabellenblatt „Artikel“.

7.4 Berechnen Sie den Wert je Artikel in Euro.

7.5 Berechnen Sie den prozentualen Anteil je Artikel am Gesamtwert.

7.6 Ermitteln Sie mit einer Funktion den Rang des jeweiligen Artikels in absteigender Reihenfolge.

7.7 Prüfen Sie mit einer Funktion, welcher Kategorie der jeweilige Artikel (A, B oder C) zuzuordnen ist.

7.8 Sortieren Sie die Tabelle nach dem Anteil am Gesamtwert absteigend.

7.9 Erstellen Sie im unteren Tabellenteil (Zellen A21 bis C24) eine Zusammenfassung der ABC-Analyse mithilfe geeigneter Funktionen.

7.10 Fügen Sie ein Säulendiagramm ein, das den Wert in Euro je Artikel verdeutlicht. Gestalten Sie das Diagramm nach dem Muster in der Datei „10.1_Säulendiagramm_Muster“. Web

7.11 Fügen Sie unter dem Diagramm ein Textfeld ein. Empfehlen Sie zwei konkrete Maßnahmen zur Beschaffung oder Bevorratung der A-Güter, die dazu beitragen könnten, Kosten zu senken und begründen Sie Ihre Empfehlungen.

Anlage 1:

	A	B	C	D	E	F	G	H
1								
2	Kategorie	Mindestanteil am Gesamteinkaufswert in Prozent						
3	A	12						
4	B	6						
5	C	alle übrigen						
6								
7	Artikel-nummer	Artikelname	Jahres-verbrauch/ Stück	Bezugspreis in €	Wert in €	Anteil am Gesamtwert in %	Rang	ABC-Analyse
8	H891000	Kopierpapier Classic weiß, 500 Blatt, A4, 80 g/m²						
9	H891001	Kopierpapier Simly weiß, 500 Blatt, A4, 80 g/m²						
10	H891003	Kopierpapier Vision weiß, 500 Blatt, A4, 80 g/m²						
11	H891004	Kopierpapier Recycelt weiß, 500 Blatt, A4, 80 g/m²						
12	H900000	Inkjetpapier Premium 1.067 mm x 45 m, weiß beschichtet, 90 g/m²						
13	H911000	Inkjetpapier Premium 914 mm x 91 m, hochweiß matt, 90 g/m²						
14	H912000	Inkjetpapier Premium 914 mm x 45 m, weiß beschichtet, 90 g/m²						
15	H913000	Inkjetpapier Premium 1.067 mm x 91 m, weiß beschichtet, 90 g/m²						
16	H914000	Inkjetpapier Premium 1.067 mm x 91 m, hochweiß matt, 90 g/m²						
17	H915000	Inkjetpapier Premium 1.067 mm x 30,5 m, hochglänzend, 250 g/m²						
18	H911001	Thermorolle, 57 mm x 25 mm, Ø 12,3 mm, weiß						
19	Gesamt							
20								
21	Kategorie	Anteil am Gesamteinkaufswert in Prozent	Anzahl der Produkte					
22								
23								
24								

Erläuterungen und Lösungen

7. Aufgabe

Vergleichen Sie Ihr Ergebnis mit der nachfolgenden Lösung sowie der Lösungsdatei „AA_10.1.7_Lösung.xlsx".

Web

Tabellenblatt „Auswertung":

	A	B	C	D	E	F	G	H
1								
2	Kategorie	Mindestanteil am Gesamteinkaufswert in Prozent						
3	A	12						
4	B	6						
5	C	alle übrigen						
6								
7	Artikel-nummer	Artikelname	Jahres-verbrauch / Stück	Bezugspreis in €	Wert in €	Anteil am Gesamtwert in %	Rang	ABC-Analyse
8	H915000	Inkjetpapier Premium 1.067 mm x 30,5 m, hochglänzend, 250 g/m²	2.498	132,80	331.734,40	23,13	1	A
9	H911000	Inkjetpapier Premium 914 mm x 91 m, hochweiß matt, 90 g/m²	3.760	80,24	301.702,40	21,04	2	A
10	H914000	Inkjetpapier Premium 1.067 mm x 91 m, hochweiß matt, 90 g/m²	2.340	89,23	208.798,20	14,56	3	A
11	H900000	Inkjetpapier Premium 1.067 mm x 45 m, weiß beschichtet, 90 g/m²	4.530	30,78	139.433,40	9,72	4	B
12	H913000	Inkjetpapier Premium 1.067 mm x 91 m, weiß beschichtet, 90 g/m²	1.890	56,87	107.484,30	7,50	5	B
13	H891003	Kopierpapier Vision weiß, 500 Blatt, A4, 80 g/m²	12.900	8,10	104.490,00	7,29	6	B
14	H891000	Kopierpapier Classic weiß, 500 Blatt, A4, 80 g/m²	16.789	5,10	85.623,90	5,97	7	C
15	H912000	Inkjetpapier Premium 914 mm x 45 m, weiß beschichtet, 90 g/m²	2.350	28,99	68.126,50	4,75	8	C
16	H891004	Kopierpapier Recycelt weiß, 500 Blatt, A4, 80 g/m²	6.759	6,71	45.352,89	3,16	9	C
17	H891001	Kopierpapier Simly weiß, 500 Blatt, A4, 80 g/m²	8.970	4,34	38.929,80	2,71	10	C
18	H911001	Thermorolle, 57 mm x 25 mm, Ø 12,3 mm, weiß	4.789	0,47	2.250,83	0,16	11	C
19	Gesamt				1.433.927	100,00		
20								
21	Kategorie	Anteil am Gesamteinkaufswert in Prozent	Anzahl der Produkte					
22	A	58,74	3					
23	B	24,51	3					
24	C	16,76	5					

Tabellenblatt „Formelansicht":

	A	B	C	D
1				
2	Kategorie	Mindestanteil am Gesamteinkaufswert in Prozent		
3	A	12		
4	B	6		
5	C	alle übrigen		
6				
7	Artikel-nummer	Artikelname	Jahres-verbrauch/Stück	Bezugspreis in €
8	H915000	Inkjetpapier Premium 1.067 mm x 30,5 m, hochglänzend, 250 g/m²	=SVERWEIS(A8;Artikel!$A$2:$D$42;4;0)	=SVERWEIS(A8;Artikel!$A$2:$D$42;3;0)
9	H911000	Inkjetpapier Premium 914 mm x 91 m, hochweiß matt, 90 g/m²	=SVERWEIS(A9;Artikel!$A$2:$D$42;4;0)	=SVERWEIS(A9;Artikel!$A$2:$D$42;3;0)
10	H914000	Inkjetpapier Premium 1.067 mm x 91 m, hochweiß matt, 90 g/m²	=SVERWEIS(A10;Artikel!$A$2:$D$42;4;0)	=SVERWEIS(A10;Artikel!$A$2:$D$42;3;0)
11	H900000	Inkjetpapier Premium 1.067 mm x 45 m, weiß beschichtet, 90 g/m²	=SVERWEIS(A11;Artikel!$A$2:$D$42;4;0)	=SVERWEIS(A11;Artikel!$A$2:$D$42;3;0)
12	H913000	Inkjetpapier Premium 1.067 mm x 91 m, weiß beschichtet, 90 g/m²	=SVERWEIS(A12;Artikel!$A$2:$D$42;4;0)	=SVERWEIS(A12;Artikel!$A$2:$D$42;3;0)
13	H891003	Kopierpapier Vision weiß, 500 Blatt, A4, 80 g/m²	=SVERWEIS(A13;Artikel!$A$2:$D$42;4;0)	=SVERWEIS(A13;Artikel!$A$2:$D$42;3;0)
14	H891000	Kopierpapier Classic weiß, 500 Blatt, A4, 80 g/m²	=SVERWEIS(A14;Artikel!$A$2:$D$42;4;0)	=SVERWEIS(A14;Artikel!$A$2:$D$42;3;0)
15	H912000	Inkjetpapier Premium 914 mm x 45 m, weiß beschichtet, 90 g/m²	=SVERWEIS(A15;Artikel!$A$2:$D$42;4;0)	=SVERWEIS(A15;Artikel!$A$2:$D$42;3;0)
16	H891004	Kopierpapier Recycelt weiß, 500 Blatt, A4, 80 g/m²	=SVERWEIS(A16;Artikel!$A$2:$D$42;4;0)	=SVERWEIS(A16;Artikel!$A$2:$D$42;3;0)
17	H891001	Kopierpapier Simly weiß, 500 Blatt, A4, 80 g/m²	=SVERWEIS(A17;Artikel!$A$2:$D$42;4;0)	=SVERWEIS(A17;Artikel!$A$2:$D$42;3;0)
18	H911001	Thermorolle, 57 mm x 25 mm, Ø 12,3 mm, weiß	=SVERWEIS(A18;Artikel!$A$2:$D$42;4;0)	=SVERWEIS(A18;Artikel!$A$2:$D$42;3;0)
19	Gesamt			
20				
21	Kategorie	Anteil am Gesamteinkaufswert in Prozent	Anzahl der Produkte	
22	A	=SUMMEWENN($H$8:$H$18;A22;$F$8:$F$18)	=ZÄHLENWENN($H$8:$H$18;A22)	
23	B	=SUMMEWENN($H$8:$H$18;A23;$F$8:$F$18)	=ZÄHLENWENN($H$8:$H$18;A23)	
24	C	=SUMMEWENN($H$8:$H$18;A24;$F$8:$F$18)	=ZÄHLENWENN($H$8:$H$18;A24)	

Tabellenblatt „Auswertung", Diagramm:

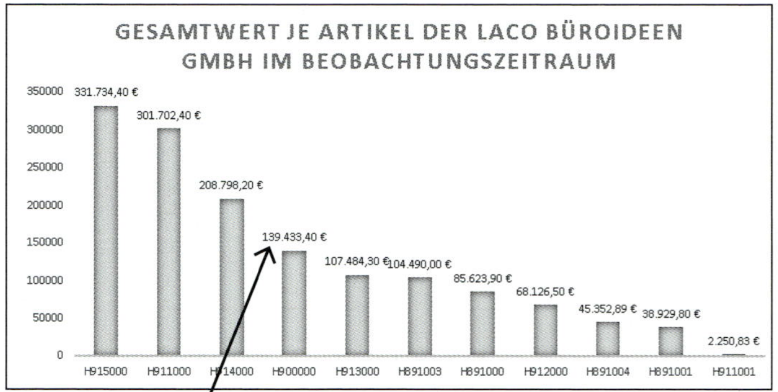

Tipp

Achten Sie auf eine sinnvolle Überschrift für Ihr Diagramm. Denken Sie daran, sich bei der Gestaltung streng an dem Muster zu orientieren.

Die Datenbeschriftungen über den Säulen sind mit einem €-Zeichen versehen. Dies können Sie wie folgt einsetzen: Register *Diagrammelement hinzufügen – Datenbeschriftungen – weitere Datenbeschriftungen …*

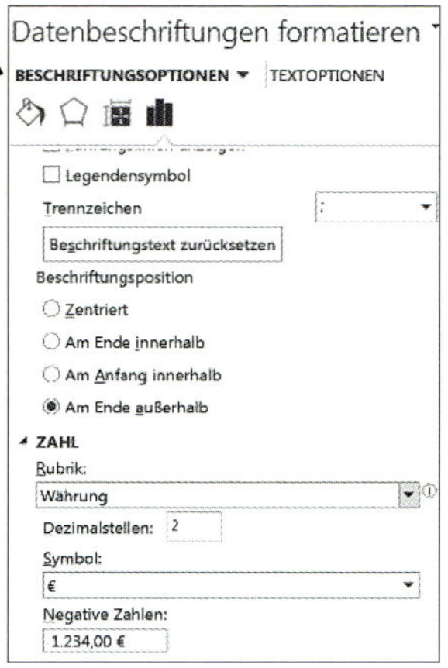

Hinweis

Maßnahmen, um Kosten bei den A-Gütern zu senken:
Rabatte aushandeln, um die Bezugskosten zu senken.
Durchschnittliche Lagerbestände reduzieren, um die Lagerkosten (oder die Kapitalbindungskosten) zu senken.
Transportkosten reduzieren, um die Bezugskosten zu senken. Beschaffung der Ware „Just-in-time", um die Lagerkosten (oder die Kapitalbindungskosten) zu senken.

	E	F	G	H
1				
2				
3				
4				
5				
6				
7	Wert in €	Anteil am Gesamtwert in %	Rang	ABC-Analyse
8	=C8*D8	=E8*100/$E$19	=RANG(F8;$F$8:$F$18;0)	=WENN(F8>=$B$3;$A$3;WENN(F8>=$B$4;$A$4;$A$5))
9	=C9*D9	=E9*100/$E$19	=RANG(F9;$F$8:$F$18;0)	=WENN(F9>=$B$3;$A$3;WENN(F9>=$B$4;$A$4;$A$5))
10	=C10*D10	=E10*100/$E$19	=RANG(F10;$F$8:$F$18;0)	=WENN(F10>=$B$3;$A$3;WENN(F10>=$B$4;$A$4;$A$5))
11	=C11*D11	=E11*100/$E$19	=RANG(F11;$F$8:$F$18;0)	=WENN(F11>=$B$3;$A$3;WENN(F11>=$B$4;$A$4;$A$5))
12	=C12*D12	=E12*100/$E$19	=RANG(F12;$F$8:$F$18;0)	=WENN(F12>=$B$3;$A$3;WENN(F12>=$B$4;$A$4;$A$5))
13	=C13*D13	=E13*100/$E$19	=RANG(F13;$F$8:$F$18;0)	=WENN(F13>=$B$3;$A$3;WENN(F13>=$B$4;$A$4;$A$5))
14	=C14*D14	=E14*100/$E$19	=RANG(F14;$F$8:$F$18;0)	=WENN(F14>=$B$3;$A$3;WENN(F14>=$B$4;$A$4;$A$5))
15	=C15*D15	=E15*100/$E$19	=RANG(F15;$F$8:$F$18;0)	=WENN(F15>=$B$3;$A$3;WENN(F15>=$B$4;$A$4;$A$5))
16	=C16*D16	=E16*100/$E$19	=RANG(F16;$F$8:$F$18;0)	=WENN(F16>=$B$3;$A$3;WENN(F16>=$B$4;$A$4;$A$5))
17	=C17*D17	=E17*100/$E$19	=RANG(F17;$F$8:$F$18;0)	=WENN(F17>=$B$3;$A$3;WENN(F17>=$B$4;$A$4;$A$5))
18	=C18*D18	=E18*100/$E$19	=RANG(F18;$F$8:$F$18;0)	=WENN(F18>=$B$3;$A$3;WENN(F18>=$B$4;$A$4;$A$5))
19	=SUMME(B8:E18)	=SUMME(F8:F18)		

Aufgabe 1: Aufgaben zur Stofferschließung

1. Aufgabe

Situation
Frau Weiß, Abteilungsleitern für den Einkauf, und der Lagerleiter Hans Wessels diskutieren die Bestellmenge der Trennwände „Basismodul XL". Frau Weiß möchte ein günstiges Angebot des Lieferanten ausnutzen und den jährlichen Bedarf von 3 000 Stück zum Beginn des Jahres bestellen. Herr Wessels weist darauf hin, dass die Kosten für die Lagerung der Trennwände, vor allem die Kapitalbindungskosten, dabei viel zu hoch wären und plädiert dafür, monatlich zu bestellen. Wie sollten sich die beiden einigen?

1.1 Beschreiben Sie den Zielkonflikt, der sich hinter der obigen Situation verbirgt und überlegen Sie, wie dieser Konflikt gelöst werden kann. Beschreiben Sie in diesem Zusammenhang auch, was unter den Bestell- und Lagerkosten zu verstehen ist.

____

____

1.2 Geben Sie für die folgenden Kennzahlen zur Ermittlung der optimalen Bestellmenge die Berechnungsmethoden an.

Kennzahl	Berechnung
Bestellhäufigkeit	
Ø Lagerbestand (Menge)	
Ø Lagerbestand (Wert)	
Bestellkosten	
Lagerhaltungskosten	

1.3 Welche Gründe könnte es geben, dass ein Unternehmen von der optimalen Bestellmenge abweicht?

____

____

1.4 Bestimmen Sie die optimale Bestellmenge mithilfe der folgenden Tabelle. Berücksichtigen Sie dabei die weiteren Informationen.

Die Bestellmengen betragen 250 Stück, 300 Stück, 500 Stück, 750 Stück, 1 000 Stück, 1 500 Stück oder 3 000 Stück. Pro Bestellung fallen Kosten in Höhe von 376,00 € an. Der Lagerhaltungskostensatz beträgt 11 %, Bezugspreis 98,00 € je Stück.

Bestell-menge	Bestell-häufigkeit	Ø Lager-bestand in €	Lagerhaltungs-kosten in €	Bestellkosten in €	Gesamt-kosten in €
Optimale Bestellmenge			Optimale Bestellhäufigkeit		

1.5 Ergänzen Sie das folgende Diagramm mit den entsprechenden fehlenden Begriffen.

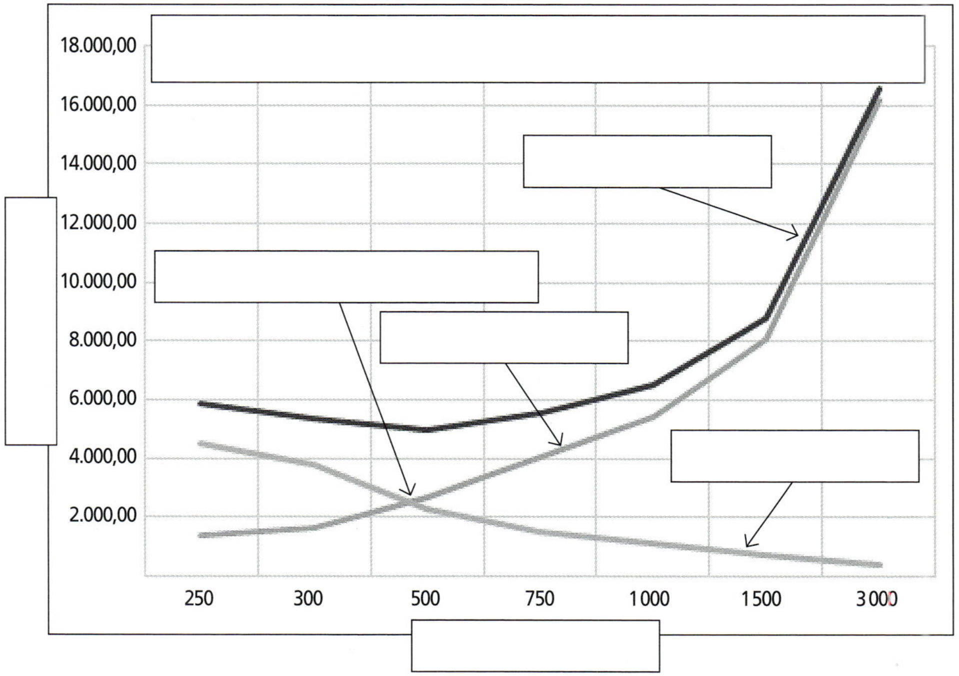

Erläuterungen und Lösungen

1. Aufgabe

1.1 Frau Weiß möchte eine hohe Bestellmenge wählen, um ein günstiges Angebot auszunutzen und niedrige Bestellkosten zu erreichen. Herr Wessels hingegen hat die Lagerkosten im Blick, die in diesem Fall hoch wären, und plädiert dafür geringe Mengen zu bestellen, dafür aber öfter. So könnten niedrige Lagerkosten erreicht werden. Allerdings würden hierbei die Bestellkosten steigen.
Zu den **Bestellkosten** zählen alle Kosten der Bestellabwicklung von der Bestellvorbereitung bis zum Bestelleingang.
Zu den **Lagerkosten** zählen u. a. die Kosten für die Lagerräume, das in den eingelagerten Gütern gebundene Kapital, die Personalkosten und die Kosten des Lagerrisikos.

1.2 Die **optimale Bestellmenge** ist die Menge, ab der die Summe aus Lagerkosten und Bestellkosten ihr Minimum erreicht.
Kennzahlen zur Berechnung der optimalen Bestellmenge:

Kennzahl	Berechnung
Bestellhäufigkeit	Jahresbedarf/Bestellmenge
Ø Lagerbestand (Menge)	Bestellmenge/2
Ø Lagerbestand (Wert)	Ø Lagerbestand (Menge) x Einstandspreis in €
Bestellkosten	Bestellhäufigkeit x Kosten pro Bestellung
Lagerhaltungskosten	Ø Lagerbestand (Wert) x Lagerhaltungskostensatz

1.3 Bei der Ermittlung der optimalen Bestellmenge geht man von nicht unbedingt realitätsnahen Modellannahmen aus. Hierzu zählen u. a. ein bekannter und konstanter Jahresbedarf, gleichbleibende Einstandspreise, ein linearer Verlauf der Lagerkosten und ein gleichmäßiger Lagerabgang.

Gründe für das Abweichen von der optimalen Bestellmenge:

- Keine ausreichende Lagerkapazität für die optimale Bestellmenge.
- Es handelt sich um verderbliche Ware (Lebensmittel) oder Ware, die sehr trendabhängig ist.
- Der Lieferant kann die optimale Bestellmenge nicht liefern.
- Fehlende finanzielle Mittel.

1.4 Bestimmung der optimalen Bestellmenge:

Bestell-menge	Bestell-häufigkeit	Ø Lager-bestand in €	Lagerhaltungs-kosten in €	Bestellkosten in €	Gesamt-kosten in €
250	12	12.250,00	1.347,50	4.512,00	5.859,50
300	10	14.700,00	1.617,00	3.760,00	5.377,00
500	**6**	**24.500,00**	**2.695,00**	**2.256,00**	**4.951,00**
750	4	36.750,00	4.042,50	1.504,00	5.546,50
1 000	3	49.000,00	5.390,00	1.128,00	6.518,00
1 500	2	73.500,00	8.085,00	752,00	8.837,00
3 000	1	147.000,00	16.170,00	376,00	16.546,00
Optimale Bestellmenge		500	Optimale Bestellhäufigkeit		6

1.5

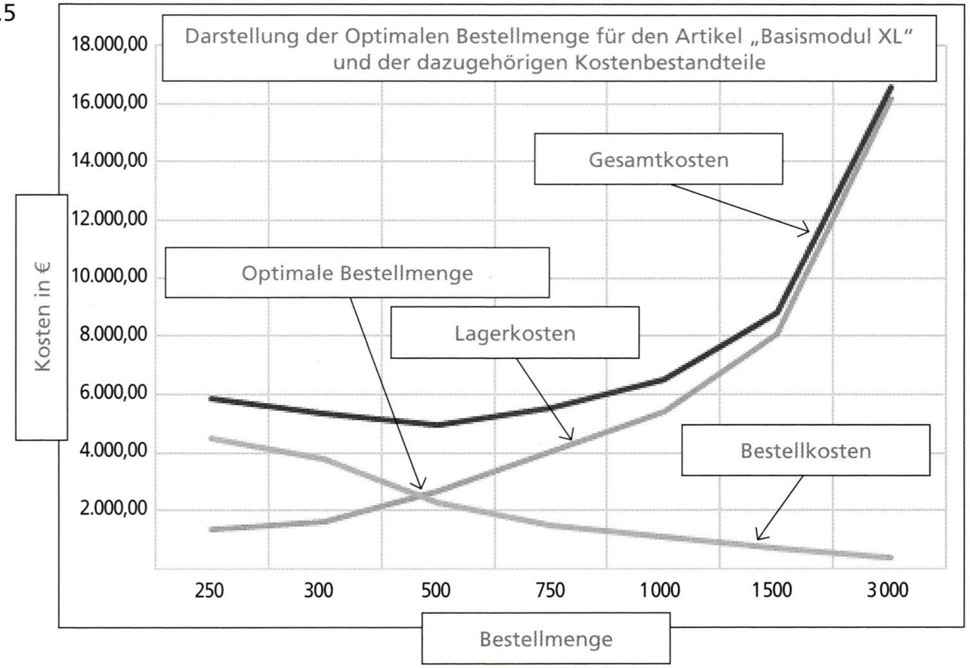

2. Anwendungsaufgabe: Die optimale Bestellmenge ermitteln

Sie sind Auszubildende/Auszubildender der
Laco Büroideen GmbH, Hohenstaufenring 112 – 116, 50674 Köln.
Telefonisch sind Sie erreichbar unter der Nummer 0221 823498, Durchwahl 126.
Ihre E-Mail-Adresse lautet: vorname.nachname@laco-bueroideen.com.

Sie benötigen die folgende Datei aus der Datensammlung:
Artikel_Laco.xlsx

Corporate-Design-Anweisungen:
- Angepasst auf eine Seite
- Schriftart Arial, Schriftgröße 11
- Überschriften zentriert, in Fettschrift, Schriftgröße 12
- Zahlendarstellungen mit Tausender-Trennzeichen; ohne Dezimalstellen
- Prozentsätze mit zwei Dezimalstellen
- Diagramm mit voreingestellter Schriftart; Diagrammtitel in Schriftgröße 14

Die Datei ist in der Fußzeile mit Ihrem Namen im rechten Abschnitt zu formatieren.

Einstiegsszenario:
Sie sind im Einkauf der Laco Büroideen GmbH eingesetzt. Die Lagerkosten sind im letzten Jahr stark gestiegen und es wird darüber nachgedacht, die Lagermengen zu senken. Deshalb ruft die Abteilungsleiterin Frau Weiß Sie an:

Sie: Guten Tag, Frau Weiß.

Frau Weiß: Wie Sie wissen, sollen wir verstärkt Lagerkosten einsparen. Allerdings darf dies nicht zu sehr zu Lasten der Bezugskosten bzw. Bestellkosten gehen. Um die optimale Bestellmenge zu herauszufinden, möchte ich jedoch nicht die Werte für jeden Artikel mit dem Taschenrechner ermitteln. Bitte entwerfen Sie eine Excel-Tabelle, um dies zu vereinfachen. Testen Sie Ihre Tabelle bitte mit dem Artikel H891003. Zusätzlich hätte ich gerne eine grafische Darstellung.

Sie: Okay.

Beachten Sie die Rechtschreibung, den Ausdruck und die Zeichensetzung.
Formulieren Sie in vollständigen Sätzen. Gestalten Sie Ihre Ergebnisse übersichtlich.

Öffnen Sie die Datei „Artikel_Laco" und speichern Sie diese unter „AA 10.2.2" und Ihrem Vor- und Nachnamen.

2.1 Vervollständigen Sie das Tabellenblatt „Bestellmenge" gemäß Anlage 1.

2.2 Ermitteln Sie im oberen Tabellenteil (Zellen A2 bis C6) mit Funktionen die Artikelbezeichnung und den Jahresbedarf in Stück. Beziehen Sie sich dabei auf das Tabellenblatt „Artikel".

2.3 Ermitteln Sie im unteren Tabellenteil (Zellen A8 bis G18) die Bestellmenge in Abhängigkeit von der Anzahl der Bestellungen.

2.4 Berechnen Sie die Bezugskosten in Abhängigkeit von der Anzahl der Bestellungen.

2.5 Ermitteln Sie den durchschnittlichen Lagerbestand sowie die Lagerhaltungskosten in Abhängigkeit von der Anzahl der Bestellungen.

2.6 Ermitteln Sie die jeweiligen Gesamtkosten.

2.7 Prüfen Sie mithilfe einer Funktion, ob es sich bei der jeweiligen Bestellmenge um die optimale Bestellmenge handelt. In diesem Fall soll ein „X" erscheinen, sonst bleibt die Zelle leer.

2.8 Fügen Sie ein Liniendiagramm ein, das die einzelnen Kostenarten verdeutlicht. Gestalten Sie das Diagramm nach dem Muster in Anlage 2.

Anlage 1:

	A	B	C	D	E	F	G
1							
2	Artikelnummer		H891003				
3	Artikelbezeichnung:						
4	Jahresbedarf in Stück:						
5	Bezugskosten je Bestellung:		36,00				
6	Lagerhaltungskosten je Stück:		0,29				
7							
8	Anzahl der Bestellungen	Bestellmenge	Bezugs-kosten in €	Ø Lager-bestand	Lagerhaltungs-kosten gesamt in €	Gesamt-kosten in €	Optimale Bestell-menge
9	1						
10	2						
11	3						
12	4						
13	5						
14	6						
15	7						
16	8						
17	9						
18	10						

Anlage 2:

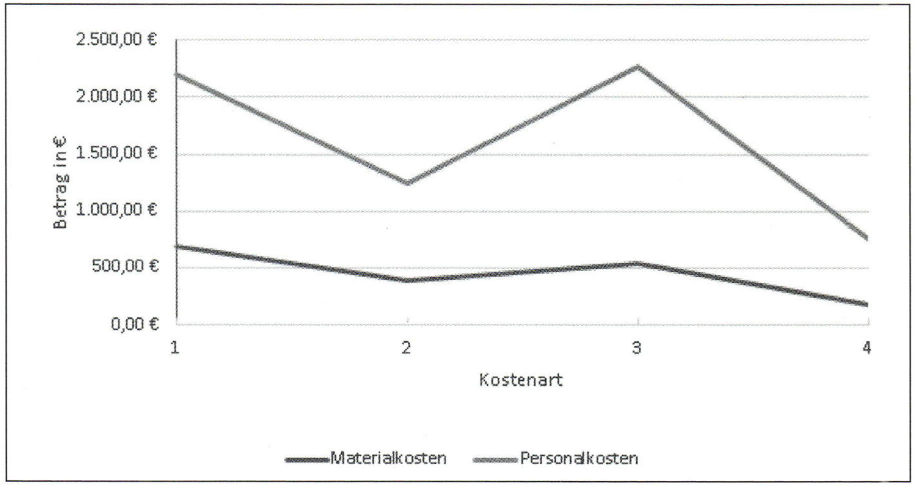

Erläuterungen und Lösungen

2. Aufgabe

Vergleichen Sie Ihr Ergebnis mit der nachfolgenden Lösung sowie der Lösungsdatei. Web

Tabellenblatt „Lösung":

	A	B	C	D	E	F	G
1							
2	Artikelnummer		H891003				
3	Artikelbezeichnung:		Kopierpapier Vision weiß, 500 Blatt, A4, 80 g/m2				
4	Jahresbedarf in Stück:		12.900				
5	Bezugskosten je Bestellung:		36,00				
6	Lagerhaltungskosten je Stück:		0,29				
7							
8	Anzahl der Bestellungen	Bestellmenge	Bezugs-kosten in €	Ø Lager-bestand	Lagerhaltungs-kosten gesamt in €	Gesamt-kosten in €	Optimale Bestell-menge
9	1	12.900	36,00	6.450	1.870,50	1.906,50	
10	2	6.450	72,00	3.225	935,25	1.007,25	
11	3	4.300	108,00	2.150	623,50	731,50	
12	4	3.225	144,00	1.613	467,63	611,63	
13	5	2.580	180,00	1.290	374,10	554,10	
14	6	2.150	216,00	1.075	311,75	527,75	
15	7	1.843	252,00	921	267,21	519,21	X
16	8	1.613	288,00	806	233,81	521,81	
17	9	1.433	324,00	717	207,83	531,83	
18	10	1.290	360,00	645	187,05	547,05	

Um das Zeichen für Durchschnitt (Ø) einzufügen, gehen Sie auf das Register Einfügen – Symbol und fügen Sie das gewünschte Symbol ein.

Tabellenblatt „Formelansicht":

	A	B	C	D	E	F	G
1							
2	Artikelnummer		H891003				
3	Artikelbezeichnung:		=SVERWEIS(C2;Artikel!A2:D42;2;0)				
4	Jahresbedarf in Stück:		=SVERWEIS(C2;Artikel!A2:D42;4;0)				
5	Bezugskosten je Bestellung:		36				
6	Lagerhaltungskosten je Stück:		0,29				
7							
8	Anzahl der Bestellungen	Bestellmenge	Bezugskosten in €	Ø Lager-bestand	Lagerhaltungs-kosten gesamt in €	Gesamt-kosten in €	Optimale Bestellmenge
9	1	=$C$4/A9	=A9*$C$5	=B9/2	=D9*$C$6	=C9+E9	=WENN(F9=MIN($F$9:$F$18);"X";"")
10	2	=$C$4/A10	=A10*$C$5	=B10/2	=D10*$C$6	=C10+E10	=WENN(F10=MIN($F$9:$F$18);"X";"")
11	3	=$C$4/A11	=A11*$C$5	=B11/2	=D11*$C$6	=C11+E11	=WENN(F11=MIN($F$9:$F$18);"X";"")
12	4	=$C$4/A12	=A12*$C$5	=B12/2	=D12*$C$6	=C12+E12	=WENN(F12=MIN($F$9:$F$18);"X";"")
13	5	=$C$4/A13	=A13*$C$5	=B13/2	=D13*$C$6	=C13+E13	=WENN(F13=MIN($F$9:$F$18);"X";"")
14	6	=$C$4/A14	=A14*$C$5	=B14/2	=D14*$C$6	=C14+E14	=WENN(F14=MIN($F$9:$F$18);"X";"")
15	7	=$C$4/A15	=A15*$C$5	=B15/2	=D15*$C$6	=C15+E15	=WENN(F15=MIN($F$9:$F$18);"X";"")
16	8	=$C$4/A16	=A16*$C$5	=B16/2	=D16*$C$6	=C16+E16	=WENN(F16=MIN($F$9:$F$18);"X";"")
17	9	=$C$4/A17	=A17*$C$5	=B17/2	=D17*$C$6	=C17+E17	=WENN(F17=MIN($F$9:$F$18);"X";"")
18	10	=$C$4/A18	=A18*$C$5	=B18/2	=D18*$C$6	=C18+E18	=WENN(F18=MIN($F$9:$F$18);"X";"")

Hinweis

Denken Sie daran, dass Text in Formeln immer in Anführungszeichen gesetzt wird, wie Sie z. B. in Zelle G9 sehen können.

Tabellenblatt „Lösung", Diagramm:

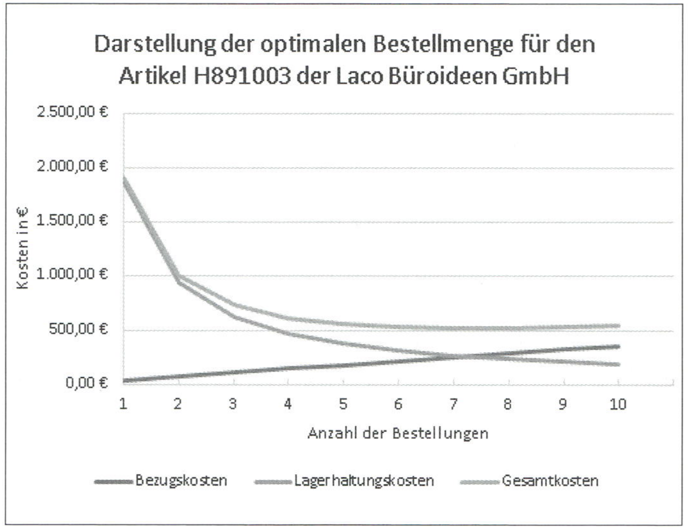

Hinweis

Prüfen Sie, ob Sie die folgenden Punkte beachtet haben:

- *passende und aussagekräftige Überschrift*
- *Achsentitel vorhanden, vertikale Achsenbeschriftung in € formatiert*
- *vertikale Hauptachse vorhanden, Teilstriche auf der horizontalen Achse*
- *Legendenbeschriftung ohne „in EUR"*

Ihr Diagramm sollte aussehen, wie in der obigen Abbildung. Sollten Sie Probleme haben, die Legendenbeschriftung wie abgebildet abzuändern, gehen Sie wie folgt vor:

Register *Entwurf – Daten auswählen* – linke Spalte: *Legendeneinträge – Bearbeiten*, dann erscheint ein neues Dialogfenster, in dem Sie den Reihennamen eingeben können.

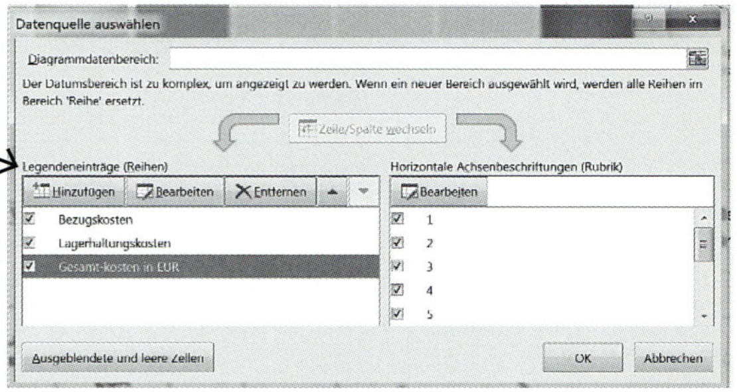

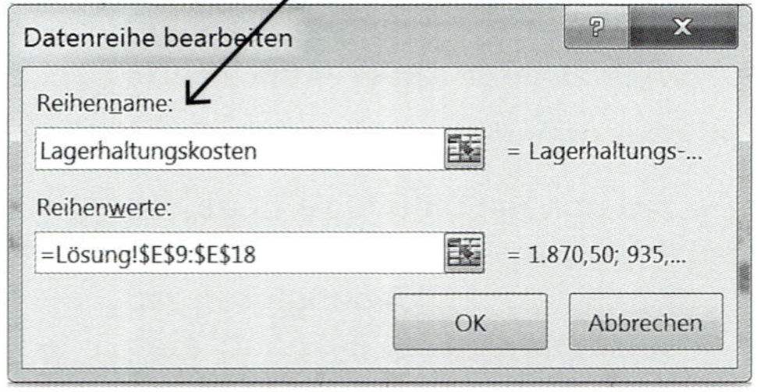

Aufgabe 1 bis 2: Aufgaben zur Stofferschließung

1. Aufgabe

Situation
Die Laco Büroideen GmbH überlegt den Lieferanten für Kopierpapier zu wechseln und möchte sich einen Überblick über mögliche Alternativen verschaffen.

1.1 Nennen Sie mögliche Kriterien für die Auswahl von Lieferanten.

1.2 Unterscheiden Sie interne und externe Bezugsquellen.

Bezugsquellen

Interne Bezugsquellen	Externe Bezugsquellen
•	•
•	•
•	•

1.3 Wann sind interne Bezugsquellen nicht geeignet?

1.4 Geben Sie einen Überblick über die Vor- und Nachteile der folgenden Bezugsquellen.

Bezugsquelle	Vorteil	Nachteil
Fachmessen/ Ausstellungen		
Internet		
Branchen-verzeichnis		

2. Aufgabe

Situation
Die Bezugsquellenermittlung hat verschiedene interne und externe Lieferanten ermittelt, die für die Lieferung des Kopierpapiers in Frage kämen.Um diese genauer zu prüfen, sollen Anfragen an die Unternehmen geschickt werden.

2.1 Füllen Sie die folgende Erläuterung des Begriffs Anfrage aus.

Definition	
Form	
rechtliche Einordnung	

2.2 Unterscheiden Sie die beiden Arten der Anfrage und geben Sie Beispiele.

Arten der Anfrage

Unbestimmte Anfrage	Bestimmte Anfrage

2.3 Welche Inhalte sollte eine Anfrage enthalten?

•
•
•
•

Erläuterungen und Lösungen

1. Aufgabe

1.1 Kriterien für die Auswahl von Lieferanten:
- Einkaufspreis und Rabatte
- Zuverlässigkeit
- Service und Garantie
- Qualität der Ware
- Lieferungs- und Zahlungsbedingungen
- räumliche Nähe

1.2 Interne und externe Bezugsquellen.

Bezugsquellen

Interne Bezugsquellen
- Artikeldatei
- Lieferantendatei
- interne Bezugsquellendatei

Externe Bezugsquellen
- Messen, Ausstellungen
- Vertreterbesuche
- Gespräche mit Lieferanten
- Fachzeitschriften
- Industrie- und Handelskammern, Handwerkskammern
- Wirtschaftsberichte
- Suchmaschinen
- Branchenbücher

1.3 Interne Bezugsquellen sind nicht geeignet, wenn man neue Güter beschaffen will, für die noch kein möglicher Lieferant erfasst ist.

1.4 Vor- und Nachteile der verschiedenen Bezugsquellen.

Bezugsquelle	Vorteil	Nachteil
Fachmessen/ Ausstellungen	Gute Möglichkeit, um in kurzer Zeit mit einer Vielzahl von potentiellen Lieferanten Kontakt aufzunehmen. Auch ist es möglich, einen direkten Eindruck von der Beschaffenheit der Ware zu erhalten.	Sie finden zwar regelmäßig aber nicht so häufig statt. Auch sind die Kosten für Eintritt, Anreise und ggf. Übernachtung relativ hoch.
Internet	Das Internet ist ohne zeitliche Einschränkungen verfügbar und bietet eine gute Handhabung bei der Recherche. Weiterhin sind die Kosten sehr gering.	Die Qualität der Informationen ist sehr unterschiedlich. Es kann kein direkter Eindruck von der Beschaffenheit der Ware gewonnen werden.
Branchen-verzeichnis	Gute Recherchemöglichkeiten anhand alphabetischer Register.	Es muss stark auf die Aktualität geachtet werden. Häufig werden lediglich Kontaktinformationen bereitgestellt.

2. Aufgabe

2.1 Anfrage:

Definition	Eine Aufforderung zur Abgabe eines Angebots.
Form	Sie bedarf keiner bestimmten Form.
rechtliche Einordnung	Sie ist rechtlich unverbindlich.

2.2 **Arten der Anfrage**

Unbestimmte Anfrage
Fordert allgemeine Informationen an, wie z. B. Preislisten oder Informationsmaterial

Bestimmte Anfrage
Enthält genaue Vorstellungen, Wünsche und bezieht sich i. d. R. auf ein bestimmtes Erzeugnis

2.3 Inhalte einer Anfrage:
- Artikelname, Artikelbeschreibung
- Art und Beschaffenheit der Ware
- gewünschtes Lieferdatum
- gewünschte Menge

3. Anwendungsaufgabe: Anfrage schreiben unter Nutzung der Serienbrieffunktion

Sie sind Auszubildende/Auszubildender der
Laco Büroideen GmbH, Hohenstaufenring 112 – 116, 50674 Köln.
Telefonisch sind Sie erreichbar unter der Nummer 0221 823498, Durchwahl 126.
E-Mail-Adressen werden im Unternehmen wie folgt gebildet:
vorname.nachname@laco-bueroideen.com. Sie haben Artvollmacht.

Sie benötigen die folgende Datei aus der Datensammlung: Web
Geschaeftsbriefvorlage_separate_Ruecksendeanschrift.docx

Corporate-Design-Anweisungen:
- Schriftart Arial, Schriftgröße 11
- Überschriften zentriert, in Fettschrift, Schriftgröße 14

Die Datei ist in der Fußzeile mit Ihrem Namen rechtsbündig zu formatieren.

Einstiegsszenario:
Die Laco Büroideen GmbH möchte Presenter in ihr Handelswarenprogramm aufnehmen und sucht einen geeigneten Lieferanten hierfür. Frau Santos, zuständige Sachbearbeiterin, spricht Sie am 02.01.20.. an.

Frau Santos: Guten Tag.

Sie: Guten Tag, Frau Santos.

Frau Santos: Ich habe eine Bitte an Sie. Ich möchte mir einen Überblick über die Anbieter an Presentern und deren Preise verschaffen, um bei der nächsten Abteilungsbesprechung einen Lieferanten empfehlen zu können.
Ich habe bereits Adressen von möglichen Lieferanten herausgesucht.
Bitte erstellen Sie doch die Anfragen hierfür.

Sie: Ja, gerne. Haben Sie genauere Vorstellungen bezüglich des Presenters?

Frau Santos: Ja, natürlich. Es soll ein hochwertiger kabelloser Presenter mit grünem oder rotem Laserpointer inklusive Aufbewahrungstasche sein. Die Mindestreichweite sollte bei 30 Metern liegen. Weiterhin sollte er ein LCD-Display mit Timer und eventuell einen Vibrationsalarm haben. Für den Fall, dass der Lieferant ein Gerät mit diesen Spezifikationen nicht im Sortiment hat, soll er ein Angebot für ein alternatives Gerät zusenden.
Wichtig wäre noch zu wissen, ob der Lieferant uns eine Liefermenge von 250 Stück bis Ende des Monats liefern kann, da wir die Ware bis dahin vorrätig haben müssen. Die Liste mit den anzuschreibenden Lieferanten lasse ich Ihnen zukommen. Nutzen Sie bitte die Serienbrieffunktion von Word.

Beachten Sie die Rechtschreibung, den Ausdruck und die Zeichensetzung.
Formulieren Sie in vollständigen Sätzen. Gestalten Sie Ihre Ergebnisse übersichtlich.
Wenden Sie die Regeln der DIN 5008 an.

3.1 Erstellen Sie anhand der Informationen aus Anlage 1 eine geeignete Datenquelle für den Serienbrief und speichern Sie diese unter „AA 10.3.3_Datenquelle" und Ihrem Vor- und Nachnamen.

3.2 Öffnen Sie die Datei „Geschäftsbriefvorlage Laco GmbH mit integrierter Rücksendeangabe" und speichern Sie diese unter „AA 10.3.3_Hauptdokument" und Ihrem Vor- und Nachnamen.

3.2.1 Gestalten Sie das Seriendruck-Hauptdokument entsprechend der Angaben aus dem Einstiegsszenario und fügen Sie an den entsprechenden Stellen Seriendruckfelder ein.

3.2.2 Führen Sie die Datenquelle und das Hauptdokument zusammen und speichern Sie Datei unter dem Namen „AA 10.3.3_Serienbrief".

3.3 Drucken Sie das Serienbriefhauptdokument sowohl mit als auch ohne Feldfunktionen aus.

Anlage 1:

Firma	Straße und Hausnummer	PLZ und Ort	Ansprechpartner
Augst International OHG	Kassenberg 12	45481 Mülheim an der Ruhr	Frau Weinert
Tech-Fit KG	Teichstr. 15	45127 Essen	Herr Bay
Albert Götz GmbH	Landgrafenstr. 176	50931 Köln	Herr Götz
Technik Logo AG	Hans-Sachs-Str. 21	40721 Hilden	Frau Tschille
Computer & Co. OHG	Büchel 135 – 137	41460 Neuss	Herr Lopez
Reuter GmbH & Co. KG	Oberkasseler Str. 100	40545 Düsseldorf	Herr Konstantinidis

Erläuterungen und Lösungen

3. Aufgabe

Vergleichen Sie Ihr Ergebnis mit der nachfolgenden Lösung sowie den Lösungsdateien. Web

3.1 Datenquelle:
Beachten Sie beim Erstellen der Datenquelle, dass sie eine extra Spalte für die Anrede benötigen, da die Anrede im Anschriftenfeld im Akkusativ steht und Sie deshalb bei Männern die Anrede Herrn (mit einem „n“) wählen müssen.

Firma	Straße und Hausnummer	PLZ und Ort	Anrede	Ansprech-partner
Augst International OHG	Kassenberg 12	45481 Mülheim an der Ruhr	Frau	Weinert
Tech-Fit KG	Teichstr. 15	45127 Essen	Herr	Bay
Albert Götz GmbH	Landgrafenstr. 176	50931 Köln	Herr	Götz
Technik Logo AG	Hans-Sachs-Str. 21	40721 Hilden	Frau	Tschille
Computer & Co. OHG	Büchel 135 – 137	41460 Neuss	Herr	Lopez
Reuter GmbH & Co. KG	Oberkasseler Str. 100	40545 Düssel-dorf	Herr	Konstantinidis

3.2 Seriendruck-Hauptdokument und Serienbrief

Anschriftenfeld:

¶
¶
¶
¶
Laco Büroideen GmbH ✦ Hohenstaufenring 112 – 116 ✦ 50674 Köln

«Firma»
Herrn «Ansprechpartner»
«Straße_und_Hausnummer»
«PLZ_und_Ort»
¶

Hinweis

Bei einem Anschriftenfeld mit integrierter Rücksendeangabe müssen Sie daran denken, die Absenderangaben ohne Leerzeile über den Empfängerangaben einzugeben.

Hinweis

Die Anrede müssen Sie mithilfe einer Wenn-Bedingung eingeben. Diese sieht als Feldfunktion wie folgt aus: {IF{MERGEFIELD Anrede}="Herr""Herrn""Frau"}

Informationsblock:

Ihr Zeichen:
Ihre Nachricht vom:
Unser Zeichen: [Kürzel des Schülers]
Unsere Nachricht vom:
¶
Name: [Name des Schülers]
Telefon: 0221 823498-126
Telefax: 0221 823498-10
E-Mail: vorname.name@laco-bueroideen.com
¶
Datum: 02.01.20..

Tipp

Haben Sie vergessen, wie Sie einen Serienbrief mit den Serienbrieffeldern und der Wenn-Bedingung gestalten? Wiederholen Sie das Kapitel „Serienbriefe professionell erstellen“.

Brieftext:

¶
¶
Anfrage kabelloser Presenter
¶
¶
Sehr geehrter «Anrede» «Ansprechpartner»,
¶
wir möchten gerne Presenter in unser Sortiment aufnehmen und möchten Sie bitten, uns ein Angebot über einen Presenter mit den folgenden Eigenschaften zuzusenden:
¶
- hochwertiger schnurloser Presenter mit grünem oder rotem Laserpointer
- Aufbewahrungstasche
- Mindestreichweite 30 Meter
- LCD-Display mit Timer und ggf. Vibrationsalarm

Sollten Sie ein Gerät mit diesen Spezifikationen nicht in Ihrem Sortiment haben, senden Sie uns bitte ein Angebot über ein alternatives Gerät und informieren Sie uns auch über Ihre Lieferungs- und Zahlungsbedingungen.
¶
Teilen Sie uns auch mit, ob Sie bis Ende des Monats 250 Presenter liefern könnten.
¶
Für Rückfragen stehen wir Ihnen jederzeit gerne zur Verfügung.
¶
Mit freundlichem Gruß
¶
Laco Büroideen GmbH
¶
¶
¶
i. A. [Name des Schülers]

Je nachdem, ob es sich um eine Frau oder einen Mann handelt, muss das Wort geehrte/geehrter eingesetzt werden. Dies erreichen Sie wieder mit einer Wenn-Bedingung, die als Feldfunktion folgendermaßen aussieht: {IF{MERGEFIELD Anrede}="Herr""geehrter""geehrte"}

Bei Einrückung müssen die Aufzählungszeichen bei 2,5 cm beginnen. Der hängende Sondereinzug liegt bei 0,63.

Tipp

Überprüfen Sie, ob wirklich der gesamte Text (auch die Seriendruckfelder!) in Arial, Schriftgröße 11 angezeigt wird.

Aufgabe 1 bis 6: Aufgaben zur Stofferschließung

1. Aufgabe

Situation
Auf Ihre Anfragen bezüglich des Kopierpapiers an diverse Unternehmen sind drei Angebote eingetroffen. Der Auszubildende Jannis Merk hat am Morgen in der Zeitung die folgende Anzeige gefunden und fügt sie zu den Angeboten hinzu.

1.1 Handelt es sich bei der Anzeige aus der Zeitung um ein Angebot? Begründen Sie Ihre Antwort.

1.2 Bestimmen Sie in dem unten stehenden Angebot der Papierfabrik KG die Inhalte eines Angebots.

wir danken Ihnen für Ihre Anfrage und bieten Ihnen das gewünschte Produkt wie folgt an:

Kopierpapier DIN A4 weiß, 80h/qm, holzfrei, 500 Blatt

zu einem Preis von 4,55 €/Paket zuzüglich 19 Umsatzsteuer.

Ab einer Abnahmemenge von 500 Paketen gewähren wir einen Rabatt von 12 %.
Die Preise verstehen sich frei Haus.

Die Lieferzeit dieser Artikel beträgt zurzeit 7 Werktage nach Eingang der Bestellung.

Bei Zahlung innerhalb von 14 Tagen nach Rechnungsdatum erhalten Sie 2 % Skonto.

Gerne erwarten wir Ihre Bestellung und sind sicher, dass Sie mit unserer Lieferung zufrieden sein werden.

1.3 Welche Inhalte sollte das Angebot unbedingt noch enthalten?

1.4 Welche gesetzlichen Bestimmungen gelten, wenn diese im Angebot fehlen? Ergänzen Sie die Tabelle.

Inhalt des Angebots	Gesetzliche Regelung
Art, Güte und Beschaffenheit der Ware	
Verpackung	
Beförderungskosten	
Zahlungsbedingungen	
Lieferzeit	
Erfüllungsort	
Gerichtsstand	

2. Aufgabe

Situation
Jannis Merk wird gebeten den günstigsten Lieferanten für das Kopierpapier herauszusuchen. Ihm liegen, neben dem Angebot der Papierfabrik KG, die nachstehenden zwei Angebote vor.

Papier & Co OHG

[…] vielen Dank für Ihre Anfrage. Wir können Ihnen das Kopierpapier DIN A4 weiß, 80 g/qm, 500 Blatt zu einem Preis von 4,30 €/Paket zuzüglich Umsatzsteuer anbieten.

Die Lieferung erfolgt mit eigenem Lkw. Für die Anlieferung berechnen wir eine Transportkostenpauschale von 50,00 € je Lieferung.

Wir bitten um Ihre Zahlung 21 Tage ab Rechnungsdatum. Bei Zahlung innerhalb von 5 Tagen gewähren wir 1 % Skonto. […]

Hames GmbH

[…] vielen Dank für Ihre Anfrage. Gerne bieten wir Ihnen das entsprechende Produkt wie folgt an:

Kopierpapier DIN A4 holzfrei, weiß 80g/qm, 500 Blatt, 4,90 €/Paket zuzüglich 19 % Umsatzsteuer

Als langjähriger Kunde gewähren wir Ihnen einen Stammkundenrabatt von 20 %. Die Preise verstehen sich frei Haus.

Wie immer liefern wir 4 Arbeitstage nach Eingang der Bestellung.

Bei Zahlung innerhalb von 14 Tagen nach Rechnungsdatum erhalten Sie 3 % Skonto. Sonst gelten 30 Tage netto. […]

Welche Arten des Angebotsvergleichs werden unterschieden?

Erläuterungen und Lösungen

1. Aufgabe

1.1 Das „Angebot" aus dem Prospekt ist an die Allgemeinheit gerichtet und dient als Aufforderung, einen Antrag zu stellen. Man spricht in diesem Fall von Anpreisung. Weitere Beispiele für Anpreisungen sind z. B. Schaufensterauslagen, Zeitungsinserate und Werbung im Radio oder Fernsehen. Ein **Angebot** ist an eine bestimmte Person oder Personengruppe gerichtet und rechtlich verbindlich.

Gültigkeit von Angeboten **(Bindung an das Angebot)**:
Ein Angebot ist so lange gültig, wie der Lieferant unter verkehrsüblichen Bedingungen eine Antwort erwarten darf. Bei Anwesenden gilt das Angebot für die Dauer des Gesprächs. Dieses kann persönlich oder per Telefon stattfinden. Bei Abwesenden, z. B. Angebot per Brief, muss der Postweg jeweils berücksichtigt werden, sodass in der Regel eine Woche gilt.

1.2 Inhalte des Angebots:

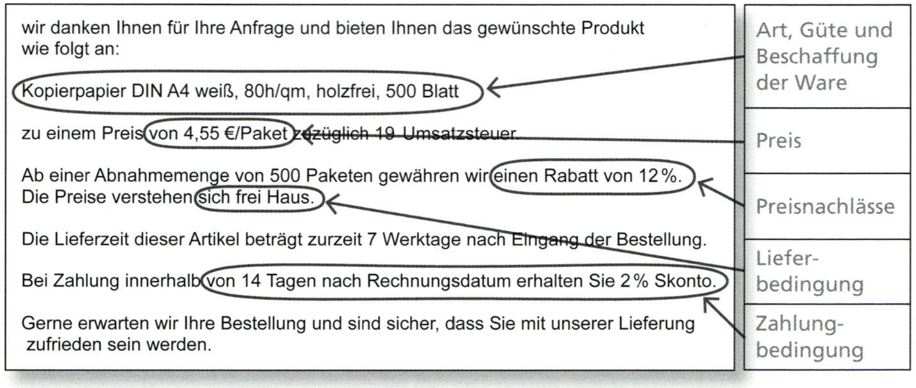

1.3 Weiterhin sollte das Angebot die Menge der Ware enthalten, den Erfüllungsort und den Gerichtsstand. Eventuelle Freizeichnungsklauseln sollten ebenfalls enthalten sein.
Durch Freizeichnungsklauseln wird die Bindung an das Angebot eingeschränkt. Beispiele hierfür wären, Preis freibleibend, Solange der Vorrat reicht, Angebot freibleibend.

1.4 Sind bestimmte Inhalte in einem Angebot nicht näher bestimmt, so gelten die folgenden gesetzlichen Regelungen:

Inhalt des Angebots	Gesetzliche Regelung
Art, Güte und Beschaffenheit der Ware	Es handelt sich um Ware mittlerer Güte (Qualität).
Verpackung	Die Kosten für die Versandverpackung übernimmt der Käufer, die Kosten für die Verkaufsverpackung (z. B. Dose in der der Lack aufbewahrt wird) werden vom Verkäufer getragen.
Beförderungskosten	Die Beförderungskosten leiten sich von der gesetzlichen Regelung des Erfüllungsortes ab. So sind Warenschulden Holschulden und der Erfüllungsort für die Ware ist der Geschäftssitz des Verkäufers. Der Käufer trägt demnach die Kosten des Transports ab dem Erfüllungsort.
Zahlungsbedingungen	Der Verkäufer kann die sofortige Zahlung verlangen.
Lieferzeit	Der Käufer kann die sofortige Lieferung verlangen.
Erfüllungsort	Ware: Geschäftssitz des Verkäufers Zahlung: Ort des Käufers
Gerichtsstand	Der Ort, an dem der Schuldner verklagt werden kann. Ware: Sitz des Verkäufers Zahlung: Gericht des Käufers

2. Aufgabe

Man unterscheidet den quantitativen und den qualitativen Angebotsvergleich. Beim quantitativen Angebotsvergleich werden kostenorientierte Faktoren verglichen, während beim qualitativen Angebotsvergleich Gütekriterien mit einbezogen werden, die nicht in Zahlen ausdrückbar sind.

3. Aufgabe

Situation
Nachdem Jannis Merk ein Schema für den quantitativen Angebotsvergleich entworfen hat, kann er auf übersichtliche Art den günstigsten Lieferanten für das Kopierpapier ermitteln.

3.1 Ermitteln Sie den günstigsten Anbieter für das Kopierpapier aus den Angeboten aus Aufgabenstellung 1 und 2 für eine Bestellmenge von 1 200 Paketen auf Basis der vorgegebenen Tabelle.

Lieferant	Papierfabrik KG		Papier & Co. OHG		Hames GmbH	
Bestellmenge						
Listeneinkaufspreis						
– Rabatt	%		%		%	
= Zieleinkaufspreis						
– Skonto	%		%		%	
= Bareinkaufspreis						
+ Verpackungs- und Versandkosten						
= Bezugspreis gesamt						
= Bezugspreis/Stück						

Entscheidung:	

3.2 Welche Gründe könnte es geben, von der kostengünstigsten Alternative abzuweichen und einen teureren Lieferanten zu wählen?

4. Aufgabe

Situation
Um ein einheitliches Vorgehen beim Einkauf aller Güter sicherzustellen, hat die Laco Büroideen GmbH Beschaffungsrichtlinien erstellt, die verbindliche Regeln zur Beschaffung beinhalten.

4.1 Was sind Beschaffungsrichtlinien und wozu dienen sie?

4.2 Bei der Auswahl von Lieferanten müssen laut Beschaffungsrichtlinien nicht nur Kostengesichtspunkte berücksichtigt werden, sondern auch andere Aspekte.
Ermitteln Sie anhand des Auszugs aus den Beschaffungsrichtlinien der Laco Büroideen GmbH Kriterien, die bei der Lieferantenauswahl ebenfalls berücksichtigt werden müssen.

> […] Die Laco Büroideen GmbH fühlt sich der Idee der Nachhaltigkeit verpflichtet und trägt mit allen Abteilungen dazu bei, mit den natürlichen Ressourcen schonend umzugehen. […]
> Der Einkauf trägt zur Sicherstellung und zum Ausbau der Marktposition der Laco Büroideen GmbH bei durch die Beschaffung von Materialien in moderner Technologie, in bester Qualität und Zuverlässigkeit, mit sehr guter Umweltverträglichkeit, mit größter Lieferzuverlässigkeit und zu wettbewerbsfähigen Preisen. Hierbei ist die Zusammenarbeit mit den Lieferanten langfristig anzulegen und ein besonderes Augenmerk auf ein nachhaltiges Handeln und somit einen schonenden Umgang mit den natürlichen Ressourcen zu legen. […]

-
-
-
-

Erläuterungen und Lösungen

3. Aufgabe

3.1 Quantitativer Angebotsvergleich:

Lieferant	Papierfabrik KG		Papier & Co. OHG		Hames GmbH	
Bestellmenge		1 200 Stück		1 200 Stück		1 200 Stück
Listeneinkaufspreis		5.460,00 €		5.160,00 €		5.880,00 €
– Rabatt	12 %	655,20 €	0 %	0,00 €	20 %	1.176,00 €
= Zieleinkaufspreis		4.804,80 €		5.160,00 €		4.704,00 €
– Skonto	2 %	96,10 €	1 %	51,60 €	3 %	141,12 €
= Bareinkaufspreis		4.708,70 €		5.108,40 €		4.562,88 €
+ Verpackungs- und Versandkosten		0,00 €		50,00 €		0,00 €
= Bezugspreis gesamt		4.708,70 €		5.158,40 €		4.562,88 €
= Bezugspreis/Stück		3,92 €		4,30 €		3,80 €

Entscheidung:	Der preisgünstigste Anbieter ist der Stammlieferant der Laco Büroideen GmbH, die Hames GmbH. Aus rein quantitativer Sicht sollte dieser Lieferant genommen werden.

Tipp

Sie sollten das Kalkulationsschema sowohl für die Prüfung als auch für den Unterricht und für die betriebliche Praxis auswendig beherrschen.

3.2 Gründe von der kostengünstigsten Variante abzuweichen:
- Image und Zuverlässigkeit des potentiellen Lieferanten
- langjährige Zusammenarbeit mit einem bestimmten Lieferanten
- Serviceleistungen, Kundendienst
- Beratungsqualität
- Qualität der Güter
- Bereitstellung weiterer Dienstleistungen
- Berücksichtigung von Umweltschutzvorgaben

4. Aufgabe

4.1 Beschaffungsrichtlinien (Einkaufsrichtlinien) dienen dazu, verbindliche Regeln für die Beschaffung aller Güter eines Unternehmens zu erstellen.
Sie sind nicht nur als Leitlinie für das Management gedacht, sondern für alle Mitarbeiter, die in den einzelnen Unternehmensbereichen mit Beschaffungstätigkeiten befasst sind.
Es sollte bei der Erstellung der Beschaffungsrichtlinien darauf geachtet werden, dass diese nicht zu starr und strikt formuliert sind, sondern einen gewissen Spielraum zulassen. Sie sollte die Unternehmensziele einbinden bzw. sich am Unternehmensleitbild orientieren.
Unternehmen mit Beschaffungsrichtlinien senken in der Regel ihre Beschaffungskosten, sind innovativer und erfolgreicher als die Konkurrenz und haben eine geringere Reklamationsquote.

4.2 Kriterien für die Lieferantenauswahl bei der Laco Büroideen GmbH:
- Berücksichtigung von Umweltschutzvorgaben/Umweltverträglichkeit
- Termintreue/Zuverlässigkeit
- hohe Qualität
- moderne Technologien
- wettbewerbsfähige Preise
- Lieferantentreue

5. Aufgabe

Situation
Anhand der Beschaffungsrichtlinien wurden die folgenden Kriterien für die Lieferantenbeurteilung festgelegt: Bezugspreis, Termintreue, Lieferzeit, Qualität, Umweltbewusstsein und Reklamationsverhalten.

5.1 Informieren Sie sich anhand der Zusatzinformationen und der Angebote über die Lieferanten und tragen Sie die Informationen in die Kriterientabelle ein.

Lieferant	**Hames GmbH**	
Geschäftsbeziehungen	Ja ☒	Nein ☐
Informationen	• Liefertermine wurden fast immer eingehalten • Problemlose Abwicklung von Reklamationen	

Lieferant	**Papierfabrik KG**	
Geschäftsbeziehungen	Ja ☐	Nein ☒
Informationen	• war vor 5 Jahren Lieferant für Kopierpapier • Liefertermine immer eingehalten • langwieriges Reklamationsverfahren	

Papier & Co OHG
- *noch keine Geschäftsbeziehungen*
- *unbekannte Papierqualität*

→ *Nach Aussagen von Geschäftsfreunden: schnelles Verfahren bei Reklamationen, Liefertermine werden nicht immer eingehalten.*

Kriterientabelle

Kriterien	Papierfabrik KG	Papier & Co OHG	Hames GmbH
Preis			
Lieferzeit			
Umweltbewusstsein			
Termintreue			
Reklamationsverhalten			
Qualität			

5.2 Ermitteln Sie mithilfe der Nutzwerttabelle den geeigneten Lieferanten für das Kopierpapier. Nehmen Sie hierfür eigenständig eine Kriteriengewichtung vor und bewerten Sie die Lieferanten. Sie können Punkte von 1 (unzureichend) bis 5 (sehr gut) vergeben.

Nutzwertanalyse

Kriterien	Gewichtung der Kriterien	Papierfabrik KG		Papier & Co OHG		Hames GmbH	
		Bewertung	Gewichtete Punkte	Bewertung	Gewichtete Punkte	Bewertung	Gewichtete Punkte
Preis							
Lieferzeit							
Umweltbewusstsein							
Termintreue							
Reklamationsverhalten							
Qualität							
Gesamt	100						

5.3 Treffen Sie eine Entscheidung für einen geeigneten Lieferanten und begründen Sie diese.

5.4 Gibt es auch Argumente gegen den ausgewählten Lieferanten? Wie kann damit umgegangen werden?

Erläuterungen und Lösungen

5. Aufgabe

5.1 Kriterien für die Lieferantenbeurteilung

Kriterientabelle			
Kriterien	Papierfabrik KG	Papier & Co OHG	Hames GmbH
Preis	Bezugspreis liegt 12 Cent/Stück über dem der Hames GmbH	höchster Bezugspreis (50 Cent/Stück über dem der Hames GmbH)	niedrigster Bezugspreis
Lieferzeit	7 Tage nach Eingang der Bestellung	da keine Angabe im Angebot – sofortige Lieferung	4 Arbeitstage nach Bestelleingang
Umweltbewusstsein	Papier ist holzfrei	Papier ist nicht holzfrei	Papier ist holzfrei
Termintreue	Liefertermine immer eingehalten	Liefertermine werden nicht immer eingehalten	Liefertermine werden fast immer eingehalten
Reklamationsverhalten	langwieriges Reklamationsverfahren	schnelles Reklamationsverfahren	problemlose Abwicklung von Reklamationen
Qualität	keine näheren Angaben	unbekannte Papierqualität	keine näheren Angaben

Weiterhin sollte berücksichtigt werden, dass mit der Hames GmbH bereits Geschäftsbeziehungen bestehen.
Bei der Papierfabrik KG sollte nachgeforscht werden, warum die Geschäftsbeziehung zu diesem Unternehmen vor fünf Jahren abgebrochen wurde.

5.2 Um qualitative Kriterien quantifizierbar und vergleichbar zu machen, nutzt man die **Nutzwertanalyse**. Da es jedoch hierfür keine generellen Bestimmungen zum Erstellen gibt, ist die Einschätzung und Gewichtung der Kriterien immer subjektiv. Grundsätzlich lässt sich sagen, dass dem Preis in der Regel eine relativ hohe Gewichtung zukommen sollte.
In der nachfolgenden Musterlösung finden Sie eine Möglichkeit der Gewichtung der Kriterien und der Bewertung. Ihre Lösung kann jedoch durchaus davon abweichen.

Nutzwertanalyse							
Kriterien	Gewichtung der Kriterien	Papierfabrik KG		Papier & Co OHG		Hames GmbH	
		Bewertung	Gewichtete Punkte	Bewertung	Gewichtete Punkte	Bewertung	Gewichtete Punkte
Preis	20	3	60	1	20	5	100
Lieferzeit	20	3	60	5	100	4	80
Umweltbewusstsein	10	5	50	2	20	5	50
Termintreue	20	5	100	1	20	3	60
Reklamationsverhalten	10	1	10	5	50	5	50
Qualität	20	2	40	1	20	2	40
Gesamt	100		320		230		380

5.3 Die Hames GmbH hat nicht nur den niedrigsten Bezugspreis, sondern schneidet auch in der Nutzwertanalyse am besten von den drei Lieferanten ab.

5.4 In diesem Fall ist es so, dass die Liefertermine nicht immer eingehalten werden. Hier sollte mit dem Lieferanten gesprochen werden und auf die Wichtigkeit dieses Kriteriums hingewiesen werden.

6. Anwendungsaufgabe: Angebotsvergleich

Sie sind Auszubildende/Auszubildender der
Laco Büroideen GmbH, Hohenstaufenring 112 – 116, 50674 Köln.
Telefonisch sind Sie erreichbar unter der Nummer 0221 823498, Durchwahl 126.
E-Mail-Adressen werden im Unternehmen wie folgt gebildet:
vorname.nachname@laco-bueroideen.com. Sie haben Artvollmacht.

Sie benötigen die folgende Dateien aus der Datensammlung:
Lieferanten_Laco.xlsx, E_Mail_Vorlage.docx

Web

Corporate-Design-Anweisungen:
- Angepasst auf eine Seite
- Schriftart Arial, Schriftgröße 11
- Überschriften zentriert, in Fettschrift, Schriftgröße 14
- Zahlendarstellungen mit Tausender-Trennzeichen; ohne Dezimalstellen
- Währungsbeträge mit €-Zeichen; zwei Dezimalstellen
- Prozentsätze mit %-Zeichen; eine Dezimalstelle
- Diagramm mit voreingestellter Schriftart; Diagrammtitel in Schriftgröße 14

Die Datei ist in der Fußzeile mit Ihrem Namen im rechten Abschnitt zu formatieren.

Einstiegsszenario:
Sie sind im Einkauf der Laco Büroideen GmbH eingesetzt. Für den Artikel H886000, Multifunktionspapier, 500 Blatt, rot A4, 80 g/m² muss ein neuer Lieferant gesucht werden. Deshalb ruft die Abteilungsleiterin Julia Weiß sie an:

Frau Weiß: Guten Tag.

Sie: Guten Tag, Frau Weiß.

Frau Weiß: Wir haben ein Problem mit dem Artikel H866000, rotes Multifunktionspapier. Wir brauchen dringend einen neuen Lieferanten, da die Bauer KG, unser bisheriger Lieferant, so unzuverlässig ist, dass wir seine Lieferzuverlässigkeit auf „0“ herunterstufen mussten. Von den letzten fünf Lieferungen ist keine pünktlich angekommen und auch die Qualität der Ware hat stark nachgelassen.
Ich habe drei Alternativen zur Bauer KG ermittelt, die das gewünschte Produkt liefern könnten. Ich sende Ihnen die vorliegenden Informationen und möchte Sie bitten, mir einen Angebotsvergleich für 250 Pakete zukommen zu lassen.

Sie: Okay.

Beachten Sie die Rechtschreibung, den Ausdruck und die Zeichensetzung. Formulieren Sie in vollständigen Sätzen. Gestalten Sie Ihre Ergebnisse übersichtlich. Wenden Sie die Regeln der DIN 5008 an.

6.1 Öffnen Sie die Datei „Lieferanten_Laco“ und speichern Sie diese unter „AA 10.4.6.1“ und Ihrem Vor- und Nachnamen.

6.1.1 Vervollständigen Sie die Übersicht mit den Daten aus dem Angeboten (Anlage 1) sowie dem Einstiegsszenario.

6.1.2 Ermitteln Sie im oberen Tabellenteil (Zellen A3 bis B6) mit einer Funktion das aktuelle Datum.

6.1.3 Ermitteln Sie im mittleren Tabellenteil (Zellen A8 bis G19) mittels Funktionen die jeweiligen Lieferanten. Beziehen Sie sich dabei auf das Tabellenblatt „Lieferanten“.

6.1.4 Berechnen Sie den Listeneinkaufspreis pro Stück je Lieferant.

6.1.5 Berechnen Sie den Listeneinkaufspreis für die Gesamtmenge je Lieferant.

6.1.6 Führen Sie einen Angebotsvergleich von der Berechnung des Zieleinkaufpreises je Lieferant bis zur Ermittlung des Bezugspreises pro Stück je Lieferant mithilfe geeigneter Formeln durch.

6.1.7 Prüfen Sie mit einer Funktion, wer der günstigste Anbieter ist.

6.1.8 Ermitteln Sie mit einer Funktion den günstigsten Angebotspreis.

6.2 Öffnen Sie die Datei „E_Mail_Vorlage“ und speichern Sie diese unter „AA 10.4.6.2“ und Ihrem Vor- und Nachnamen.

6.2.1 Schreiben Sie eine E-Mail an Frau Weiß, in der Sie ihr Ihre Ergebnisse mitteilen.

6.2.2 Geben Sie auch an, welche weiteren Kriterien, neben dem Preis, für eine Lieferantenentscheidung relevant wären. Führen Sie hierfür drei weitere Kriterien auf.

Anlage 1:

Lieferant: L134802: Listenpreis 7,89, 18 % Rabatt. 2,5 % Skonto, 10,00 € Bezugskosten
Lieferant: L134807: Listenpreis 6,44, 4 % Rabatt, 50,00 € Bezugskosten
Lieferant: L134813 Listenpreis 8,12, 25 % Rabatt, 2 % Skonto, 25,00 € Bezugskosten

Erläuterungen und Lösungen

6. Aufgabe

Tabellenblatt „Auswertung“:

	A	B	C	D	E	F	G
1		**Angebotsvergleich für**					
2							
3	Artikel-Nr.	H886000					
4	Artikelbezeichnung	Multifunktionspapier, 500 Blatt, rot A4, 80 g/m2					
5	Datum:	10.08.2016					
6	Menge	250					
7							
8	Lieferanten-Nr.	L134802		L134807		L134813	
9	Lieferant	Papierherstellung Thali OHG		Reimer & Becker OHG		Becker Papier & Co OHG	
10		Daten aus dem Angebot	Berechnung	Daten aus dem Angebot	Berechnung	Daten aus dem Angebot	Berechnung
11	Listeneinkaufspreis/Stück	7,89 €	7,89 €	6,53 €	6,44 €	8,12 €	8,12 €
12	Listeneinkaufspreis/Gesamt		1.972,50 €		1.610,00 €		2.030,00 €
13	Rabatt	18,0%	355,05 €	4,0%	64,40 €	25,0%	507,50 €
14	Zieleinkaufspreis		1.617,45 €		1.545,60 €		1.522,50 €
15	Skonto	2,5%	40,44 €	0,0%	- €	2,0%	30,45 €
16	Bareinkaufspreis		1.577,01 €		1.545,60 €		1.492,05 €
17	Bezugskosten	10,00 €	10,00 €	50,00 €	50,00 €	25,00 €	25,00 €
18	Bezugspreis/Gesamt		1.587,01 €		1.595,60 €		1.517,05 €
19	Bezugspreis/Stück		6,35 €		6,38 €		6,07 €
20							
21	Günstigster Anbieter	Becker Papier & Co OHG					
22	Günstigster Angebotspreis						6,07 €

Tabellenblatt „Formelansicht“:

	A	B	C	D	E	F	G
1		**Angebotsvergleich für**					
2							
3	Artikel-Nr.	H886000					
4	Artikelbezeichnung	Multifunktionspapier, 500 Blatt, rot A4, 80 g/m2					
5	Datum:	=HEUTE()					
6	Menge	250					
7							
8	Lieferanten-Nr.	L134802		L134807		L134813	
9	Lieferant	=SVERWEIS(B8;Lieferanten!$A$2:$G$27;2;0)		=SVERWEIS(D8;Lieferanten!$A$2:$G$27;2;0)		=SVERWEIS(F8;Lieferanten!$A$2:$G$27;2;0)	
10		Daten aus dem Angebot	Berechnung	Daten aus dem Angebot	Berechnung	Daten aus dem Angebot	Berechnung
11	Listeneinkaufspreis/Stück	7,89	=B11	6,53	6,44	8,12	=F11
12	Listeneinkaufspreis/Gesamt		=C11*$B$6		=E11*$B$6		=G11*$B$6
13	Rabatt	0,18	=C12*B13	0,04	=E12*D13	0,25	=G12*F13
14	Zieleinkaufspreis		=C12-C13		=E12-E13		=G12-G13
15	Skonto	0,025	=C14*B15	0	=E14*D15	0,02	=G14*F15
16	Bareinkaufspreis		=C14-C15		=E14-E15		=G14-G15
17	Bezugskosten	10	=B17	50	=D17	25	=F17
18	Bezugspreis/Gesamt		=C16+C17		=E16+E17		=G16+G17
19	Bezugspreis/Stück		=C18/$B$6		=E18/$B$6		=G18/$B$6
20							
21	Günstigster Anbieter	=WENN(C19=MIN(C19;E19;G19);B9;WENN(E19=MIN(C19;E19;G19);D9;F9))					
22	Günstigster Angebotspreis	=MIN(C19;E19;G19)					

6.1 Angebotsvergleich

Vergleichen Sie Ihr Ergebnis mit der Lösung auf dieser Seite und der Lösungsdatei „AA_10.4.6_Lösung.xlsx“. Achten Sie auf vor allem auf die folgenden Punkte:

Web

- Formatierungen: Währungen mit €-Zeichen und Prozentbeträge mit %-Zeichen und einer Nachkommastelle
- Absolute Adressierungen
- 4. Argument (0) beim SVERWEIS
- Korrekte Berechnung von Rabatt und Skonto – aufgrund der Formatierung in % fällt das teilen durch 100 weg.

Tipp

Die Informationen zu den Formatierungen entnehmen Sie bitte immer den Corporate-Design-Anweisungen aus der Aufgabenbeschreibung.

6.2 E-Mail an Frau Weiß:

An:	julia.weiss@laco-bueroideen.com
Cc:	
Bcc:	
Betreff:	Angebotsvergleich Artikel H886000, Multifunktionspapier rot
Anhang:	AA_10.4.6.1_Vorname.Nachname.xlsx

¶

Sehr geehrte Frau Weiß,

¶

wie besprochen sende ich Ihnen den Angebotsvergleich. Meine Berechnungen haben ergeben, dass die Becker Papier & Co. OHG der günstigste Anbieter für das Multifunktionspapier, 500 Blatt, rot A4, 80 g/m² ist. Wir könnten den Artikel zu einem Stückpreis von 6,07 € von diesem Lieferanten beziehen.

¶

Natürlich müssen für die Entscheidung weitere Kriterien, wie z. B.

¶

- möglicher Lieferzeitpunkt
- Berücksichtigung von Umweltschutzvorgaben
- Lieferzuverlässigkeit
- Qualität

¶

berücksichtigt werden. Sollten Sie noch Fragen haben, stehe ich Ihnen gerne zur Verfügung.

¶

Mit freundlichem Gruß

¶

i. A. Name des Schülers

In einer E-Mail erfolgt keine eigenhändige Unterschrift, deshalb wird – abweichend von Briefen – lediglich eine Leerzeile freigelassen.

Aufgabe 1 bis 5: Aufgaben zur Stofferschließung

1. Aufgabe

Situation
Herr Kurz, Sachbearbeiter in der Beschaffung der Laco Büroideen GmbH, erzählt dem Auszubildenden Jannis Merk, dass am Ende einer zähen Verhandlung mit einem Lieferanten ein sehr zufriedenstellender Kaufvertrag zustande gekommen ist. Jannis wundert sich „Wieso Kaufvertrag? Wir haben doch noch gar nichts Schriftliches – Sie haben am Ende des Gesprächs doch nur gesagt ‚Darauf geben wir uns die Hand'?"

1.1 Wie können Willenserklärungen abgegeben werden? Ergänzen Sie die Übersicht.

Abgabe einer Willenserklärung

Beispiele:	Beispiele:	Beispiele:

1.2 Wurde in der obigen Situation eine gültige Willenserklärung abgegeben?

1.3 Füllen Sie die Lücken aus und ergänzen Sie das Schaubild.

1.3.1 Für den Abschluss von Rechtsgeschäften gilt der Grundsatz der ______________, d. h. sie können in jeder beliebigen Form abschlossen werden.

1.3.2 Abweichend hiervon hat der Gesetzgeber für einige wichtige Rechtsgeschäfte eine bestimmte Form vorgeschrieben.

Formzwang bei wichtigen Rechtsgeschäften

Beispiele:	Beispiele:	Beispiele:

1.3.3 Wird die gesetzlich vorgeschriebene Form nicht eingehalten, ist das Rechtsgeschäft ______________.

1.4 Wurde das Rechtsgeschäft aus der Ausgangssituation formgerecht abgeschlossen?

1.5 Welche Gründe sprechen dafür, dass ein Kaufvertrag dennoch schriftlich abgeschlossen wird?

-
-
-

1.6 Wie hätte der Vertrag abschlossen werden müssen, wenn eine Ratenzahlung vereinbart worden wäre?

Erläuterungen und Lösungen

1. Aufgabe

1.1 Abgabe von Willenserklärungen:

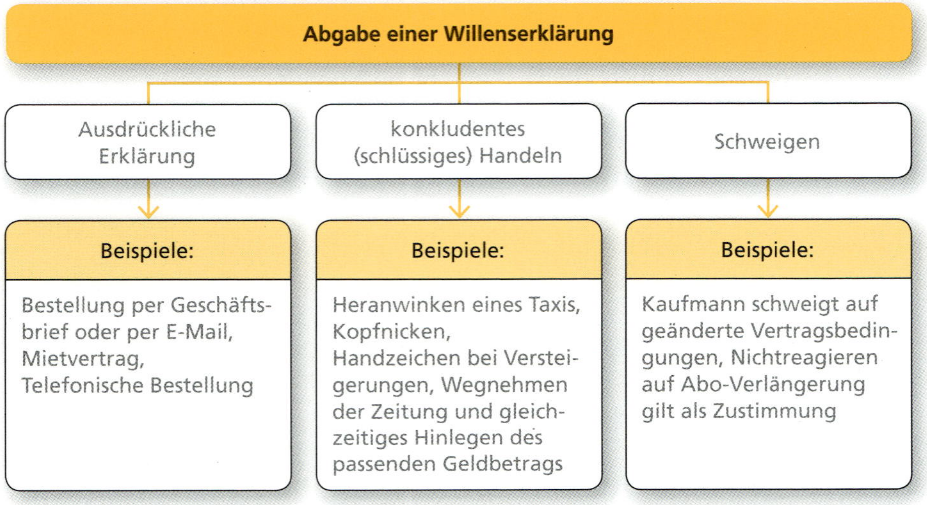

Die ausdrückliche Willenserklärung kann sowohl mündlich als auch schriftlich erfolgen.

1.2 Ja, hier ist durch konkludentes Handeln. Durch gegenseitiges Händeschütteln ist eine gültige Willenserklärung abgegeben worden.

1.3 Rechtsgeschäfte

1.3.1 Für den Abschluss von Rechtsgeschäften gilt der Grundsatz der Formfreiheit, d. h. sie können in jeder beliebigen Form abschlossen werden.

1.3.2 Formzwang besteht bei:

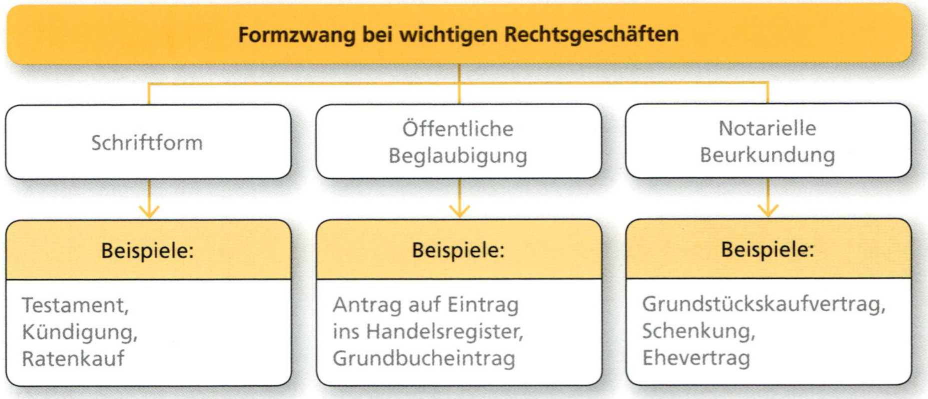

Die **öffentliche Beglaubigung** ist eine Erklärung in Schriftform, bei der die Echtheit der Unterschrift durch einen Notar oder einen Beamten beglaubigt wird. Bei einer **notariellen Beurkundung** wird nicht nur die Echtheit der Unterschrift, sondern auch der Inhalt der Willenserklärung durch einen Notar bestätigt.

1.3.3 Wird die gesetzlich vorgeschriebene Form nicht eingehalten, ist das Rechtsgeschäft nichtig (ungültig).

1.4 Ja, dieser Kaufvertrag kann formlos abgeschlossen werden.

1.5 Gründe für den schriftlichen Abschluss von Kaufverträgen:
- Nachweisbarkeit aller getroffenen Vereinbarungen
- Vermeidung unnötiger Streitigkeiten bezüglich der Vertragsinhalte, da diese schriftlich festgelegt sind
- Schriftlicher Nachweis über den Kauf bzw. Verkauf

1.6 Bei einem **Ratenkauf** wird der Kaufpreis für eine Ware in Teilen entrichtet. Dieser hätte die folgenden Punkte enthalten müssen:
- Name und Adresse der Vertragspartner
- Ware und Verkaufspreis
- Anzahlung, Teilzahlungen und effektiver Jahreszins

Bei einer Ratenzahlung hätte der Vertrag schriftlich geschlossen werden müssen.

2. Aufgabe

Situation
Herr Kurz, Einkaufssachbearbeiter bei der Laco Büroideen GmbH erhält von der Tec-Heils KG auf Anfrage ein Angebot über einen Kopierer zu einem Preis von 1.450,00 €. Die Zahlung soll innerhalb von 30 Tagen erfolgen.
Herr Kurz sendet den folgenden E-Mail-Text an die Tec-Heils KG:

„[…] gerne nehmen wir Ihr Angebot an und bestellen einen Kopierer X56tj zu einem Preis von 1.450,00 €. […] Zahlungsbedingungen: 7 Tage 2 % Skonto, sonst 21 Tage netto […]"

2.1 Wodurch kommt ein rechtsgültiger Vertrag zustande?

2.2 Erklären Sie, warum man im Zusammenhang mit einem Kaufvertrag von einem Verpflichtungs- und Erfüllungsgeschäft spricht.

2.3 Ist in der obigen Situation ein gültiger Kaufvertrag zustande gekommen? Begründen Sie.

2.4 Stellen Sie fest, welche der unten stehenden Willenserklärungen
[1] einen Antrag des Kunden,
[2] einen Antrag des Lieferanten,
[3] eine Annahmeerklärung des Kunden,
[4] eine Annahmeerklärung des Lieferanten,
[5] weder einen Antrag noch eine Annahme darstellen.

2.4.1	Die Einkaufsabteilung der Laco Büroideen GmbH erhält einen Katalog eines Lieferanten mit Büromaterial.	
2.4.2	Die Einkaufsabteilung bestellt daraufhin telefonisch Toner.	
2.4.3	Der Lieferant sendet der Laco Büroideen GmbH eine Auftragsbestätigung mit veränderten Lieferbedingungen.	
2.4.4	Die Einkaufsabteilung ist mit der Änderung einverstanden und bestellt telefonisch zu den veränderten Lieferbedingungen.	
2.4.5	Nach der Lieferung zahlt die Laco Büroideen GmbH vereinbarungsgemäß den Kaufpreis.	

2.5 Die Laco Büroideen GmbH erhält ohne Bestellung eine Sendung mit 5 Packungen à 100 Kugelschreibern. Unter welchen Umständen kommt ein Kaufvertrag zustande?

-
-
-
-

2.6 Welche der nachfolgenden Sachverhalte stellt
[1] kein rechtsverbindliches Angebot dar,
[2] ein rechtsverbindliches Angebot dar?

2.6.1	Die Laco Büroideen GmbH stellt ihre Ware im Schaufenster des Verkaufsraums aus.	
2.6.2	Die Laco Büroideen GmbH erhält von einem Lieferanten ein Angebot per E-Mail.	
2.6.3	In einem Telefongespräch wird Herrn Kurz von einem Lieferanten ein Drucker für 366,00 € angeboten.	
2.6.4	In einem Prospekt entdeckt Herr Kurz ein günstigeres Angebot für den gleichen Drucker.	

2.7 Ein Kunde der Laco Büroideen GmbH besucht unseren Verkaufsraum und möchte einen Bürostuhl aus einem unserer Werbeprospekte kaufen. Unser Verkäufer übergibt ihm den Bürostuhl, mit dem der Kunde zur Kasse geht. Dort bezahlt der Kunde die Ware. Welcher der Sachverhalte stellt den Antrag für den Kaufvertrag dar?

Erläuterungen und Lösungen

2. Aufgabe

2.1 Ein **rechtsgültiger Vertrag** kommt durch zwei übereinstimmende **Willenserklärungen**, nämlich durch Antrag (Angebot) und Annahme zustande.
Dies kann auf unterschiedliche Weise geschehen:

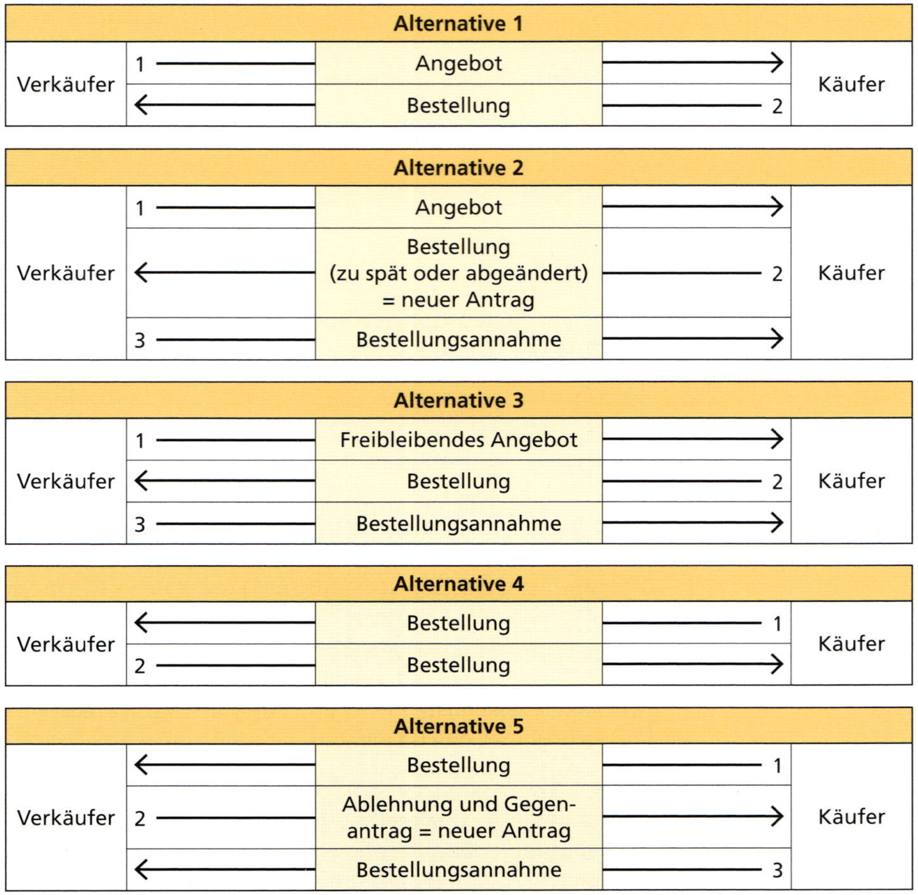

2.2 **Verpflichtungs- und Erfüllungsgeschäft:**
Der Verkäufer muss die bestellte Ware vereinbarungsgemäß in der richtigen Menge, Art und Beschaffenheit fristgemäß übergeben. Das Eigentum an der Ware muss auf den Käufer übertragen werden.
Der Käufer muss die Ware annehmen und den vereinbarten Kaufpreis bezahlen.

2.3 Nein, da die Bestellung abgeändert wurde und somit ein neuer Antrag daraus geworden ist. Die Zahlungsbedingung wurde von „innerhalb von 30 Tagen" in „7 Tage 2 % Skonto, sonst 21 Tage netto" verändert.

2.4 Antrag oder Annahme:

2.4.1	Die Einkaufsabteilung der Laco Büroideen GmbH erhält einen Katalog eines Lieferanten mit Büromaterial.	5
2.4.2	Die Einkaufsabteilung bestellt daraufhin telefonisch Toner.	1
2.4.3	Der Lieferant sendet der Laco Büroideen GmbH eine Auftragsbestätigung mit veränderten Lieferbedingungen.	2
2.4.4	Die Einkaufsabteilung ist mit der Änderung einverstanden und bestellt telefonisch zu den veränderten Lieferbedingungen.	3
2.4.5	Nach der Lieferung zahlt die Laco Büroideen GmbH vereinbarungsgemäß den Kaufpreis.	5

2.5 Ein **Kaufvertrag** kommt zustande, wenn
- der Kaufpreis gezahlt wird,
- die Kugelschreiber in Gebrauch genommen werden,
- die Laco Büroideen GmbH Stillschweigen bewahrt (d. h. nichts tut) und bereits eine Geschäftsbeziehung besteht, da die Laco Büroideen GmbH ein Kaufmann nach dem Handelsgesetzbuch (HGB) ist

Kein Kaufvertrag kommt zustande, wenn bei einem HGB-Kaufmann die Geschäftsbeziehung zum Lieferanten **fehlt**, bzw. wenn eine **Privatperson** in diesem Fall Stillschweigen bewahrt.

2.6 Rechtsverbindliches Angebot oder kein rechtsverbindliches Angebot:

2.6.1	Die Laco Büroideen GmbH stellt ihre Ware im Schaufenster des Verkaufsraums aus.	1
2.6.2	Die Laco Büroideen GmbH erhält von einem Lieferanten ein Angebot per E-Mail.	2
2.6.3	In einem Telefongespräch wird Herrn Kurz von einem Lieferanten ein Drucker für 366,00 € angeboten.	2
2.6.4	In einem Prospekt entdeckt Herr Kurz ein günstigeres Angebot für den gleichen Drucker.	1

2.7 In diesem Fall stellt die Übergabe des Bürostuhls den Antrag dar.

3. Aufgabe

Situation
Der Einkaufssachbearbeiter Herr Kurz möchte telefonisch bei einem langjährigen Lieferanten Druckertoner bestellen. Leider ist die Telefonverbindung so schlecht, dass er statt 55,45 € pro Kartusche, 45,45 € versteht. Aufgrund des vermeintlich günstigen Preises bestellt Herr Kurz 20 statt 10 Kartuschen.

3.1 Erklären Sie die Begriffe Anfechtbarkeit und Nichtigkeit.

3.2 Ergänzen Sie die Übersicht mit den Gründen für Nichtigkeit und Anfechtbarkeit von Rechtsgeschäften.

Nichtigkeit und Anfechtbarkeit von Rechtsgeschäften

Nichtigkeit	Anfechtbarkeit

3.3 Prüfen Sie die Rechtslage der obigen Situation.

3.4 Wie sollte Herr Kurz nun vorgehen?

3.5 Beurteilen Sie die nachfolgenden Fälle hinsichtlich Nichtigkeit, Anfechtbarkeit und Rechtsgültigkeit. Begründen Sie Ihre Entscheidung.

3.5.1 Die Laco Büroideen GmbH kauft für die Eingangshalle eine Zeichnung des Künstlers Leonardo da Vinci. Es stellt sich heraus, dass der Kunsthändler wissentlich eine Kopie verkauft hat.

3.5.2 Die Laco Büroideen GmbH verkauft ein nicht genutztes Firmengrundstück an einen Interessenten. Der Vertrag wird schriftlich geschlossen.

3.5.3 Die Laco Büroideen GmbH baut eine neue Fertigungshalle. Um dies zu finanzieren nimmt sie einen Kredit zu einem Zinssatz von 4,65 % auf.

3.5.4 Die Laco Büroideen GmbH nimmt am Kölner Firmenlauf teil. Herr Kurz wettet „wenn wir gewinnen, fresse ich einen Besen".

	nichtig	anfechtbar	rechtsgültig	Begründung
3.5.1				
3.5.2				
3.5.3				
3.5.4				

4. Aufgabe

Situation
Jannis Merk soll Herrn Kurz Vorschläge machen, wie in den folgenden beiden Fällen die Bestellung erfolgen soll.
a. Eine dringende Bestellung bei einem langjährigen Lieferanten über die übliche Menge von 200 Litern Hartwachsöl zu den üblichen Konditionen.
b. Eine Bestellung über einen neuen Firmenwagen für den Geschäftsleiter.

4.1 Geben Sie eine Übersicht über mögliche Kriterien für die Auswahl der Bestellart und machen Sie für die obigen Situationen Vorschläge.

Erläuterungen und Lösungen

3. Aufgabe

3.1 **Anfechtbarkeit:** Unter bestimmten Voraussetzungen können wirksam zustande gekommene Verträge angefochten werden. In diesem Fall verliert das Rechtsgeschäft seine Wirksamkeit und wird nachträglich von Anfang an nichtig.

Nichtigkeit: Sind die für das Rechtsgeschäft abgegebenen Willenserklärungen nicht rechtswirksam, so ist das Rechtsgeschäft nichtig und gilt somit von Anfang an als unwirksam.

3.2 Gründe für **Nichtigkeit** und **Anfechtbarkeit** von Rechtsgeschäften.

Nichtigkeit und Anfechtbarkeit von Rechtsgeschäften

Nichtigkeit	Anfechtbarkeit
Geschäftsunfähigkeit Bewusstlosigkeit oder vorübergehende Störung der Geistestätigkeit Sittenwidrigkeit/Wucher Scheingeschäfte Scherzgeschäfte Verstoß gegen Formvorschriften Verstoß gegen gesetzliche Verbote	Erklärungsirrtum Inhaltsirrtum Falsche Übermittlung Arglistige Täuschung Widerrechtliche Drohung

Die Anfechtung muss unmittelbar nach der Entdeckung erfolgen. Als Ausnahme gelten die arglistige Täuschung und die widerrechtliche Drohung. Hier muss die Anfechtung innerhalb eines Jahres nach Entdecken der Täuschung bzw. nach Wegfall der Zwangslage erfolgen.

3.3 Es handelt sich hierbei um eine falsche Übermittlung aufgrund der schlechten Telefonverbindung. Das Rechtsgeschäft ist anfechtbar.

3.4 Herr Kurz sollte direkt nach Entdecken des Fehlers das Rechtsgeschäft anfechten. Die Beweislast, dass die Telefonverbindung so schlecht war, dass er einen falschen Preis verstanden hat, liegt bei ihm.
Allerdings sollte er abwägen, ob es nicht gegebenenfalls sinnvoller ist, die bestellten 20 Druckerpatronen abzunehmen, falls diese in nächster Zeit benötigt werden und es sich um einen angemessenen Preis handelt.

3.5 Nichtigkeit, Anfechtbarkeit oder Rechtsgültigkeit:

	nichtig	anfechtbar	rechtsgültig	Begründung
3.5.1		X		Hier handelt es sich um eine arglistige Täuschung, da der Kunsthändler wusste, dass es sich um eine Kopie handelt.
3.5.2	X			Hier wurde gegen eine gesetzlich vorgeschriebene Form verstoßen. Der Verkauf von Grundstücken muss notariell beurkundet und in das Grundbuch eingetragen werden.
3.5.3			X	Der Zinssatz ist durchaus üblich. Es handelt sich nicht um Wucher.
3.5.4	X			Hier liegt ein Scherzgeschäft vor, da es sich um eine offensichtlich nicht ernst gemeinte Willenserklärung handelt.

4. Aufgabe

4.1 In Abhängigkeit von der Situation können Bestellungen per Brief, E-Mail, Fax, Internetportal oder per Telefon durchgeführt werden.

Kriterien für die Auswahl der Bestellart:
- Dringlichkeit der Lieferung
- Geschäftsbeziehung zum Lieferanten
- Technische Möglichkeiten im Hinblick auf die Bestellart
- Bestellvolumen
- Vorliegen besonderer Vertragsbestandteile

Bezogen auf die vorliegende Situation
a. Telefonisch
b. per Brief

4.2 Worum handelt es sich bei einer Bestellung?

4.3 Welche Inhalte sollte eine Bestellung enthalten?

4.4 Die Laco Büroideen GmbH möchte von einem Onlinehändler auf einem Onlinemarktplatz Ware bestellen. Skizzieren Sie den Ablauf des Beschaffungsvorgangs.

5. Aufgabe

Situation
Für einen neuen Werbekatalog der Laco Büroideen GmbH soll ein bekannter Fotograf das Titelfoto gestalten. Er erhält hierfür 1.000,00 €.

5.1 Handelt es sich bei der obigen Situation um einen Kaufvertrag? Begründen Sie.

5.2 Geben Sie im Folgenden an, um welche Art von Vertrag es sich handelt.

5.2.1	Entgeltliche Überlassung zum Gebrauch von Sachen.	
5.2.2	Unentgeltliche Zuwendung aus dem Vermögen des Schenkers zur Bereicherung des Beschenkten.	
5.2.3	Entgeltliche Überlassung von Sachen und Rechten zum Gebrauch und Genuss der „Früchte“.	
5.2.4	Herstellung eines Werkes gegen Vergütung, zu dem der Hersteller das Material liefert.	
5.2.5	Unentgeltliche oder entgeltliche Überlassung von Geld oder vertretbaren Sachen gegen spätere Rückgabe in gleicher Art, Güte und Menge.	
5.2.6	Herstellung eines Werkes gegen Vergütung, zu dem der Kunde das Material liefert.	
5.2.7	Verpflichtung einer Person gegen Entgelt zu arbeiten; geschuldet wird lediglich die Tätigkeit.	
5.2.8	Unentgeltliche Überlassung zum Gebrauch von Sachen und Rückgabe derselben Sache.	

5.3 Geben Sie an, wer bei den folgenden Vertragsarten die **Vertragspartner** sind?

5.3.1 Mietvertrag:

5.3.2 Dienstvertrag:

5.3.3 Werkvertrag:

5.4 Grenzen Sie den Dienstvertrag vom Werkvertrag ab.

5.5 Um welche Art von Vertrag handelt es sich bei den folgenden Fällen?

5.5.1	Ein Elektriker repariert bei der Laco Büroideen GmbH die defekte Alarmanlage.	
5.5.2	Für eine zweitägige Geschäftsreise leiht sich die Einkaufsabteilungsleiterin ein Auto für 96,00 € pro Tag.	
5.5.3	Die Personalabteilung stellt eine neue Einkaufssachbearbeiterin ein.	
5.5.4	Die Mitarbeiter der Einkaufsabteilung holen sich in der Personalabteilung ein Paket Kaffee, da ihrer ausgegangen ist. Sie geben die Zusage am nächsten Tag ein volles Paket Kaffee zurückzugeben.	
5.5.5	Jannis Merk erwirbt einen gebrauchten PC von der Laco Büroideen GmbH gegen Entgelt.	

Erläuterungen und Lösungen

4.2 Mit einer **Bestellung** fordert ein Kunde einen Lieferanten auf, eine Ware oder Dienstleistung zur Verfügung zu stellen. Es handelt sich um eine empfangsbedürftige Willenserklärung. Gesetzlich ist für die Bestellung keine bestimmte Form vorgesehen.

4.3 Inhalte einer Bestellung:
Artikelbezeichnung und -beschaffenheit, Menge, Preis, Lieferzeit und Lieferbedingungen, Versandart, Zahlungsbedingungen. Bezieht sich die Bestellung auf ein ausführliches Angebot, so kann auf dieses verwiesen werden und es genügt die Angabe der Artikelbezeichnung, der Menge und des Preises.

4.4 Ablauf des Beschaffungsvorgangs bei einer **Online-Bestellung**:

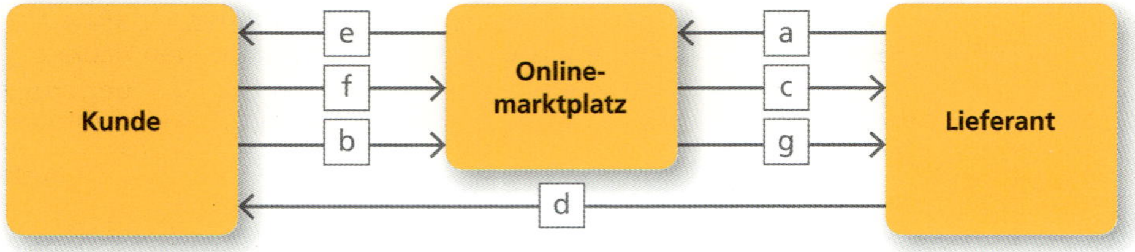

a. Der Onlinehändler erhält vom Lieferanten Artikel genannt, um diese auf dem Onlinemarktplatz bereitstellen zu können.
b. Der Kunde bestellt die Ware auf dem Onlinemarktplatz.
c. Der Onlinehändler leitet die Bestellung an den Lieferanten weiter.
d. Der Lieferant versendet im Namen des Onlinehändlers die Ware an den Kunden.
e. Der Onlinehändler stellt dem Kunden die Ware in Rechnung
f. Der Kunde bezahlt die Ware an den Onlinehändler.
g. Der Onlinehändler erhält die Rechnung des Lieferanten und begleicht diese.

5. Aufgabe

5.1 Nein, es handelt sich um einen Werkvertrag. Beim Kaufvertrag wird die Übereignung einer Sache geschuldet, während beim Werkvertrag die Herstellung eines Werkes geschuldet wird. Im vorliegenden Fall das Foto.

5.2 Geben Sie im Folgenden an, um welche Art von Vertrag es sich handelt.

5.2.1	Entgeltliche Überlassung zum Gebrauch von Sachen.	Mietvertrag
5.2.2	Unentgeltliche Zuwendung aus dem Vermögen des Schenkers zur Bereicherung des Beschenkten.	Schenkungsvertrag
5.2.3	Entgeltliche Überlassung von Sachen und Rechten zum Gebrauch und Genuss der „Früchte“.	Pachtvertrag
5.2.4	Herstellung eines Werkes gegen Vergütung, zu dem der Hersteller das Material liefert.	Werklieferungsvertrag
5.2.5	Unentgeltliche oder entgeltliche Überlassung von Geld oder vertretbaren Sachen gegen spätere Rückgabe in gleicher Art, Güte und Menge.	Darlehensvertrag
5.2.6	Herstellung eines Werkes gegen Vergütung, zu dem der Kunde das Material liefert.	Werkvertrag
5.2.7	Verpflichtung einer Person gegen Entgelt zu arbeiten; geschuldet wird lediglich die Tätigkeit.	Dienstvertrag
5.2.8	Unentgeltliche Überlassung zum Gebrauch von Sachen und Rückgabe derselben Sache.	Leihvertrag

5.3 Geben Sie an, wer bei den folgenden Vertragsarten die **Vertragspartner** sind?

5.3.1 Mietvertrag: Mieter und Vermieter

5.3.2 Dienstvertrag: Arbeitnehmer und Arbeitgeber

5.3.3 Werkvertrag: Hersteller und Besteller (Kunde)

5.4 Der **Dienstvertrag** (oder auch Arbeitsvertrag) umfasst die entgeltliche Leistung von Diensten. Dabei wird eine Arbeitsleistung ohne Erfolgsgarantie geschuldet. Es kann sich um ein befristetes oder unbefristetes Arbeitsverhältnis handeln. Beim **Werkvertrag** steht das Erstellen eines Werkes aus Material des Kunden gegen Entgelt im Vordergrund. Es handelt sich um ein befristetes Vertragsverhältnis und das Werk (Arbeitsergebnis) wird mit Erfolgsgarantie geschuldet.

5.5 Um welche Art von Vertrag handelt es sich bei den folgenden Fällen?

5.5.1	Ein Elektriker repariert bei der Laco Büroideen GmbH die defekte Alarmanlage.	Werkvertrag
5.5.2	Für eine zweitägige Geschäftsreise leiht sich die Einkaufsabteilungsleiterin ein Auto für 96,00 € pro Tag.	Mietvertrag
5.5.3	Die Personalabteilung stellt eine neue Einkaufssachbearbeiterin ein.	Dienstvertrag
5.5.4	Die Mitarbeiter der Einkaufsabteilung holen sich in der Personalabteilung ein Paket Kaffee, da ihrer ausgegangen ist. Sie geben die Zusage am nächsten Tag ein volles Paket Kaffee zurückzugeben.	Darlehensvertrag
5.5.5	Jannis Merk erwirbt einen gebrauchten PC von der Laco Büroideen GmbH gegen Entgelt.	Kaufvertrag

6. Anwendungsaufgabe: Bestellmengenauswertung

Sie sind Auszubildende/Auszubildender der
Laco Büroideen GmbH, Hohenstaufenring 112 – 116, 50674 Köln.
Telefonisch sind Sie erreichbar unter der Nummer 0221 823498, Durchwahl 126.
E-Mail-Adressen werden im Unternehmen wie folgt gebildet:
vorname.nachname@laco-bueroideen.com. Sie haben Artvollmacht.

Sie benötigen die folgende Datei aus der Datensammlung: Web
Artikel_Verlaufsübersicht.xlsx

Corporate-Design-Anweisungen:
- Angepasst auf eine Seite
- Schriftart Arial, Schriftgröße 11
- Überschriften zentriert, in Fettschrift, Schriftgröße 12
- Zahlendarstellungen mit Tausender-Trennzeichen; ohne Dezimalstellen
- Währungsbeträge mit Tausender-Trennzeichen; zwei Dezimalstellen
- Prozentsätze mit zwei Dezimalstellen
- Diagramm mit voreingestellter Schriftart; Diagrammtitel in Schriftgröße 14

Die Datei ist in der Fußzeile mit Ihrem Namen im rechten Abschnitt zu formatieren.

Einstiegsszenario:
Sie sind im Einkauf der Laco Büroideen GmbH eingesetzt. Auf der letzten Abteilungsbesprechung wurde thematisiert, dass die Bestellkosten gesenkt werden sollen. Deshalb ruft die Abteilungsleiterin Julia Weiß sie an:

Frau Weiß: Guten Tag.

Sie: Guten Tag, Frau Weiß.

Frau Weiß: Sie waren ja auch auf der letzten Abteilungsbesprechung. Es gibt ein paar Artikel, die wir noch einmal genauer unter die Lupe nehmen sollten. Ich möchte Sie bitten, mir eine Übersicht über den Bestellmengen- und Bezugspreisverlauf zu machen. Weiterhin möchte ich, dass Sie ermitteln, welche Lieferanten und seit wann diese Lieferanten die Artikel liefern. Die benötigten weiteren Informationen lasse ich Ihnen zukommen.

Sie: Okay.

Beachten Sie die Rechtschreibung.

Öffnen Sie die Datei „Artikel_Verlaufsübersicht" und speichern Sie diese unter „AA 10.5.6" und Ihrem Vor- und Nachnamen.

6.1 Vervollständigen Sie das Tabellenblatt „Auswertung" gemäß Anlage 1.

6.2 Ermitteln Sie im mittleren Tabellenteil (Zellen A5 bis L14) mit Funktionen die durchschnittliche Jahresbestellmenge 2010–2015, den durchschnittlichen Bezugspreis 2010–2015, den aktuellen Lieferanten, die Dauer in Jahren (Lieferant und Artikel), die Bestellmenge in 2016 sowie den Bezugspreis in 2016. Beziehen Sie sich dabei auf das Tabellenblatt „Artikel".

6.3 Berechnen Sie die prozentuale Veränderung der Bestellmenge je Artikel. Basis ist die durchschnittliche Jahresbestellmenge 2010–2015.

6.4 Berechnen Sie die prozentuale Veränderung des Bezugspreises je Artikel. Basis ist der durchschnittliche Bezugspreis 2010–2015.

6.5 Ermitteln Sie mit einer Funktion, ob ein Angebotsvergleich für diesen Artikel durchgeführt werden soll. Dies ist der Fall, wenn der Lieferant seit mindestens 3 Jahren der gleiche ist und die Preissteigerung über 5 % liegt (siehe auch oberer Tabellenbereich – Zelle A1 bis D3).

6.6 Erstellen Sie im unteren Tabellenteil in den Zellen B16 bis D21 eine Auswertung der Lieferanten bezüglich der Anzahl und der Gesamtmenge der gelieferten Produkte in 2016 je Lieferant.

6.7 Fügen Sie ein Säulendiagramm ein, das die durchschnittliche Jahresbestellmenge und die Bestellmenge aus 2016 gegenüberstellt. Gestalten Sie das Diagramm sinnvoll und heben Sie die auffälligste Veränderung auf geeignete Weise hervor.

Anlage 1:

	A	B	C	D	E	F	G	H	I	J	K	L
1		Lieferant mit Preissteigerung										
2	seit ... Jahren	Preissteigerung über ... Prozent	Maßnahme									
3	3	5	ngebotsvergleich einhole									
4												
5	Artikel-nummer	Artikelname	Ø Jahresbestell-menge 2010 - 2015	Ø Bezugspreis 2010 - 2015	aktueller Lieferant	aktueller Lieferant seit ...	Artikel im Sortiment seit .... Jahren	Bestell-menge in 2016	Bezugspreis in 2016 in €	Verän-derung der Bestell-	Verän-derung des Bezug-spreises	Maßnahme
6	H881000	Multifunktionspapier, 500 Blatt, gelb A4, 80 g/m²										
7	H882000	Multifunktionspapier,500 Blatt, royalblau A4, 80 g/m²										
8	H883000	Multifunktionspapier, 500 Blatt, grün A4, 80 g/m²										
9	H886000	Multifunktionspapier, 500 Blatt, rot A4, 80 g/m²										
10	H887000	Multifunktionspapier, 500 Blatt, violett A4, 80 g/m²										
11	H888000	Multifunktionspapier, 500 Blatt, grau A4, 80 g/m²										
12	H911001	Thermorolle, 57 mm x 25 mm, Ø 12,3 mm, weiß										
13	H911002	Thermorolle, 80 mm x 50 mm, Ø 65 mm, weiß										
14	H911006	Thermorolle, 57 mm x 25 mm, Ø 47 mm, weiß										
15												
16		Lieferantenauswertung für 2016:										
17		Lieferant	Anzahl Produkte	Menge der Produkte								
18		Papier & Co. GmbH										
19		Rheinisches Papierkontor AG										
20		Modernes Büro KG										
21		Weser Papier KG										

Erläuterungen und Lösungen

6. Aufgabe

Tabellenblatt „Auswertung":

	A	B	C	D	E	F	G	H	I	J	K	L
1	Lieferant mit Preissteigerung											
2	seit ... Jahren	Preissteigerung über ... Prozent	Maßnahme									
3	3	5	Angebotsvergleich einholen									
4												
5	Artikel-nummer	Artikelname	Ø Jahresbestell-menge 2010 - 2015	Ø Bezugspreis 2010 - 2015	aktueller Lieferant	aktueller Lieferant seit ...	Artikel im Sortiment seit .... Jahren	Bestell-menge in 2016	Bezugspreis in 2016 in €	Verän-derung der Bestell-menge	Verän-derung des Bezug-spreises	Maßnahme
6	H881000	Multifunktionspapier, 500 Blatt, gelb A4, 80 g/m²	2.400	5,10	Papier & Co. GmbH	8	8	1.678	6,10	-30,08	19,61	Angebotsvergleich einholen
7	H882000	Multifunktionspapier,500 Blatt, royalblau A4, 80	2.200	5,10	Papier & Co. GmbH	8	8	1.769	6,10	-19,59	19,61	Angebotsvergleich einholen
8	H883000	Multifunktionspapier, 500 Blatt, grün A4, 80 g/m²	2.300	6,22	Papier & Co. GmbH	8	8	2.290	6,24	-0,43	0,32	
9	H886000	Multifunktionspapier, 500 Blatt, rot A4, 80 g/m²	1.900	6,05	Papier & Co. GmbH	8	8	1.870	6,08	-1,58	0,50	
10	H887000	Multifunktionspapier, 500 Blatt, violett A4, 80 g/r	1.620	5,98	Papier & Co. GmbH	8	8	1.467	6,16	-9,44	3,01	
11	H888000	Multifunktionspapier, 500 Blatt, grau A4, 80 g/m²	3.200	4,12	Papier & Co. GmbH	8	8	1.657	5,76	-48,22	39,81	Angebotsvergleich einholen
12	H911001	Thermorolle, 57 mm x 25 mm, Ø 12,3 mm, weiß	4.800	0,79	Rheinisches Papier	2	4	4.789	0,47	-0,23	-40,51	
13	H911002	Thermorolle, 80 mm x 50 mm, Ø 65 mm, weiß	2.650	8,23	Modernes Büro KG	1	4	2.654	7,99	0,15	-2,92	
14	H911006	Thermorolle, 57 mm x 25 mm, Ø 47 mm, weiß	1.000	4,45	Weser Papier KG	1	4	987	4,12	-1,30	-7,42	
15												
16		Lieferantenauswertung für 2016:										
17		Lieferant	Anzahl Produkte	Menge der Produkte								
18		Papier & Co. GmbH	6	13.620								
19		Rheinisches Papierkontor AG	1	4.800								
20		Modernes Büro KG	1	2.650								
21		Weser Papier KG	1	1.000								

Tabellenblatt „Formelansicht":

	A	B	C	D	E	F
1	Lieferant mit Preissteigerung					
2	seit ... Jahren	Preissteigerung über ... Prozent	Maßnahme			
3	3	5	Angebotsvergleich einholen			
4						
5	Artikel-nummer	Artikelname	Ø Jahresbestellmenge 2010 - 2015	Ø Bezugspreis 2010 - 2015	aktueller Lieferant	aktueller Lieferant seit ... Jahren
6	H881000	Multifunktionspapier, 500 Blatt, gelb A4, 80 g/m²	=SVERWEIS(A6;Artikel!$A$2:$I$42;3;0)	=SVERWEIS(A6;Artikel!$A$2:$I$42;4;0)	=SVERWEIS(A6;Artikel!$A$2:$I$42;5;0)	=SVERWEIS(A6;Artikel!$A$2:$I$42;6;0)
7	H882000	Multifunktionspapier,500 Blatt, royalblau A4, 80 g/m²	=SVERWEIS(A7;Artikel!$A$2:$I$42;3;0)	=SVERWEIS(A7;Artikel!$A$2:$I$42;4;0)	=SVERWEIS(A7;Artikel!$A$2:$I$42;5;0)	=SVERWEIS(A7;Artikel!$A$2:$I$42;6;0)
8	H883000	Multifunktionspapier, 500 Blatt, grün A4, 80 g/m²	=SVERWEIS(A8;Artikel!$A$2:$I$42;3;0)	=SVERWEIS(A8;Artikel!$A$2:$I$42;4;0)	=SVERWEIS(A8;Artikel!$A$2:$I$42;5;0)	=SVERWEIS(A8;Artikel!$A$2:$I$42;6;0)
9	H886000	Multifunktionspapier, 500 Blatt, rot A4, 80 g/m²	=SVERWEIS(A9;Artikel!$A$2:$I$42;3;0)	=SVERWEIS(A9;Artikel!$A$2:$I$42;4;0)	=SVERWEIS(A9;Artikel!$A$2:$I$42;5;0)	=SVERWEIS(A9;Artikel!$A$2:$I$42;6;0)
10	H887000	Multifunktionspapier, 500 Blatt, violett A4, 80 g/m²	=SVERWEIS(A10;Artikel!$A$2:$I$42;3;0)	=SVERWEIS(A10;Artikel!$A$2:$I$42;4;0)	=SVERWEIS(A10;Artikel!$A$2:$I$42;5;0)	=SVERWEIS(A10;Artikel!$A$2:$I$42;6;0)
11	H888000	Multifunktionspapier, 500 Blatt, grau A4, 80 g/m²	=SVERWEIS(A11;Artikel!$A$2:$I$42;3;0)	=SVERWEIS(A11;Artikel!$A$2:$I$42;4;0)	=SVERWEIS(A11;Artikel!$A$2:$I$42;5;0)	=SVERWEIS(A11;Artikel!$A$2:$I$42;6;0)
12	H911001	Thermorolle, 57 mm x 25 mm, Ø 12,3 mm, weiß	=SVERWEIS(A12;Artikel!$A$2:$I$42;3;0)	=SVERWEIS(A12;Artikel!$A$2:$I$42;4;0)	=SVERWEIS(A12;Artikel!$A$2:$I$42;5;0)	=SVERWEIS(A12;Artikel!$A$2:$I$42;6;0)
13	H911002	Thermorolle, 80 mm x 50 mm, Ø 65 mm, weiß	=SVERWEIS(A13;Artikel!$A$2:$I$42;3;0)	=SVERWEIS(A13;Artikel!$A$2:$I$42;4;0)	=SVERWEIS(A13;Artikel!$A$2:$I$42;5;0)	=SVERWEIS(A13;Artikel!$A$2:$I$42;6;0)
14	H911006	Thermorolle, 57 mm x 25 mm, Ø 47 mm, weiß	=SVERWEIS(A14;Artikel!$A$2:$I$42;3;0)	=SVERWEIS(A14;Artikel!$A$2:$I$42;4;0)	=SVERWEIS(A14;Artikel!$A$2:$I$42;5;0)	=SVERWEIS(A14;Artikel!$A$2:$I$42;6;0)
15						
16		Lieferantenauswertung für 2016:				
17		Lieferant	Anzahl Produkte	Menge der Produkte		
18		Papier & Co. GmbH	=ZÄHLENWENN(E6:$E$14;B18)	=SUMMEWENN($E$6:$E$14;B18;$C$6:$C$14)		
19		Rheinisches Papierkontor AG	=ZÄHLENWENN(E7:$E$14;B19)	=SUMMEWENN($E$6:$E$14;B19;$C$6:$C$14)		
20		Modernes Büro KG	=ZÄHLENWENN(E8:$E$14;B20)	=SUMMEWENN($E$6:$E$14;B20;$C$6:$C$14)		
21		Weser Papier KG	=ZÄHLENWENN(E10:$E$14;B21)	=SUMMEWENN($E$6:$E$14;B21;$C$6:$C$14)		

	G	H	I	J	K	L
1						
2						
3						
4						
5	Artikel im Sortiment seit .... Jahren	Bestellmenge in 2016	Bezugspreis in 2016 in €	Veränderung der Bestellmenge	Veränderung des Bezugspreises	Maßnahme
6	=SVERWEIS(A6;Artikel!$A$2:$I$42;7;0)	=SVERWEIS(A6;Artikel!$A$2:$I$42;8;0)	=SVERWEIS(A6;Artikel!$A$2:$I$42;9;0)	=(H6-C6)*100/C6	=(I6-D6)*100/D6	=WENN(UND(F6>=$A$3;K6>$B$3);$C$3;"")
7	=SVERWEIS(A7;Artikel!$A$2:$I$42;7;0)	=SVERWEIS(A7;Artikel!$A$2:$I$42;8;0)	=SVERWEIS(A7;Artikel!$A$2:$I$42;9;0)	=(H7-C7)*100/C7	=(I7-D7)*100/D7	=WENN(UND(F7>=$A$3;K7>$B$3);$C$3;"")
8	=SVERWEIS(A8;Artikel!$A$2:$I$42;7;0)	=SVERWEIS(A8;Artikel!$A$2:$I$42;8;0)	=SVERWEIS(A8;Artikel!$A$2:$I$42;9;0)	=(H8-C8)*100/C8	=(I8-D8)*100/D8	=WENN(UND(F8>=$A$3;K8>$B$3);$C$3;"")
9	=SVERWEIS(A9;Artikel!$A$2:$I$42;7;0)	=SVERWEIS(A9;Artikel!$A$2:$I$42;8;0)	=SVERWEIS(A9;Artikel!$A$2:$I$42;9;0)	=(H9-C9)*100/C9	=(I9-D9)*100/D9	=WENN(UND(F9>=$A$3;K9>$B$3);$C$3;"")
10	=SVERWEIS(A10;Artikel!$A$2:$I$42;7;0)	=SVERWEIS(A10;Artikel!$A$2:$I$42;8;0)	=SVERWEIS(A10;Artikel!$A$2:$I$42;9;0)	=(H10-C10)*100/C10	=(I10-D10)*100/D10	=WENN(UND(F10>=$A$3;K10>$B$3);$C$3;"")
11	=SVERWEIS(A11;Artikel!$A$2:$I$42;7;0)	=SVERWEIS(A11;Artikel!$A$2:$I$42;8;0)	=SVERWEIS(A11;Artikel!$A$2:$I$42;9;0)	=(H11-C11)*100/C11	=(I11-D11)*100/D11	=WENN(UND(F11>=$A$3;K11>$B$3);$C$3;"")
12	=SVERWEIS(A12;Artikel!$A$2:$I$42;7;0)	=SVERWEIS(A12;Artikel!$A$2:$I$42;8;0)	=SVERWEIS(A12;Artikel!$A$2:$I$42;9;0)	=(H12-C12)*100/C12	=(I12-D12)*100/D12	=WENN(UND(F12>=$A$3;K12>$B$3);$C$3;"")
13	=SVERWEIS(A13;Artikel!$A$2:$I$42;7;0)	=SVERWEIS(A13;Artikel!$A$2:$I$42;8;0)	=SVERWEIS(A13;Artikel!$A$2:$I$42;9;0)	=(H13-C13)*100/C13	=(I13-D13)*100/D13	=WENN(UND(F13>=$A$3;K13>$B$3);$C$3;"")
14	=SVERWEIS(A14;Artikel!$A$2:$I$42;7;0)	=SVERWEIS(A14;Artikel!$A$2:$I$42;8;0)	=SVERWEIS(A14;Artikel!$A$2:$I$42;9;0)	=(H14-C14)*100/C14	=(I14-D14)*100/D14	=WENN(UND(F14>=$A$3;K14>$B$3);$C$3;"")

Hinweis

Die Kombination verschiedener Funktionen ist ganz einfach. In Spalte L müssen Sie die UND-Funktion in die WENN-Funktion integrieren. Die UND-Funktion er-setzt dabei einfach nur die Wenn-Bedingung:
*=WENN(**UND(F6>=$A$3;K6>$B$3)**;$C$3;" ")*

Tabellenblatt „Auswertung", Säulendiagramm:

Wichtig sind eine passende, aussagekräftige Überschrift sowie die Achsenbeschriftungen. Wie Sie die Säulen für den Artikel H888000 hervorheben, z. B. durch andere Farben oder wie unten abgebildet, bleibt Ihnen überlassen.

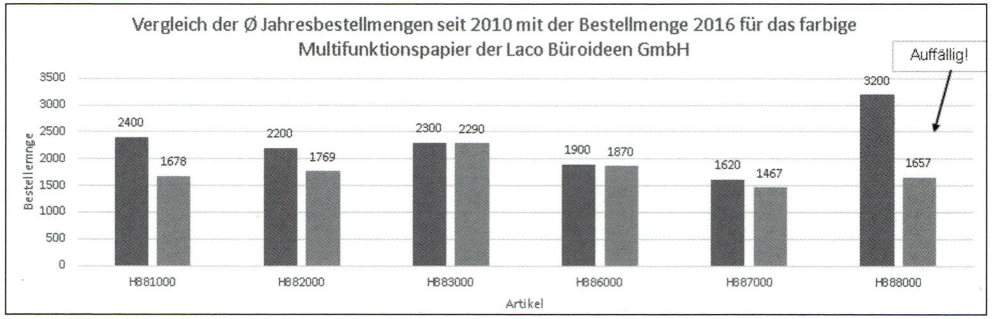

Hinweis

Beachten Sie den Aufbau von UND-Funktionen: =UND (1. Bedingung, die erfüllt sein muss; 2. Bedingung, die erfüllt sein muss), z. B. =UND(F6>=$A$3;K6>$B$3)

Lösungshinweise:

- Achten Sie auch hier wieder auf die Angaben aus dem Corporate Design und die Vorgaben aus der Anlage 1. Vergleichen Sie Ihre Datei sehr genau mit der links stehenden Musterlösung.
- Überprüfen Sie, ob Sie die Schriftart Arial, Größe 11 verwendet haben. Die Zelle für die Überschrift, sowie die Zellen B2:E2 müssen verbunden werden. Achten Sie beim Übertragen auf eine korrekte Rechtschreibung und auf eine mittige Ausrichtung.
- Übertragen Sie die Tabellenüberschriften (Achtung Größe 11) und achten Sie auch hierbei auf eine korrekte Rechtschreibung und auf eine sowohl horizontal als auch vertikal mittige Ausrichtung. Achten Sie darauf, ob Sie den Zeilenumbruch eingestellt haben.

Aufgabe 1 bis 3: Aufgaben zur Stofferschließung

1. Aufgabe

Situation
Jannis Merk ist momentan in der Abteilung Einkauf der Laco Büroideen GmbH eingesetzt. Vor zwei Wochen hat Herr Kurz, einer der Einkaufssachbearbeiter, Werbeartikel für einen Messeauftritt bestellt. Jannis soll am 20.02.20.. überprüfen, ob alle Artikel inzwischen pünktlich angekommen sind.

1.1 Wie kann Jannis die Einhaltung der Liefertermine überwachen?

1.2 Jannis stellt fest, dass die Luftballons mit dem Logo der Laco Büroideen GmbH noch nicht eingetroffen sind. Er ist der Meinung, dass sofort ein anderer Lieferant hierfür gesucht werden sollte, da die Messe bereits in einer Woche stattfindet. Nehmen Sie zu diesem Vorgehen Stellung.

2. Aufgabe

Situation
Jannis Merk überprüft die Auftragsbestätigung der Werbeartikel Discount OHG, die die noch fehlenden Luftballons liefern sollten.

Sehr geehrter Herr Kurz,

vielen Dank für Ihre Bestellung. Gerne bestätigen wir Ihnen die Lieferung von 6 000 Stück Luftballons, bedruckt mit dem Logo der Laco Büroideen GmbH zu einem Einzelpreis von 0,12 € zuzüglich Umsatzsteuer.

Die Lieferung erfolgt am 19.02.20.. frei Haus. Die Zahlung […]

Mit freundlichen Grüßen

2.1 Geben Sie eine Übersicht über die Voraussetzungen für einen Lieferungsverzug und begründen Sie, ob sich die Werbeartikel Discount OHG in Verzug befindet.

Voraussetzungen:

-
-
-

Begründung:

2.2 Was wird unter Gattungsware verstanden? Handelt es sich in der vorliegenden Situation um Gattungsware?

Definition Gattungsware:

Beurteilung in Bezug auf den bestellten Artikel:

2.3 Welches Recht sollte die Laco Büroideen GmbH in diesem Fall in Anspruch nehmen? Begründen Sie Ihre Antwort.

2.4 Wie ist die Situation zu beurteilen, wenn ein Verschulden der Werbeartikel Discount OHG nicht vorliegt. Nennen Sie ein Beispiel für diese Situation.

Beurteilung:

Beispiel:

Erläuterungen und Lösungen

1. Aufgabe

1.1 Liefertermine können mithilfe von Terminkalendern, Terminkarteien, Terminordnern oder mithilfe eines Datenverarbeitungsprogramms überwacht werden.

1.2 Das sollte er auf keinen Fall tun. Erst einmal sollte er die folgenden Dinge überprüfen:
- Liegt ein gültiger Kaufvertrag vor?
- Ist die Lieferung fällig?

2. Aufgabe

Rechte des Käufers aus der **Nicht-Rechtzeitig-Lieferung**:

auf Lieferung bestehen …	die Lieferung ablehnen …	
… und Ersatz des Verzögerungsschadens fordern. (Ersatz des entstandenen Schadens – auch entgangener Gewinn)	… und vom Vertrag zurücktreten.	… und vom Vertrag zurücktreten sowie Schadenersatz und/oder Ersatz vergeblicher Aufwendungen fordern.
Voraussetzung: *Fälligkeit, Verschulden, Mahnung*	***Voraussetzung:*** *Fälligkeit, angemessene Nachfrist*	***Voraussetzung:*** *Fälligkeit, Verschulden, angemessene Nachfrist*
Mögliche Gründe:		
Weil … … die Ware bei anderen Lieferanten nicht rechtzeitig zu erhalten ist. … die Preise gestiegen sind.	*Weil … … die Ware bei anderen Lieferern günstiger ist.*	*Weil … … ein Deckungskauf bei einem anderen Lieferer möglich ist, dieser schneller aber teurer liefern kann. … Folgekosten angefallen sind.*

2.1 Voraussetzungen für den Lieferungsverzug:
- Fälligkeit der Lieferung
- Verschulden des Verkäufers
- Mahnung des Käufers

Begründung: In dieser Situation liegt eine Nicht-Rechtzeitig-Lieferung vor, da die Lieferung am 19.02.20.., d. h. am gestrigen Tag, fällig war. Da dieser Tag kalendermäßig bestimmt ist, muss keine Mahnung erfolgen. Erkenntnisse, dass der Verzug vom Verkäufer nicht zu vertreten ist, liegen nicht vor.

2.2 **Gattungsware:** Hierunter versteht man Ware, die in genau der gleichen Art und Beschaffenheit in großer Menge vorhanden ist. Es handelt sich um vertretbare oder austauschbare Sachen. Bei Gattungsware gerät der Lieferant auch ohne Verschulden in Verzug.

Bewertung: Luftballons gehören grundsätzlich zur Gattungsware, aber da diese Luftballons mit dem Firmenlogo bedruckt sind, handelt es sich hier nicht um Gattungsware.

2.3 Die Laco Büroideen GmbH benötigt diese Ware dringend. Höchstwahrscheinlich ist es schwierig, in dieser kurzen Zeit einen anderen Lieferanten zu finden. Aus diesem Grund sollte auf die Lieferung bestanden werden.
Für einen Rücktritt vom Vertrag müsste eine Nachfrist gesetzt werden.

2.4 Liegt kein Verschulden auf Seiten des Lieferanten vor, so hat die Laco Büroideen GmbH lediglich die Möglichkeit, eine angemessene Nachfrist zu setzen und dann vom Vertrag zurückzutreten.
Beispiele in denen kein Verschulden des Lieferanten vorliegt, sind Fälle von höherer Gewalt, wie z. B. Naturkatastrophen, Lagerbrände usw.

2.5 Liegt in den folgenden Fällen ein Verschulden des Lieferanten vor? Begründen Sie Ihre Antwort.

2.5.1 Im Warenlager unseres Lieferanten ist der Blitz eingeschlagen, wobei das Lager in Flammen aufgegangen ist.	
2.5.2 Unser Lieferant hat von einem anderen Kunden einen Großauftrag zu besseren Bedingungen erhalten und beliefert zuerst diesen Kunden.	
2.5.3 Der Auslieferungsfahrer hat unsere Adresse falsch gelesen und ist statt nach Köln nach Kiel gefahren.	
2.5.4 Die Lagerarbeiter streiken.	
2.5.5 Ein Mitarbeiter unseres Lieferanten löscht absichtlich unseren Auftrag, da er sich mit unserem Einkaufssachbearbeiter im Streit befindet.	

2.6 Unterscheiden Sie die Begriffe Konkreter Schaden und Abstrakter Schaden und geben Sie zu jedem ein Beispiel.

Konkreter Schaden	**Abstrakter Schaden**
Beispiel:	*Beispiel:*

2.7 Die Werbeartikel Discount OHG sieht sich nicht in der Lage, die Luftballons bis zur Messe zu liefern. Daraufhin tritt die Laco Büroideen GmbH vom Vertrag zurück und führt einen Deckungskauf bei einem ortsansässigen Dekorationsgeschäft durch. Allerdings kosten die bedruckten Luftballons hier 0,22 €. Wie ist die rechtliche Situation?

2.8 In welcher Situation würde die Laco Büroideen GmbH nur das Recht vom Vertrag zurückzutreten in Anspruch nehmen?

2.9 Beurteilen Sie die folgenden Situationen im Hinblick darauf, ob ein Lieferungsverzug vorliegt und welche Rechte in Anspruch genommen werden sollten.

2.9.1 Die Laco Büroideen GmbH feiert 50-jähriges Jubiläum und hat für diesen Tag bei einem ansässigen Metzger ein Mittagsbuffet für die geladenen Gäste bestellt, das am Jubiläumstag um 11:00 Uhr geliefert werden sollte. Um 14:00 Uhr ist das Essen immer noch nicht da.	
2.9.2 Die für die Kantine bestellten Tische sind auch fünf Wochen nach der Bestellung noch nicht geliefert worden.	
2.9.3 Wir haben Kopierpapier bestellt. Die Lieferung sollte heute erfolgen. Unser Lieferant ruft an und teilt mit, dass er heute aufgrund eines Tornados nicht ausliefern kann.	
2.9.4 Für die Jubiläumsfeier der Laco Büroideen GmbH wurde Wein als Geschenk für die Firmengründer bestellt. Die Lieferung sollte einen Tag vor dem Jubiläum fix erfolgen. Die Ware kommt nicht an.	

Erläuterungen und Lösungen

2.5 Liegt ein Verschulden des Lieferanten vor – entscheiden Sie:

2.5.1 Im Warenlager unseres Lieferanten ist der Blitz eingeschlagen, wobei das Lager in Flammen aufgegangen ist.	Nein, da es sich um höhere Gewalt handelt.
2.5.2 Unser Lieferant hat von einem anderen Kunden einen Großauftrag zu besseren Bedingungen erhalten und beliefert zuerst diesen Kunden.	Ja, da der Lieferant mit Vorsatz gehandelt hat.
2.5.3 Der Auslieferungsfahrer hat unsere Adresse falsch gelesen und ist statt nach Köln nach Kiel gefahren.	Ja, er handelt fahrlässig, da er die nötige Sorgfalt außer Acht gelassen hat.
2.5.4 Die Lagerarbeiter streiken.	Nein, da es sich um höhere Gewalt handelt.
2.5.5 Ein Mitarbeiter unseres Lieferanten löscht absichtlich unseren Auftrag, da er sich mit unserem Einkaufssachbearbeiter im Streit befindet.	Ja, da der Mitarbeiter vorsätzlich gehandelt hat und dadurch die Rechtsverletzung herbeigeführt hat.

2.6 Unterscheidung **konkreter** und **abstrakter** Schaden.

Konkreter Schaden	Abstrakter Schaden
Der entstandene Schaden ist genau belegbar.	Ein Schaden der nicht genau belegbar ist, sondern z. B. durch einen Gutachter ermittelt werden muss.
Beispiel: Mehrpreis durch Deckungskauf, Telefongebühren	*Beispiel:* Entgangener Gewinn, Rufschädigung

2.7 Laut Gesetz ist der Lieferant bei Schadensersatz verpflichtet, den Zustand herzustellen, der bestehen würde, wenn der zu Ersatz verpflichtende Umstand nicht eingetreten wäre.
Da der Verkäufer die Lieferung verweigert, muss für das Recht „Rücktritt vom Vertrag sowie Schadenersatz" keine Nachfrist gesetzt werden. In diesem Fall können die Mehrkosten für den Deckungskauf berechnet werden.

Kosten des Deckungskaufs:
0,22 € * 6 000 Stück = 1.320,00 €

Kosten bei Lieferung durch die Werbeartikel Discount OHG:
0,12 € * 6 000 Stück = 720,00 €

Höhe des Schadensersatzanspruches:
1.320,00 € – 720,00 € = 600,00 €

2.8 Die Laco Büroideen GmbH sollte den Rücktritt vom Vertrag in Erwägung ziehen, wenn die Luftballons von einem anderen Lieferanten zu einem günstigeren oder zum gleichen Preis in der verbleibenden Zeit geliefert werden könnten.

2.9 Liegt ein **Lieferungsverzug** vor:

2.9.1 Die Laco Büroideen GmbH feiert 50-jähriges Jubiläum und hat für diesen Tag bei einem ansässigen Metzger ein Mittagsbuffet für die geladenen Gäste bestellt, das am Jubiläumstag um 11:00 Uhr geliefert werden sollte. Um 14:00 Uhr ist das Essen immer noch nicht da.	Ja. Fristsetzung und Mahnung entfallen, da es sich um einen Zweckkauf (Buffet für die Jubiläumsfeier) handelt. Recht: Rücktritt vom Vertrag und ggf. Schadensersatz
2.9.2 Die für die Kantine bestellten Tische sind auch fünf Wochen nach der Bestellung noch nicht geliefert worden.	Nein. Der Liefertermin ist kalendermäßig nicht bestimmbar. Hier muss der Lieferant mit einer Mahnung in Verzug gesetzt werden.
2.9.3 Wir haben Kopierpapier bestellt. Die Lieferung sollte heute erfolgen. Unser Lieferant ruft an und teilt mit, dass er heute aufgrund eines Tornados nicht ausliefern kann.	Nein, da es sich um höhere Gewalt handelt.
2.9.4 Für die Jubiläumsfeier der Laco Büroideen GmbH wurde Wein als Geschenk für die Firmengründer bestellt. Die Lieferung sollte einen Tag vor dem Jubiläum fix erfolgen. Die Ware kommt nicht an.	Ja. Fristsetzung und Mahnung entfallen, da es sich um einen Fixkauf handelt. Recht: Rücktritt vom Vertrag und ggf. Schadensersatz.

3. Aufgabe

Situation
Jannis Merk überprüft am 20.02.20.. eine weitere Lieferung und stellt auch hierbei fest, dass die Ware nicht angeliefert wurde. Die nachfolgend abgebildete Bestellung wurde dem Unternehmen am 12.02.20.. per Mail zugeschickt.

> Sehr geehrte Frau Müller,
>
> wir danken Ihnen für Ihr Angebot vom 10.02.20.. und bestellen wie folgt:
>
> 100 Pakete Senk-Holzschrauben mit Kreuzschlitz DIN 7997 in Messing, 2,5 x 16 mm, 200 Stück je Packung zu einem Preis von 13,47 € je Paket.
>
> Die Lieferung erfolgt sofort frei Haus nach Bestelleingang. […]
>
> Mit freundlichen Grüße

3.1 Klären Sie, ob die Lieferung aus obiger Situation fällig ist. Falls dies nicht der Fall ist, was muss Jannis Merk machen, um den Lieferanten in Verzug zu setzen? Begründen Sie.

3.2 Nicht immer ist eine Mahnung erforderlich, um einen Lieferanten in Lieferungsverzug zu setzen. In welchen Fällen ist eine Mahnung entbehrlich?

-
-
-
-

3.3 Ist in den folgenden Fällen eine Mahnung des Käufers notwendig, um den Lieferanten in Verzug zu setzen? Begründen Sie Ihre Antwort.

3.3.1 Lieferung bis Ende Februar 20..	
3.3.2 Lieferung sofort	
3.3.3 Lieferung 10 Tage nach Bestelleingang	
3.3.4 Lieferung am 20.12.20..	
3.3.5 Der Lieferant benachrichtigt seinen Kunden, dass er nicht liefern wird.	
3.3.6 Die Laco Büroideen GmbH möchte allen seinen Mitarbeitern Schokoladenosterhasen schenken und erwartet am Gründonnerstag vor Ostern die Anlieferung.	

3.4 Welche Inhalte sollte eine Mahnung enthalten?

-
-
-
-
-
-

3.5 Was sollten Sie beim Zusenden einer Mahnung an den Lieferanten berücksichtigen?

Erläuterungen und Lösungen

3. Aufgabe

3.1 Laut Bestellung soll die Lieferung sofort nach Bestelleingang erfolgen.
Da dadurch der Liefertermin kalendermäßig nicht bestimmt ist, bedarf es einer Mahnung mit Fristsetzung, um den Lieferanten in Verzug zu setzen.

3.2 Die **Mahnung** ist entbehrlich, wenn

- der Schuldner die Lieferung verweigert,
- der Liefertermin kalendermäßig bestimmbar ist,
- der Lieferant sich selbst in Verzug setzt,
- eilbedürftige Pflichten vorliegen, die nicht aufgeschoben werden können, um drohenden Schaden zu verhindern, wie z. B. bei einem Wasserrohrbruch.

3.3 Entscheiden Sie, ob eine Mahnung notwendig ist:

3.3.1	Lieferung bis Ende Februar 20..	Nein, da es sich um einen Terminkauf handelt und die Lieferung bis Ende Februar möglich ist.
3.3.2	Lieferung sofort	Ja, da der Liefertermin kalendermäßig nicht bestimmbar ist.
3.3.3	Lieferung 10 Tage nach Bestelleingang	Ja, da der Liefertermin kalendermäßig nicht bestimmbar ist.
3.3.4	Lieferung am 20.12.20..	Nein, da es sich um einen Terminkauf handelt.
3.3.5	Der Lieferant benachrichtigt seinen Kunden, dass er nicht liefern wird.	Nein, da der Lieferant die Lieferung verweigert.
3.3.6	Die Laco Büroideen GmbH möchte allen seinen Mitarbeitern Schokoladenosterhasen schenken und erwartet am Gründonnerstag vor Ostern die Anlieferung.	Nein, da es sich um einen Zweckkauf handelt. Nach Ostern sind die Schokoladenosterhasen nicht mehr für den geplanten Zweck zu verwenden.

3.4 Inhalt einer Mahnung:

- Datum und Nummer der Bestellung
- Bezeichnung und Anzahl der bestellten Waren
- eventuell Datum der Auftragsbestätigung
- Mitteilung bzw. Reklamation, dass die bestellte Ware nicht geliefert wurde
- Hinweis auf Folgen, die durch den Lieferungsverzug beim Kunden eintreten
- Bestimmung einer angemessenen Nachfrist, innerhalb derer die Ware eintreffen muss
- Ankündigung der Konsequenzen, falls die Ware nicht innerhalb der Frist eintrifft

Bei der Fristsetzung sollte man beachten, dass dem Lieferanten genügend Zeit bleibt, auf die Reklamation zu reagieren. Ansonsten könnte die Fristsetzung unwirksam sein.

3.5 Um nachweisen zu können, dass eine Mahnung abgeschickt wurde, ist es sinnvoll den Brief per Einschreiben zu versenden.

4. Anwendungsaufgabe: Nicht-Rechtzeitig-Lieferung

Sie sind Auszubildende/Auszubildender der
Laco Büroideen GmbH, Hohenstaufenring 112 – 116, 50674 Köln.
Telefonisch sind Sie erreichbar unter der Nummer 0221 823498, Durchwahl 126.
E-Mail-Adressen werden im Unternehmen wie folgt gebildet:
vorname.nachname@laco-bueroideen.com. Sie haben Artvollmacht.

Sie benötigen die folgende Datei aus der Datensammlung: Web
Geschaeftsbriefvorlage_separate_Ruecksendeanschrift.docx

Corporate-Design-Anweisungen:
- Schriftart Arial, Schriftgröße 11
- Überschriften zentriert, in Fettschrift, Schriftgröße 14

Die Datei ist in der Fußzeile mit Ihrem Namen rechtsbündig zu formatieren.

Einstiegsszenario:
Die Laco Büroideen GmbH hat bei der Bauer KG 300 Leuchtkugelschreiber mit eingraviertem Schriftzug des Firmennamens bestellt. Diese sollen auf der Büromesse „Orgatec" an die Kunden verteilt werden.
Julia Weiß, die Abteilungsleiterin ruft Sie am Donnerstag, 21.10.20.. an.

Frau Weiß: Guten Tag.

Sie: Guten Tag, Frau Weiß.

Frau Weiß: Mir liegt noch keine Wareneingangsmeldung für die Leuchtkugelschreiber „Classic" vor. Mit dem Lieferanten war vereinbart, dass die Ware am 20.10.20.. geliefert wird. Wir brauchen die Kugelschreiber dringend für die Orgatec, die am 27.10.20.. beginnt.
Ich habe mit Frau Schnoor von der Bauer KG telefoniert. Sie sagte mir, dass sie den Liefertermin nicht einhalten können und frühestens am 29.10.20.. liefern würden.
Bezüglich eines Deckungskaufs habe ich schon herumtelefoniert. Das wird teuer werden. Ich lasse Ihnen alle nötigen Unterlagen zukommen. Bitte überprüfen Sie die Daten noch einmal anhand der Auftragsbestätigung und formulieren Sie ein Schreiben an den Lieferanten. Denken Sie daran, dass der Brief zur Beweissicherung als Einschreiben mit Rückschein herausgehen muss.

Sie: Ja, mache ich.

Beachten Sie die Rechtschreibung, den Ausdruck und die Zeichensetzung.
Formulieren Sie in vollständigen Sätzen. Gestalten Sie Ihre Ergebnisse übersichtlich.
Wenden Sie die Regeln der DIN 5008 an.

Öffnen Sie die Datei „Geschaeftsbriefvorlage_separate_Ruecksendeanschrift".
Speichern Sie diese unter „AA_10.6.4" und Ihrem Vor- und Nachnamen.

Gestalten Sie einen situationsgerechten Geschäftsbrief. Nutzen Sie hierfür Anlage 1.

4.1 Informieren Sie den Lieferanten über die Nicht-Rechtzeitig-Lieferung und gehen Sie dabei auf die Bedeutung der termingemäßen Lieferung ein.

4.2 Machen Sie Ihre Rechte geltend. Berücksichtigen Sie dabei die Informationen aus dem Einstiegsszenario und aus Anlage 2.

Anlage 1: Mail vom 28.09.20..

An:	julia.weiss@laco-bueroideen.com
Cc:	
Bcc:	
Betreff:	Auftragsbestätigung – 300 Leuchtkugelschreiber „Classic"
Anhang:	

Sehr geehrte Frau Weiß,

vielen Dank für Ihre Bestellung vom 27.09.20..
über 300 Leuchtkugelschreiber „Classic" in hellblau
zu einem Preis von 2,35 € ohne Abzüge.

Wir werden die Kugelschreiber mit dem Schriftzug
der Laco Büroideen GmbH versehen und wie gewünscht am
20.10.20.., vor dem Start der Orgatec, frei Haus bei Ihnen
anliefern.

Mit freundlichen Grüßen

i. A. Tanja Schnoor

E-Mail: t.schnoor@bauer-hannover.de
Telefon: 0511-457823-89
Internet: www.bauer-hannover.de

Sitz/Anschrift: Hildesheimer Str. 10, 30169 Hannover
Handelsregister HRA 1278 beim Amtsgericht Hannover

Anlage 2:

Deckungskauf ist möglich über die Albert Götz GmbH in Köln, Lieferung am 26.10.20..

Bezugspreis 2,92 € – 2,95 € pro Kugelschreiber.

Julia Weiß

Erläuterungen und Lösungen

4. Aufgabe

Vorüberlegungen:
Die Leuchtkugelschreiber werden zum Start der Orgatec am 27.10.20.. benötigt. Die Bauer KG kann allerdings frühestens am 29.10.20.. liefern. Dies ist definitiv zu spät. Es war ein kalendermäßig bestimmter Termin vereinbart. Gleichzeitig handelt es sich um einen Zweckkauf.
Die folgenden Voraussetzungen sind demnach gegeben: Fälligkeit, Verschulden (das Telefonat hat keinen Anhalt für ein Nicht-Verschulden gegeben), eine Mahnung ist entbehrlich (Termin ist kalendermäßig bestimmt und zusätzlich Selbstinverzugsetzung), Nachfrist entfällt wegen Zweckkauf.
Demnach sollten die folgenden Rechte in Anspruch genommen werden: Rücktritt vom Vertrag und Schadenersatz.

Anschriftenfeld:

Laco Büroideen GmbH ✦ Hohenstaufenring 112 – 116 ✦ 50674 Köln
¶
¶
Einschreiben/Rückschein
Bauer KG
Frau Schnoor
Hildesheimer Str. 10
30169 Hannover

Denken Sie daran, die im Einstiegsszenario geforderte Sendungsart in der Vermerkzone hinzuzufügen. Lassen Sie zwischen Vermerk und Firma keine Leerzeile!

Informationsblock:

Ihr Zeichen:
Ihre Nachricht vom: 21.10.20..
Unser Zeichen: Kürzel des Schülers
Unsere Nachricht vom: 27.09.20..
¶
Name: Name des Schülers
Telefon: 0221 823498-126
Telefax: 0221 823498-0
E-Mail: vorname.nachname@laco-bueroideen.com
¶
Datum: 21.10.20..

Denken Sie daran, dass Ihr Kürzel und Ihr Name hier stehen müssen.

Brieftext:

Nicht-Rechtzeitig-Lieferung –
Leuchtkugelschreiber mit Schriftzug
¶
¶
Sehr geehrte Frau Schnoor,
¶
wir hatten am 27.09.20.. bei Ihnen 300 Leuchtkugelschreiber „Classic" in hellblau mit dem Schriftzug unseres Unternehmens zu einem Preis von 2,35 € bestellt. Als Liefertermin war der 20.10.20.. vereinbart, der von Ihnen durch die Auftragsbestätigung vom 28.09.20.. bestätigt wurde. Dieser Artikel wird von uns für die bevorstehende Büromesse Orgatec benötigt.
¶
Wir haben bisher keine Ware von Ihnen erhalten. Auf telefonische Nachfrage teilten Sie mit, dass Sie die Leuchtkugelschreiber nicht fristgerecht liefern können. Frühester Lieferterm Ihrerseits wäre nun der 29.10.20... Gründe, warum dieser Lieferungsverzug durch Sie nicht zu vertreten ist, nannten Sie nicht. Da die Leuchtkugelschreiber für die am 27.10.20.. beginnende Orgatec vorgesehen waren, nehmen wir unser gesetzliches Rücktrittsrecht in Anspruch.
¶
Gleichzeitig werden wir einen Deckungskauf bei einem anderen Lieferanten vornehmen müssen, um die Ware zum Start der Orgatec vorrätig zu haben. Um die dadurch eventuell anfallenden Mehrkosten zu decken, machen wir von unserem Recht auf Schadenersatz Gebrauch und werden Ihnen bei Vorliegen der Rechnung des Deckungskaufs den Differenzbetrag in Rechnung stellen.
¶
Wir hoffen, dass es sich um eine einmalige Ausnahme handelt und die Lieferungen in Zukunft wieder termingerecht erfolgen werden.
¶
Mit freundlichen Grüßen
¶
Laco Büroideen GmbH
¶
¶
¶
i. A. Name des Schülers

Tipp

Lesen Sie sich Ihren Text noch einmal sorgfältig durch und achten Sie dabei auf die Rechtschreibung, Zeichensetzung und den Ausdruck!

Hinweis

Überprüfen Sie, ob Sie einen passenden und aussagekräftigen Betreff gewählt haben.

Überprüfen Sie, ob Sie im Folgenden Ihre Rechte klar und deutlich formuliert haben.

Wichtig ist ein einleitender Satz, in dem Sie die allgemeinen Umstände schildern – fallen Sie nicht mit der Tür ins Haus!

Denken Sie auch an einen versöhnlichen abschließenden Satz, die Grußformel und Ihrer Vollmacht (i. A.).

Aufgabe 1 bis 5: Aufgaben zur Stofferschließung

1. Aufgabe

Situation
Die Auszubildende Sarah Heßel ist momentan im Lager eingesetzt und hilft bei der Warenannahme. Gerade erfolgt termingemäß die Anlieferung von Kopierpapier der Firma Hames GmbH. Der Fahrer des Lkws hat es eilig und möchte schnell eine Unterschrift auf dem Lieferschein zur Bestätigung, dass er die Ware abgeliefert hat.

1.1 Bringen Sie die folgenden Tätigkeiten bei der Warenannahme in einen logischen Zusammenhang.

Kennzeichnen der Ware, Empfang bestätigen, Prüfen der Lieferung auf Vollständigkeit und äußeren Zustand, Abladen der Ware, Erstellen der Wareneingangspapiere, Bestellabgleich (Kontrolle der Lieferberechtigung)

1.2 Welche Prüfungen nehmen Sie in Gegenwart des Frachtführers vor?

-
-
-
-
-

1.3 Welche Hilfsmittel benötigen Sie für die Prüfung der angelieferten Ware?

1.4 Was müssen Sie tun, falls Sie bei der Prüfung eine Unstimmigkeit entdecken?

1.5 Welche Angaben sollte ein Lieferschein beinhalten und welche Bedeutung hat er für den Lieferanten und den Empfänger?

1.6 Was prüfen Sie nach dem Wareneingang?

2. Aufgabe

Situation
Nachdem die Wareneingangskontrolle ordnungsgemäß durchgeführt wurde, kann das Kopierpapier eingelagert werden.

2.1 Welche Funktionen erfüllt die Lagerhaltung? Erläutern Sie diese kurz.

Funktion	Erklärung

2.2 Welche Anforderungen müssen bei einem Lager berücksichtigt werden?

-
-
-
-

Erläuterungen und Lösungen

1. Aufgabe

1.1 Die Reihenfolge der Tätigkeiten im Zusammenhang mit der Warenannahme:

Tätigkeit	
Bestellabgleich (Kontrolle der Lieferberechtigung)	• Wurde die Ware von uns bestellt? • Stimmt das Lieferdatum?
Abladen der Ware	• Muss etwas beachtet werden (z. B. Schutzkleidung, zerbrechliche Ware)?
Prüfen der Lieferung auf Vollständigkeit und äußeren Zustand	• Ist die Verpackung unbeschädigt? • Stimmt die Menge mit Lieferschein und Bestellschein überein?
Empfang bestätigen	• Besonderheiten werden vermerkt, z. B. beschädigte Verpackung.
Erstellen der Wareneingangspapiere	• Wann wurde was geliefert? • Lieferant
Kennzeichnen der Ware	• Sperrvermerke • interne Artikelnummer • Barcode

1.2 In Gegenwart des Frachtführers müssen Sie die folgenden Punkte prüfen:
- Überprüfen der Anschrift auf den Paketen
- Überprüfen von Anzahl/Gewicht der Pakete
- Prüfen der Verpackung auf Unversehrtheit
- Vergleichen des Bestellscheins mit dem Lieferschein

1.3 Als Hilfsmittel dienen Ihnen bei der Prüfung der Bestellschein und der Lieferschein. Bei dem Lieferschein handelt es sich um ein sogenanntes Begleitpapier. Der Begriff kommt daher, da dieses Dokument im Rahmen einer Lieferung mit der Ware transportiert und übergeben wird.

1.4 Bei Beanstandungen nehmen Sie die Lieferung nur unter Vorbehalt oder gar nicht an. Dies müssen Sie auf dem Begleitpapier (Lieferschein) vermerken und sich dies vom Frachtführer durch Unterschrift bestätigen lassen.

1.5 Für den Lieferschein existieren keine gesetzlichen Vorgaben, allerdings sollten folgende Angaben enthalten sein:
- Anschrift des Absenders, Anschrift des Empfängers
- Lieferscheinnummer, ggf. auch Bestell-/Auftragsnummer
- Menge der gelieferten Ware in der entsprechenden Einheit
- Hinweise zum Transport
- Feld für die Empfangsbestätigung

Aus Sicht des Lieferanten ist der Lieferschein ein Nachweis über die ordnungsgemäße Anlieferung der Ware, außerdem kann dieser Hinweise für den Frachtführer enthalten, z. B. Anlieferung nur zwischen 06:00 Uhr und 10:00 Uhr. Für den Empfänger dient er ebenfalls zur Dokumentation des Wareneingangs und für das Rechnungswesen zum Rechnungsabgleich. Da Lieferscheine als Handelsbriefe angesehen werden, müssen sie sechs Jahre lang aufbewahrt werden.

Lieferscheine können auch gleichzeitig als Rechnung dienen, in diesem Fall müssen sie aber auch die Bestandteile einer Rechnung aufführen.

1.6 Unverzüglich nach dem Wareneingang (d. h. ohne schuldhaftes Verzögern) ist die Ware auf Art, Menge, Beschaffenheit und Güte zu prüfen. Das Ergebnis wird dem Einkauf mitgeteilt. Bei einer mangelhaften Lieferung kümmert sich diese Abteilung auch um eine Mängelrüge an den Lieferanten.

2. Aufgabe

2.1 Funktionen der Lagerhaltung:

Funktion	Erklärung
Überbrückungsfunktion	Bezieht sich auf Raum und Zeit aufgrund von Unregelmäßigkeiten auf dem Beschaffungsmarkt, z. B. bei Saisonartikeln und auf das Auseinanderfallen von Einkauf und Verkauf von Waren.
Preisausgleichsfunktion	Ausgleich von Preisschwankungen, sodass Ware preisgünstig in großen Mengen beschafft werden kann.
Reifungsfunktion	Einige Waren werden erst durch eine Lagerzeit verkaufsfertig (z. B. Käse).
Sicherungsfunktion	Absicherung einer störungsfreien Produktion und Sicherung einer gleichmäßigen Lieferfähigkeit.

2.2 An ein Lager werden verschiedenen Anforderungen gestellt. Es sollte
- geräumig,
- übersichtlich,
- zweckmäßig und
- wirtschaftlich sein.

2.3 Um welche Art von Lager handelt es sich. Setzen Sie den richtigen Begriff ein.

Lagerart	Erklärung
	Dieses Lager hilft dabei, die Zeit zwischen Beschaffung und Produktion zu überbrücken.
	Hier werden unfertige Erzeugnisse zwischengelagert, um bei ungeplanten Störungen im Produktionsprozess einen Produktionsstillsand zu vermeiden.
	In diesem Lager werden die fertigen Erzeugnisse gelagert.

2.4 Geben Sie jeweils einen Vor- und einen Nachteil der zentralen bzw. dezentralen Lagerung an.

Bewertung zentrale Lagerung	Bewertung dezentrale Lagerung
+	+
–	–

3. Aufgabe

Situation
Die Geschäftsleitung der Laco Büroideen GmbH ist zwar mit der Unternehmensentwicklung zufrieden, sucht aber weiterhin Möglichkeiten Kosten einzusparen. Besonders die hohen Lagerkosten fallen dabei ins Auge. Anhand von Lagerkennzahlen sollen Einsparpotentiale aufgedeckt werden.

3.1 Welche Kosten fallen im Lager an?

3.2 Welche Ursachen können hohe Lagerkosten haben?

3.3 Durch welche Maßnahmen kann hohen Lagerkosten entgegengewirkt werden?

3.4 Beschreiben Sie den Zielkonflikt in der Lagerhaltung.

3.5 Für das Kopierpapier wurden im abgelaufenen Geschäftsjahr jeweils die folgenden Monatslagerbestände festgestellt.

Januar	440 Pakete	Juli	520 Pakete
Februar	140 Pakete	August	50 Pakete
März	80 Pakete	September	410 Pakete
April	300 Pakete	Oktober	180 Pakete
Mai	170 Pakete	November	330 Pakete
Juni	290 Pakete	Dezember	70 Pakete

Am 1. Januar des abgelaufenen Geschäftsjahres waren 160 Pakete auf Lager. Gehen Sie davon aus, dass jedes Paket einen Wert von 6,47 € hat.

3.5.1 Berechnen Sie den durchschnittlichen Lagerbestand.

3.5.2 Berechnen Sie den durchschnittlichen Wert des Lagerbestands in Euro.

3.5.3 Berechnen Sie die Umschlaghäufigkeit nach Stück und nach Wert.

3.5.4 Berechnen Sie die durchschnittliche Lagerdauer.

Erläuterungen und Lösungen

2.3 Lagerarten:

Lagerart	Erklärung
Eingangslager	Dieses Lager hilft dabei, die Zeit zwischen Beschaffung und Produktion zu überbrücken.
Zwischenlager	Hier werden unfertige Erzeugnisse zwischengelagert, um bei ungeplanten Störungen im Produktionsprozess einen Produktionsstillsand zu vermeiden.
Versandlager	In diesem Lager werden die fertigen Erzeugnisse gelagert.

2.4 Bei einer zentralen Lagerung unterhält das Unternehmen ein zentrales Lager, von dem aus alle Kunden beliefert werden, optimalerweise befindet sich dieses in der Mitte des Liefergebietes. Hat das Unternehmen über den gesamten Verkaufsraum, z. B. in ganz Deutschland, mehrere Lager, so spricht man von einer dezentralen Lagerung.

Bewertung zentrale Lagerung	Bewertung dezentrale Lagerung
+ geringere Lagerkosten, da nur ein Lager gebaut und unterhalten werden muss	+ kurze Wege zwischen Lager und Kunden, dadurch geringere Transportkosten + kürzere Lieferzeiten
– höhere Transportkosten – längere Lieferzeiten	– höhere Investitions- und Betriebskosten

3. Aufgabe

3.1 Im Lager fallen unterschiedliche Kosten an.

Kosten für Lagergüter	Kosten für Betriebsmittel und Verwaltung	Kosten für Mitarbeiter
Kapitalbindungskosten Warenpflegekosten	Abschreibungen auf Gebäude Raumkosten, wie z. B. Miete Energiekosten Instandhaltungskosten Versicherungskosten Allgemeine Verwaltungskosten	Löhne Gehälter

3.2 Als Ursache für zu hohe Lagerkosten werden häufig die folgenden Punkte identifiziert:
- Es werden zu viele Artikel gelagert, somit ist auch zu viel Kapital im Lager gebunden.
- Die Lagerware muss abgeschrieben werden, da es z. B. zu Preisverfall, Diebstahl oder Verderb kommt.
- Schlechte Lagerorganisation

3.3 Vermeidung hoher Lagerkosten: Durch eine wirtschaftliche Lagerorganisation, Reduzierung der eingelagerten Artikel auf Artikel mit hoher Umschlaghäufigkeit und Verbesserung der Kontrollen können die Kosten im Lager gesenkt werden.

3.4 Zielkonflikt der Lagerwirtschaft:

Eine möglichst hohe Verkaufsbereitschaft, die hohe Lagerbestände voraussetzt. ↯ Niedrige Lagerkosten, die einen niedrigen Lagerbestand voraussetzen.

3.5 Berechnung der Lagerkennzahlen.

3.5.1 $\text{Ø Lagerbestand} = \dfrac{\textit{Anfangsbestand + Endbestand}}{2}$ oder

$\text{Ø Lagerbestand} = \dfrac{\textit{Anfangsbestand + Monatsendbestände}}{13}$ (in diesem Fall)

$\text{Ø Lagerbestand} = \dfrac{160 + 2\,980}{13} = 241{,}54 \text{ Stück} = 242 \text{ Stück}$

Dieser Wert gibt an, wie viele Mengeneinheiten einer Ware während eines Zeitraums durchschnittlich gelagert wurden.

3.5.2 Ø Lagerwert = Lagerbestand × Anschaffungskosten – bzw. Herstellkosten in €

Ø Lagerwert = 242 Stück x 6,47 € = 1.565,74 €

3.5.3 $\text{Umschlaghäufigkeit} = \dfrac{\textit{Jahresverbrauch in Stück}}{\textit{Ø Lagerbestand in Stück}}$ oder

$\text{Umschlaghäufigkeit} = \dfrac{\textit{Jahresverbrauch in €}}{\textit{Ø Lagerwert}}$

Beide Berechnungen führen (abgesehen von Rundungsdifferenzen) zum gleichen Ergebnis. Beachten Sie, dass Sie beim Jahresverbrauch den letzten Endbestand abziehen müssen, da dieser noch auf dem Lager ist. Hier: 160 + 2 980 – 70 = 3 070.

$\text{Umschlaghäufigkeit} = \dfrac{3\,070}{242} = 12{,}69$

Dieser Wert gibt an, wie häufig der Ø Lagerbestand in der entsprechenden Periode ein- und wieder ausgelagert, d. h. umgeschlagen wurde.

3.5.4 $\text{Ø Lagerdauer} = \dfrac{360}{\textit{Umschlaghäufigkeit}}$

$\text{Ø Lagerdauer} = \dfrac{360}{12{,}69} = 28{,}37 \text{ Tage}$

Dieser Wert gibt an, wie lange die Ware im Durchschnitt im Lager bleibt.

4. Aufgabe

Situation
Durch die geplante Neueinführung einer ergonomischen Büromöbelserie erhöhen sich die Beschaffungs- und Lagermengen. Dabei stößt die vorhandene Lagerfläche an ihre Kapazitätsgrenzen. Es wird überlegt, auf welche Art die vorhandenen Lagerkapazitäten erweitert werden können.

4.1 Was wird unter Fremdlagerung verstanden?

4.2 Welche Gründe kann es für eine Fremdlagerung geben?

4.3 Ihnen liegt die folgende E-Mail (Auszug) vor.

4.3.1 Vergleichen Sie die Kosten der beiden Alternativen bezogen auf ein Jahr. Dokumentieren Sie Ihren Rechenweg.

> […] gerne sende ich Ihnen die gewünschten Informationen zu. Wir benötigen ein zusätzliches Lagervolumen von 2 400 qm. Die Abschreibungen für die Erweiterung unserer Lagerhalle liegen bei ca. 55.700,00 €/Jahr. Hinzu kommen Personalkosten für zwei weitere Lagerarbeiter (je 2.550,00 €/Monat), Brandschutzversicherung 2,30 €/qm/Monat, Energiekosten 2,95 €/qm, Abschreibung der Lagereinrichtung 1.100,00 €/Monat.
>
> Die Lagerlogistik KG bietet uns zu einem Preis von 9,50 €/qm/Monat die Einlagerung unserer Ware an. […]

4.3.2 Treffen Sie eine begründete Entscheidung. Berücksichtigen Sie hierbei nicht nur Kostengesichtspunkte.

5. Aufgabe

Situation
Jannis Merk, Auszubildender in der Einkaufsabteilung der Laco Büroideen GmbH, erhält folgende Wareneingangsmeldung.

Wareneingangsmeldung				
Lieferant	Holzmühle OHG	Lieferscheinnummer:		348A/20..
Lieferdatum	04.05.20..			
Artikel-Nr.	Artikel	bestellte Menge	erhaltene Menge	Bemerkungen
H56908	Tischplatte HW glatt	70	70	Kratzer auf allen Tischplatten
H48090	Tischplatte QWS eingefärbt	30	28	–
Sonstige Bemerkungen	Verpackung war frei von Beschädigungen			
Prüfung durch	*Sarah Heßel*			

5.1 Beurteilen Sie die vorliegende Situation.

5.2 Welche Arten von Mängeln werden unterschieden?

Erläuterungen und Lösungen

4. Aufgabe

4.1 Um Kosten einzusparen können Bereiche bzw. Aufgabenbereiche ausgelagert werden. Hierbei spricht man von Outsourcing.
Diese Möglichkeit ist auch im Lagerbereich denkbar. Bei der Fremdlagerung wird die Lagerhaltung der Ware von einem Dienstleister oder einem Lieferanten übernommen.

4.2 Gründe für eine **Fremdlagerung**:
- Kosten für eine eigene Lagerhalle sind zu hoch.
- Keine ausreichende eigene Lagerkapazität vorhanden.
- Nötige Lagereinrichtungen sind nicht vorhanden, z. B. kein Kühlraum.
- Der Standort des Unternehmens lässt eine Lagererweiterung nicht zu.
- Das Fremdlager hat eine bessere Verkehrs- oder Kundenanbindung.

4.3 Eine Entscheidungshilfe hinsichtlich der Eigen- und Fremdlagerung ist ein Kostenvergleich. Allerdings müssen noch weitere Kriterien zur Entscheidungsfindung herangezogen werden.

4.3.1 Kostenvergleich:

Kosten der Fremdlagerung/Jahr	
2 400 qm x 9,50 € x 12 Monate = 273.600,00 €	
Kosten der Eigenlagerung/Jahr	
Abschreibungen der Halle:	55.700 €
Abschreibungen der Lagereinrichtung:	1.100,00 € x 12 Monate: 13.200,00 €
Lagerarbeiter:	2.550,00 € x 2 x 12: 61.200,00 €
Brandschutzversicherung:	2,30 € x 2 400 qm x 12: 66.240,00 €
Energiekosten	2,95 € x 2 400 qm x 12: 84.960,00 €
Summe	281.300,00 €

Die Fremdlagerung ist um 7.700,00 €/Jahr günstiger.

4.3.2 Betrachtet man nur die Kosten, so sollte das Fremdlager vorgezogen werden. Allerdings besteht hierbei eine hohe Abhängigkeit vom Lagerhalter und es fehlen die Kontrollmöglichkeiten. Weiterhin wird die Ware vor Ort zur Produktion benötigt. Hier könnte es zu Produktionsengpässen kommen, sollten die Werkstoffe nicht rechtzeitig angeliefert werden.
Unter der Voraussetzung, dass einer Lagererweiterung platztechnisch möglich ist, sollte diese Alternative gewählt werden.

5. Aufgabe

5.1 Anhand der Wareneingangsmeldung ist zu erkennen, dass zum einen von dem Artikel H48090 zwei Tischplatten zu wenig geliefert wurden und weiterhin sind alle Tischplatten mit der Artikelnummer H56908 zerkratzt.

5.2 Übersicht über die **Mängelarten**:

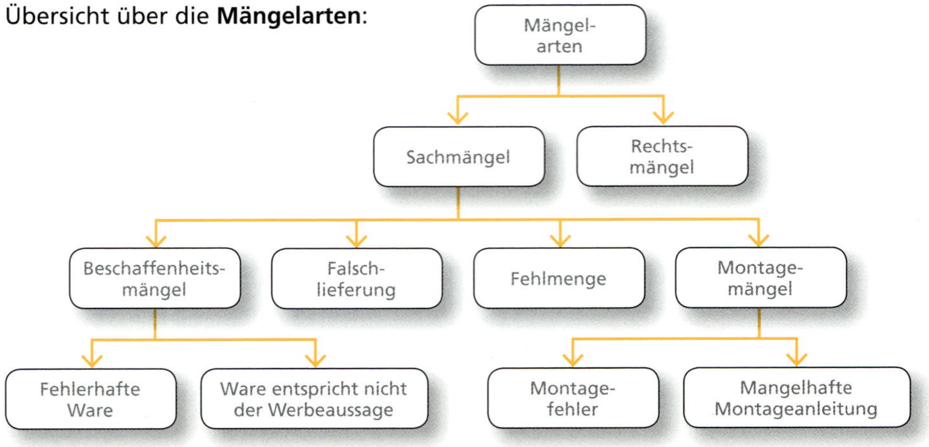

Fehlerhafte Ware:	Sie entspricht nicht der vertraglich vereinbarten Beschaffenheit bzw. eignet sich nicht für die vorgesehene Verwendung.
Ware entspricht nicht der Werbeaussage:	Eigenschaften, die in der Werbung versprochen wurden, fehlen.
Falschlieferung	Andere Ware als bestellt wurde geliefert.
Fehlmenge	Es wurde eine falsche Menge der richtigen Ware geliefert.
Montagefehler	Die Ware wurde vom Verkäufer oder einem Beauftragten falsch montiert.
Mangelhafte Montageanleitung:	Hierdurch montiert der Käufer die Ware falsch, auch „Ikea-Klausel" genannt.
Rechtsmangel	Hierbei handelt es sich um gestohlene Ware oder Ware, die mit einem Pfandrecht belastet ist.

5.3 Welche Arten von Mängeln liegen in der vorliegenden Situation vor?

5.4 Welche Voraussetzungen müssen erfüllt sein, damit die Laco Büroideen GmbH ihre Rechte beanspruchen kann.

5.5 Wie lange hat die Laco Büroideen GmbH Zeit, die Mängel zu rügen?

5.6 Wie lange hätte die Laco Büroideen GmbH Zeit, wenn sich beim Bearbeiten der Tischplatten herausstellt, dass diese nicht aus massivem Holz sind, sondern nur furniert?

5.7 Welche vorrangigen Rechte sollte die Laco Büroideen GmbH in Anspruch nehmen? Begründen Sie Ihre Antwort.

5.8 Die Nacherfüllung ist zum Teil fehlgeschlagen. Auch die Neulieferung der 70 Tischplatten HW glatt weist die gleichen Kratzer auf der Oberfläche auf. Welche nachrangigen Rechte sollte die Laco Büroideen GmbH nun in Anspruch nehmen? Begründen Sie Ihre Antwort.

5.9 In welchen Fällen entfällt das Setzen einer Nachfrist?

-
-
-
-

5.10 Wie beurteilen Sie die Sachlage, wenn die Holzmühle OHG auf unsere Mängelrüge bezüglich der Kratzer in der Oberfläche mit folgender Mail geantwortet hätte.

> […] weisen wir Sie darauf hin, dass wir nicht für den gerügten Mangel verantwortlich sind, da wir lediglich als Großhändler auftreten und nicht als Hersteller. […]

5.11 Um welche Art von Mangel handelt es sich in den folgenden Fällen.

5.11.1	Die Laco Büroideen GmbH kauft einen Küchenschrank für die Mitarbeiterküche zur Selbstmontage. Aufgrund der unzureichenden Angaben in der Montageanleitung führt das Aufbauen zu Beschädigungen des Schranks.	
5.11.2	Das Bürogebäude soll neu angestrichen werden. Nach dem Anstrich wird festgestellt, dass die Farbe nicht UV-beständig ist.	
5.11.3	Die Laco Büroideen GmbH kauft einen gebrauchten Lkw. Nach einer Woche steht die Polizei vor der Tür und beschlagnahmt den Lkw, da dieser geklaut war.	
5.11.4	Die Laco Büroideen GmbH hat 100 Pakete Kopierpapier DIN A4 bestellt, erhält jedoch 100 Pakete Kopierpapier DIN A3.	

Erläuterungen und Lösungen

5.3 Bei Artikel H48090 handelt es sich um die Lieferung einer Fehlmenge (2 Artikel zu wenig) und bei Artikel H56908 um einen Beschaffenheitsmangel. Die Ware ist fehlerhaft, da sie Kratzer aufweist.
Beides sind offene Mängel, das heißt sie sind bei der Prüfung der Ware sofort sichtbar. Dagegen gibt es noch den versteckten Mangel, der erst bei Verwendung der Ware entdeckt wird und den arglistig verschwiegenen Mangel. Hierbei ist der Mangel dem Verkäufer bekannt, er verheimlicht diesen jedoch dem Käufer.

5.4 Es gilt die **Prüfpflicht**:
Kaufleute müssen gelieferte Ware unverzüglich prüfen, um die Rechte aus der mangelhaften Lieferung nicht zu verlieren.

5.5 **Rügepflicht**:
Ebenso, wie unverzüglich geprüft werden muss, muss bei Entdeckung eines Mangels auch unverzüglich gerügt werden.

5.6 Hierbei handelt es sich um einen versteckten Mangel. Der Mangel muss unverzüglich nach Entdeckung angezeigt werden. Allerdings muss dies noch innerhalb der Gewährleistungsfrist von zwei Jahren sein.
Bei arglistig verschwiegenen Mängeln muss ebenfalls unverzüglich nach Entdeckung gerügt werden. Allerdings gilt hier die regelmäßige Verjährungsfrist von 3 Jahren. Innerhalb dieser Zeit muss der Mangel entdeckt worden sein.

5.7 **Vorrangiges Recht**:

Vorrangiges Recht: Nacherfüllung

Nachbesserung oder Neulieferung

→ Dieses Recht kann ohne Setzen einer Frist in Anspruch genommen werden.
→ Der Käufer kann die Art der Nacherfüllung wählen. Allerdings hat der Verkäufer das Recht, die gewählte Art der Nacherfüllung zu verweigern, wenn diese für ihn mit einem unverhältnismäßig hohem Aufwand und hohen Kosten verbunden ist.
→ Nacherfüllungsansprüche bestehen auch bei geringfügigen Mängeln.
→ Eine Nachbesserung gilt nach dem zweiten erfolglosen Reparaturversuch als gescheitert.

In diesem Fall sollte die Laco Büroideen GmbH eine Neulieferung fordern, da eine Nachbesserung der Tischplatten nur mit einem Abschleifen möglich wäre und es hierbei zu Qualitätsverlusten käme.

5.8 Übersicht über die **nachrangigen Rechte**:

Nachrangige Rechte nach Ablauf einer angemessenen Frist zur Nacherfüllung			
Rücktritt vom Vertrag	Preisminderung	Schadensersatz statt Leistung	Ersatz vergeblicher Aufwendungen
Nicht bei geringfügigen Mängeln möglich.	Liegt ein Verschulden des Verkäufers vor, so ist zusätzlich Schadenersatz möglich.	Nur bei Verschulden des Käufers möglich, nicht aber bei geringfügigen Mängeln.	Nur bei Verschulden des Käufers möglich, nicht aber bei geringfügigen Mängeln.

Die Laco Büroideen GmbH benötigt fehlerfreie Ware für die Produktion ihrer Schreibtische. Sollte es aufgrund der Verzögerungen zu Produktionsausfällen kommen, wäre Schadenersatz statt Leistung zu empfehlen. Ein Verschulden des Verkäufers kann hier unterstellt werden.

5.9 Eine Nachfrist ist nicht erforderlich, wenn
- der Verkäufer die Nacherfüllung verweigert,
- die Nachbesserung nach dem zweiten Reparaturversuch scheitert,
- eine Nacherfüllung unzumutbar ist,
- besondere Umstände vorliegen, die unter Abwägung der beiderseitigen Interessen eine sofortige Geltendmachung des Schadensersatzanspruches rechtfertigen.

5.10 Den Mangel kann die Laco Büroideen GmbH direkt beim Lieferanten rügen, auch wenn dieser lediglich Großhändler und nicht Hersteller ist. Vertragliche Ansprüche entstehen im Regelfall zwischen Händler und Käufer.

5.11 Zuordnung der Mängelarten:

5.11.1	Die Laco Büroideen GmbH kauft einen Küchenschrank für die Mitarbeiterküche zur Selbstmontage. Aufgrund der unzureichenden Angaben in der Montageanleitung führt das Aufbauen zu Beschädigungen des Schranks.	mangelhafte Montageanleitung
5.11.2	Das Bürogebäude soll neu angestrichen werden. Nach dem Anstrich wird festgestellt, dass die Farbe nicht UV-beständig ist.	fehlerhafte Ware
5.11.3	Die Laco Büroideen GmbH kauft einen gebrauchten Lkw. Nach einer Woche steht die Polizei vor der Tür und beschlagnahmt den Lkw, da dieser geklaut war.	Rechtsmangel
5.11.4	Die Laco Büroideen GmbH hat 100 Pakete Kopierpapier DIN A4 bestellt, erhält jedoch 100 Pakete Kopierpapier DIN A3.	Falschlieferung

6. Anwendungsaufgabe: Erstellung einer Mängelrüge

Sie sind Auszubildende/Auszubildender der
Laco Büroideen GmbH, Hohenstaufenring 112 – 116, 50674 Köln.
Zurzeit sind Sie in der Abteilung Einkauf eingesetzt.
Telefonisch sind Sie erreichbar unter der Nummer 0221 823498-126.
Ihre E-Mail-Adresse lautet: vorname.nachname@laco-bueroideen.com.
Sie haben Artvollmacht, ebenso wie die Abteilungsleiterin
der Abteilung Einkauf, Frau Julia Weiß. Ihre Durchwahl lautet 123.

Sie benötigen die folgende Datei aus der Datensammlung: Web
Geschaeftsbriefvorlage_separate_Ruecksendeanschrift.docx

Corporate-Design-Anweisungen:
- Schriftart Arial, Schriftgröße 11
- Überschriften zentriert, in Fettschrift, Schriftgröße 14

Die Datei ist in der Fußzeile mit Ihrem Namen rechtsbündig zu formatieren.

Einstiegsszenario:
Ihre Abteilungsleiterin, Frau Weiß, ruft Sie an.

Frau Weiß: Guten Morgen.

Sie: Guten Morgen, Frau Weiß.

Frau Weiß: Für die Wareneingangsmeldung, die sie mir gesendet haben, bedanke ich mich. Die Lieferung der Classic AG, die unser Hauptlieferant für Bürostühle ist, gab schon wieder Grund für eine Beanstandung.

Sie: Etwas ist auffällig. Schon bei der Lieferung davor – das war vor ca. einem Monat – ist bei einem anderen Bürostuhlmodell ein ganz ähnlicher Mangel aufgetreten. Hier ist die Wareneingangsmeldung zu Lieferschein-Nr. L-3440-S vom 21.03.20... Auch hier waren die Polster der Rückenlehnen schlampig vernäht und teilweise schon defekt, weil sich die Nähte gelöst hatten. Außerdem hat es über eine Woche gedauert, bis die Classic AG auf unsere unverzüglich versendete Mängelrüge reagiert hat. Wir benötigen die aktuelle Ware sehr dringend für einen Kundenauftrag und können es uns nicht leisten, dass die Abwicklung wieder so lange dauert.

Frau Weiß: Bitte erstellen Sie eine entsprechende Mängelrüge und gehen Sie auch auf die besondere Problematik ein. Ansprechpartner dort ist Herr Peter König.

Sie: Ich erledige das sofort.

Beachten Sie die Rechtschreibung, den Ausdruck und die Zeichensetzung.
Formulieren Sie in vollständigen Sätzen. Gestalten Sie Ihre Ergebnisse übersichtlich.
Wenden Sie die Regeln der DIN 5008 an.

Wareneingang			
Lieferant:			Classic AG
Lieferantennummer:			347800
Lieferschein Nr.			L-3456-S
Datum:			24.03.20..
Artikelnummer	**Artikelbezeichnung**	**Menge**	**Bemerkungen**
3555789	Bürostühle Ecostar Farbe: schwarz, Bezug: Microfaser	10	Polsterung weist lose Nähte auf Fehler bei allen Stühlen
Wareneingangsprüfung	24.03.20..		

6.1 Öffnen Sie die Vorlagendatei „Geschaeftsbriefvorlage_separate_Ruecksendeanschrift" und speichern Sie diese unter „AA_10.7.4" und Ihrem Vor- und Nachnamen.

6.2 Erstellen Sie die Fußzeile.

6.3 Erstellen Sie eine Mängelrüge an Herrn König bei der Classic AG.
Verwenden Sie folgende Angaben zum Lieferanten:
Classic AG, Herr König, Holsteiner Str. 89, 20890 Hamburg.

6.4 Wählen Sie einen passenden Betreff.

Betreff: ______________________________

6.5 Beginnen Sie das Schreiben mit einem freundlichen Einleitungssatz.

6.6 Benennen Sie den Mangel genau und teilen Sie dem Lieferanten mit, welches Recht Sie einfordern und welche Vorgehensweise Sie wünschen.

6.7 Gehen Sie auch darauf ein, dass dies bereits die zweite Lieferung mit diesem Fehler ist und die Mängelbeseitigung beim letzten Mal lange gedauert hat.

6.8 Weisen Sie den Lieferanten darauf hin, dass Sie die mangelfreie Ware dringend benötigen, und nennen Sie mögliche Konsequenzen, wenn sich solche Fehler bei den Lieferungen und der Mängelbeseitigung wiederholen.

Erläuterungen und Lösungen

6. Aufgabe: Erstellung einer Mängelrüge

Vergleichen Sie Ihre Lösung mit der Datei AA_10.7.4_Lösung.

Web

Laco Büroideen GmbH

Laco Büroideen GmbH ✦ Hohenstaufenring 112 – 116 ✦ 50674 Köln

Ihr Zeichen:
Ihre Nachricht vom: 24.03.20..
Unser Zeichen: muster
Unsere Nachricht vom:

Classic AG
Herrn König
Holsteiner Str. 89
20890 Hamburg

Name: Vorname Nachname
Telefon: 0221 823498-126
Telefax: 0221 823498-10
E-Mail: vorname.nachname@laco-bueroideen.com

Datum: 24.03.20..

Mängelanzeige Lieferscheinnummer L-3456-S vom 24.03.20..

Sehr geehrter Herr König,

vielen Dank für Ihre fristgemäße Lieferung.

Leider haben wir Mängel festgestellt. Die gelieferten Bürostühle Ecostar Trend-Xtra, schwarz, Bezug Microfaser, Artikelnummer 3555789, weisen Fehler auf. Bei allen 10 Stühlen sind die Microfaser-Bezüge unsauber vernäht und die Bezüge weisen lose Nähte auf.

Wir bitten diesbezüglich um den Umtausch der Artikel in mangelfreie Ware bis zum 30.03.20...
Die Ware liegt zur Abholung bereit.

Die Bürostühle benötigen wir sehr dringend für einen Kundenauftrag. Bei der letzten Lieferung Nr. L-3440-S trat derselbe Fehler bereits bei einem anderen Stuhlmodell auf und die Mängelbeseitigung hat sehr viele Wochen gedauert, da Sie erst sehr spät auf unsere Mängelrüge reagiert haben.

Wir bitten Sie, in Zukunft ein besonderes Augenmerk darauf zu legen, mangelfreie Ware zu senden und bei etwaigen Mängeln zügig zu reagieren. Ansonsten sehen wir uns gezwungen, bei einem anderen Lieferanten zu bestellen.

Wir hoffen, dass die Geschäftsbeziehung bestehen bleibt.

Mit freundlichen Grüßen

Laco Büroideen GmbH

i. A. *Vorname Nachname*

Vorname Nachname

Laco Büroideen GmbH Hohenstaufenring 112 - 116 50674 Köln Steuer-Nr.: 214/5670/1298 USt.-IdNr.: DE 234789654	Geschäftsführer: Joris van Hagens HRB 2590 Amtsgericht Köln	Telefon: Fax: Internet: E-Mail:	0221 823498-0 0221 823498-10 www.laco-bueroideen.com info@laco-bueroideen.com	Bankverbindung: Sparkasse KölnBonn BIC: COLSDE33XXX IBAN: DE78 3705 0198 1122 2489 01	

Bei der Mängelrüge handelt es sich um einen typischen Geschäftsbrief im Bereich Einkauf/Beschaffung. Es geht darum, den Lieferanten über einen Fehler zu informieren und somit ist hier Fingerspitzengefühl bei den Formulierungen wichtig.

Tipp

Lesen Sie sich Ihren Text noch einmal sorgfältig durch und achten Sie dabei auf Rechtschreibung, Zeichensetzung und Ausdruck!

Bei dem vorliegenden Arbeitsauftrag liegt ein Mangel vor, der bereits vorher schon einmal aufgetreten ist und der vom Lieferanten nicht schnell genug bearbeitet worden ist. In diesem Fall ist es wichtig, zu kommunizieren, dass es Konsequenzen hat, wenn sich der Lieferant wiederholt so verhält. Der Briefstil muss trotz der Verärgerung immer sachlich und höflich bleiben.

Bei Geschäftsbriefen müssen die Schreib- und Gestaltungsregeln für die Textverarbeitung nach DIN 5008 eingehalten werden.

Achten Sie bei der **Empfängeranschrift** darauf, den Ansprechpartner zu nennen.
Bei „Herrn" wird das „n" oft vergessen. Es muss „Herrn König" heißen.

Wichtig ist es, einen passenden und aussagekräftigen **Betreff** zu wählen.
Nur der Begriff „Mängelanzeige" wäre unzureichend. In diesem Fall ist es sinnvoll, die Lieferscheinnummer und das Datum im Betreff zu erwähnen.

Betreff: **Mängelanzeige Lieferscheinnummer L-3456-S vom 24.03.20..**

Beachten Sie, dass das Wort „Betreff" nicht genannt wird und neben dem Fettdruck auch die Gestaltung des Betreffs in einer Farbe nach der DIN 5008 möglich ist.

Die richtige **Anrede** ist bei einem Geschäftsbrief sehr wichtig, damit das Schreiben zügig an die betreffende Person im Unternehmen weitergeleitet werden kann und diese sich auch persönlich angesprochen fühlt. Auch einen **einleitenden Satz** sollten Sie wählen.

Denken Sie bei der Gestaltung des Schreibens daran, den Text in **sinnvolle zusammenhängende Absätze** zu gliedern. Absätze sind vom nachfolgenden Text jeweils durch eine Leerzeile zu trennen.

Denken Sie an einen **abschließenden Satz**.

Bei **Artvollmacht** ist der Zusatz „i. A." notwendig.

Aufgabe 1: Aufgaben zur Stofferschließung

1. Aufgabe

Situation
Die Geschäftsleitung der Laco Büroideen GmbH denkt über eine Umstrukturierung der Büroräume nach. Aufgrund der technologischen und gesellschaftlichen Entwicklungen in der Arbeitswelt, haben sich das Arbeiten und damit die Anforderungen an den Arbeitsplatz und den Arbeitsraum geändert.

1.1 Welche Büroraumformen kennen Sie?

1.2 Ergänzen Sie die Übersicht zu den klassischen Büroraumarten.

	Erklärung	Vorteile	Nachteile
Einpersonen-Büros			
Gruppenbüro			
Großraumbüro			
Kombi-Büro			

1.3 Welche Vorschriften sind bei der Gestaltung des Büroarbeitsraums und -platzes zu beachten?

-
-
-
-

1.4 Neben den „klassischen" Büroformen gibt es auch neuere Entwicklungen. Erklären Sie, was unter den folgenden Büroformen zu verstehen ist und wann sie sinnvollerweise Anwendung finden.

Non-territoriale Büros:

Reversible Büros:

1.5 Je größer der Büroraum, desto höher ist der Krankenstand. Woran könnte das liegen?

-
-
-
-
-
-

1.6 Eine besondere Form des Arbeitsraumes ist das Home-Office. Was ist darunter zu verstehen und welche Vor- und Nachteile bietet es?

Erläuterungen und Lösungen

1. Aufgabe

Büroraumformen sind Modelle zur räumlichen Strukturierung von Büroflächen. Sie stellen die Organisationskultur eines Unternehmens räumlich dar, gliedern die Arbeitsabläufe und beeinflussen die Zusammenarbeit und das Arbeitsklima der Mitarbeiter eines Unternehmens. Bei der **Büroraumplanung** sind viele Aspekte zu berücksichtigen. So hängt die Büroraumform davon ab, wie die Kommunikations- und Konzentrationserfordernisse sind, wie viele Mitarbeiter häufig abwesend sind (z. B. Außendienstmitarbeiter) und wie der Arbeitsablauf gestaltet ist. Diese Aspekte müssen abteilungsbezogen betrachtet werden und sind selten für das gesamte Unternehmen gleich.

1.1 Zellenbüro (Einpersonen-, Zweipersonenbüro), Gruppenbüro, Großraumbüro, Kombi-Büro, Non-Territoriale Büros.

1.2 Übersicht zu den klassischen **Büroraumarten**:

	Erklärung	Vorteile	Nachteile
Ein-personen-Büros	• mit nur einem Mitarbeiter besetzt • meist für Vorgesetzte oder Mitarbeiter mit vertraulichen Aufgaben	• Führen vertraulicher Gespräche möglich • Ruhe und kaum Störungen • natürliche Lichtquellen können optimal genutzt werden	• Teamarbeit kaum möglich • teuer, da alle Arbeitsmittel nur von einem Mitarbeiter genutzt werden • flächenaufwendig • Gefahr der Vereinsamung
Gruppen-büro	• mit drei bis 20 Mitarbeitern besetzt • Aufgaben der Mitarbeiter gehören inhaltlich zusammen • Kommunikation steht im Vordergrund	• gute Möglichkeiten der Zusammenarbeit • Technik kann von mehreren genutzt werden • gute Vertretungsmöglichkeiten • geringe Kosten je Arbeitsplatz	• hohe Geräuschbelästigung durch andere Mitarbeiter • natürliche Lichtquelle nicht für alle optimal nutzbar • konzentriertes Arbeiten nur bedingt möglich
Großraum-büro	• mit mindestens 20 Mitarbeitern besetzt • Grundfläche ab ca. 400 qm	• intensive Zusammenarbeit möglich • geringe Wegezeiten bei Zusammenarbeit • guter Arbeitsfluss • gute Vertretungsmöglichkeiten • geringe Kosten je Arbeitsplatz • gute Kontrollmöglichkeiten • hohe Flexibilität bei der Raumausnutzung	• hohe Geräuschbelästigung • konzentriertes Arbeiten schlecht möglich • ständige Beobachtung durch andere Mitarbeiter/Vorgesetzte • natürliche Lichtquelle nicht für alle optimal nutzbar • schlechte Luftverhältnisse
Kombi-Büro	• Kombination von Einzelarbeitsräumen und gemeinschaftlich genutzten Multifunktionszonen	• gute Zusammenarbeit und Kommunikation möglich • jeder hat seinen eigenen Arbeitsraum und somit ist ein konzentriertes und lärmarmes Arbeiten möglich	• wenig Bewegungs- und Stauraum • häufig kaum Tageslicht in der Multifunktionszone

1.3 Arbeitsstättenverordnung, Arbeitsstättenrichtlinie, Gewerbeordnung, Unfallverhütungsvorschriften der Berufsgenossenschaften, Bildschirmarbeitsplatzverordnung

1.4 In **non-territorialen** Büros haben die Mitarbeiter keinen festen Arbeitsplatz. Sie müssen sich einen freien Arbeitsplatz suchen oder zuweisen lassen. Diese Büroform findet vor allem Anwendung, wenn die Mitarbeiter häufig in Besprechungen oder im Außendienst beschäftigt sind.
Das **reversible Bürokonzept** ermöglicht die flexible Verwendung verschiedener Organisationsformen innerhalb einer Etage oder eines Gebäudes. Trennwände und Einbauten sind so konstruiert, dass Änderungen schnell vorgenommen werden können. Dadurch kann schnell auf wechselnde bzw. unterschiedliche Anforderungen reagiert werden.

1.5 Durch die negativen Auswirkungen auf die Gesundheit, wie z. B. Lärmbelastung, Reizüberflutung, Verlust der Privatsphäre, das Gefühl der Überwachung, trockene und schlechte Luft, schlechte Lichtverhältnisse, Übertragung von Viren kann es zu höherem Krankenstand kommen.

1.6 Unter **Home-Office** wird die (zeitweise) Verlagerung des Arbeitsplatzes außerhalb des Betriebes (i. d. R. die private Wohnung des Arbeitnehmers) verstanden.

Vorteile: freie Zeiteinteilung, Einsparung von Kosten für den Arbeitsplatz, Wegfall von Fahrzeiten, Reduzierung des Verkehrsaufkommens, Konzentriertes Arbeiten ist möglich und dadurch eine höhere Effizienz.

Nachteile: Fließender Übergang zwischen Arbeit und Freizeit, Isolation des Mitarbeiters, Identifikation mit dem Unternehmen könnte sinken, geringere Kontrollmöglichkeiten.

2. Anwendungsaufgabe: Auswertung Büroraumarten und Home-Office-Arbeitsplätze

Sie sind Auszubildende/Auszubildender der
Laco Büroideen GmbH, Hohenstaufenring 112 – 116, 50674 Köln.

Sie benötigen die folgende Datei aus der Datensammlung: Web
11.1_Büroraumarten.xlsx

Corporate-Design-Anweisungen:
- Angepasst auf eine Seite
- Schriftart Arial, Schriftgröße 11
- Überschriften zentriert, in Fettschrift, Schriftgröße 12
- Zahlendarstellungen mit Tausender-Trennzeichen; ohne Dezimalstellen
- Prozentsätze mit zwei Dezimalstellen
- Diagramm mit voreingestellter Schriftart; Diagrammtitel in Schriftgröße 14

Die Datei ist in der Fußzeile mit Ihrem Namen im rechten Abschnitt zu formatieren.

Einstiegsszenario:
Sie sind in der Allgemeinen Verwaltung der Laco Büroideen GmbH eingesetzt. Herr Stone, der Abteilungsleiter, ruft Sie an:

Herr Stone: Guten Tag.

Sie: Guten Tag, Herr Stone.

Herr Stone: Wie Sie wissen, arbeiten wir daran, unsere Büroräume den Wünschen der Mitarbeiter anzupassen und verstärkt die Großraumbüros durch Kombi-Büros zu ersetzen. Ich bräuchte einen Überblick über den aktuellen Stand. Ende des Jahres soll der Anteil pro Abteilung bei mindestens 25 % liegen. Weiterhin benötige ich eine Übersicht über die Home-Office-Arbeitsplätze. Hier möchten wir pro Abteilung 10 Plätze bereitstellen, falls dies erwünscht ist.

Sie: Okay.

Beachten Sie die Rechtschreibung und gestalten Sie Ihre Ergebnisse übersichtlich.

Öffnen Sie die Datei „11.1_Büroraumarten" und speichern Sie diese unter „AA 11.1.2" und Ihrem Vor- und Nachnamen.

2.1 Vervollständigen Sie das Tabellenblatt „Auswertung" gemäß Anlage 1.

2.2 Ermitteln Sie im oberen Tabellenteil (Zellen A2 bis H7) mit einer Funktion die Anzahl der Mitarbeiter je Büroraumart. Beziehen Sie sich dabei auf das Tabellenblatt „B1".

2.3 Berechnen Sie die Anzahl der Mitarbeiter je Abteilung.

2.4 Berechnen Sie den prozentualen Anteil an Mitarbeitern in Kombi-Büros je Abteilung.

2.5 Ermitteln Sie mit einer Funktion, ob die geplante Höhe an Kombi-Büros erreicht wurde (in diesem Fall erscheint ein „ja") oder nicht (in diesem Fall soll die Abweichung vom Soll ermittelt werden).

2.6 Ermitteln Sie im unteren Tabellenteil (Zellen A11 bis G16) mit einer Funktion die Anzahl der Home-Office Plätze für Führungskräfte sowie für die anderen Beschäftigten. Beziehen Sie sich dabei auf das Tabellenblatt „B2".

2.7 Berechnen Sie die Home-Office-Plätze insgesamt.

2.8 Berechnen Sie den prozentualen Anteil der Home-Office-Arbeitsplätze im Verhältnis zu den Mitarbeitern je Abteilung.

Anlage 1:

	A	B	C	D	E	F	G	H
1	**Übersicht Büroraumarten und Home-Office-Arbeitsplätze der Laco Büroideen GmbH**							
2	Abteilung	Anzahl Mitarbeiter in Einpersonen-Büros	Anzahl Mitarbeiter in Gruppen-büros	Anzahl Mitarbeiter in Großraum-büros	Anzahl Mitarbeiter in Kombi-Büros	Mitarbeiter gesamt	Anteil der Mitarbeiter in Kombi-Büros in %	Ziel erreicht? Falls nein - Höhe der Abweichung
3	Einkauf							
4	Vertrieb							
5	Rechnungswesen							
6	AV							
7	Gesamt							
8								
9	Geplanter Anteil der Kombi-Büros zum Ende des Jahres in Prozent					25,00		
10								
11	Abteilung	Home-Office-Plätze für Führungs-kräfe	Home-Office-Plätze für andere Beschäftigte	Home-Office-Plätze gesamt	Anteil der Home-Office-Arbeitsplätze in %			
12	Einkauf							
13	Vertrieb							
14	Rechnungswesen							
15	AV							
16	Gesamt							

Anlage 2:

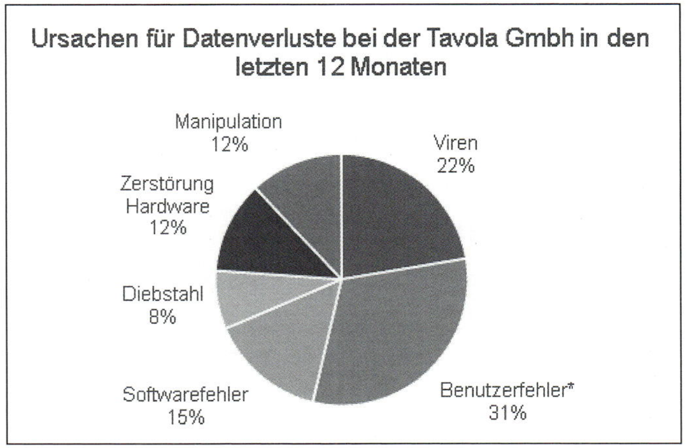

Erläuterungen und Lösungen

2. Aufgabe

Vergleichen Sie Ihr Ergebnis mit der nachfolgenden Lösung sowie der Lösungsdatei „AA_11.1_Lösung.xlsx".

Tabellenblatt „Auswertung":

	Übersicht Büroraumarten und Home-Office-Arbeitsplätze der Laco Büroideen GmbH							
2	Abteilung	Anzahl Mitarbeiter in Einpersonen-Büros	Anzahl Mitarbeiter in Gruppen-büros	Anzahl Mitarbeiter in Großraum-büros	Anzahl Mitarbeiter in Kombi-Büros	Mitarbeiter gesamt	Anteil der Mitarbeiter in Kombi-Büros in %	Ziel erreicht? Falls nein - Höhe der Abweichung
3	Einkauf	1	8	24	0	33	0,00	25,00
4	Vertrieb	4	14	42	22	82	26,83	ja
5	Rechnungswesen	4	0	0	20	24	83,33	ja
6	AV	2	10	12	0	24	0,00	25,00
7	Gesamt	11	32	78	42	163	25,77	ja
8								
9	Geplanter Anteil der Kombi-Büros zum Ende des Jahres in Prozent					25,00		
10								
11	Abteilung	Home-Office-Plätze für Führungs-kräfe	Home-Office-Plätze für andere Beschäftigte	Home-Office-Plätze gesamt	Anteil der Home-Office-Arbeitsplätze in %			
12	Einkauf	1	2	3	16,67			
13	Vertrieb	4	4	8	44,44			
14	Rechnungswesen	2	3	5	27,78			
15	AV	1	1	2	11,11			
16	Gesamt	8	10	18	100,00			

Tabellenblatt „Formelansicht":

	A	B	C	D	E
1					Übersicht Büroraumarten und Home-Office-Arbeitsplätze der Laco Büroideen GmbH
2	Abteilung	Anzahl Mitarbeiter in Einpersonen-Büros	Anzahl Mitarbeiter in Gruppenbüros	Anzahl Mitarbeiter in Großraum-büros	Anzahl Mitarbeiter in Kombi-Büros
3	Einkauf	=SVERWEIS(A3;'B1'!$A$3:$H$7;2;0)	=SVERWEIS(A3;'B1'!$A$3:$H$7;4;0)	=SVERWEIS(A3;'B1'!$A$3:$H$7;6;0)	=SVERWEIS(A3;'B1'!$A$3:$H$7;8;0)
4	Vertrieb	=SVERWEIS(A4;'B1'!$A$3:$H$7;2;0)	=SVERWEIS(A4;'B1'!$A$3:$H$7;4;0)	=SVERWEIS(A4;'B1'!$A$3:$H$7;6;0)	=SVERWEIS(A4;'B1'!$A$3:$H$7;8;0)
5	Rechnungswesen	=SVERWEIS(A5;'B1'!$A$3:$H$7;2;0)	=SVERWEIS(A5;'B1'!$A$3:$H$7;4;0)	=SVERWEIS(A5;'B1'!$A$3:$H$7;6;0)	=SVERWEIS(A5;'B1'!$A$3:$H$7;8;0)
6	AV	=SVERWEIS(A6;'B1'!$A$3:$H$7;2;0)	=SVERWEIS(A6;'B1'!$A$3:$H$7;4;0)	=SVERWEIS(A6;'B1'!$A$3:$H$7;6;0)	=SVERWEIS(A6;'B1'!$A$3:$H$7;8;0)
7	Gesamt	=SUMME(B3:B6)	=SUMME(C3:C6)	=SUMME(D3:D6)	=SUMME(E3:E6)
8					
9	Geplanter Anteil der Kombi-Büros zum Ende des Jahres in Prozent				
10					
11	Abteilung	Home-Office-Plätze für Führungskräfe	Home-Office-Plätze für andere Beschäftigte	Home-Office-Plätze gesamt	Anteil der Home-Office Arbeitsplätze in %
12	Einkauf	=SVERWEIS(A12;'B2'!$A$3:$D$7;2;0)	=SVERWEIS(A12;'B2'!$A$3:$D$7;3;0)	=B12+C12	=D12*100/$D$16
13	Vertrieb	=SVERWEIS(A13;'B2'!$A$3:$D$7;2;0)	=SVERWEIS(A13;'B2'!$A$3:$D$7;3;0)	=B13+C13	=D13*100/$D$16
14	Rechnungswesen	=SVERWEIS(A14;'B2'!$A$3:$D$7;2;0)	=SVERWEIS(A14;'B2'!$A$3:$D$7;3;0)	=B14+C14	=D14*100/$D$16
15	AV	=SVERWEIS(A15;'B2'!$A$3:$D$7;2;0)	=SVERWEIS(A15;'B2'!$A$3:$D$7;3;0)	=B15+C15	=D15*100/$D$16
16	Gesamt	=SUMME(B12:B15)	=SUMME(C12:C15)	=SUMME(D12:D15)	=SUMME(E12:E15)

Tabellenblatt „Auswertung", Diagramm:

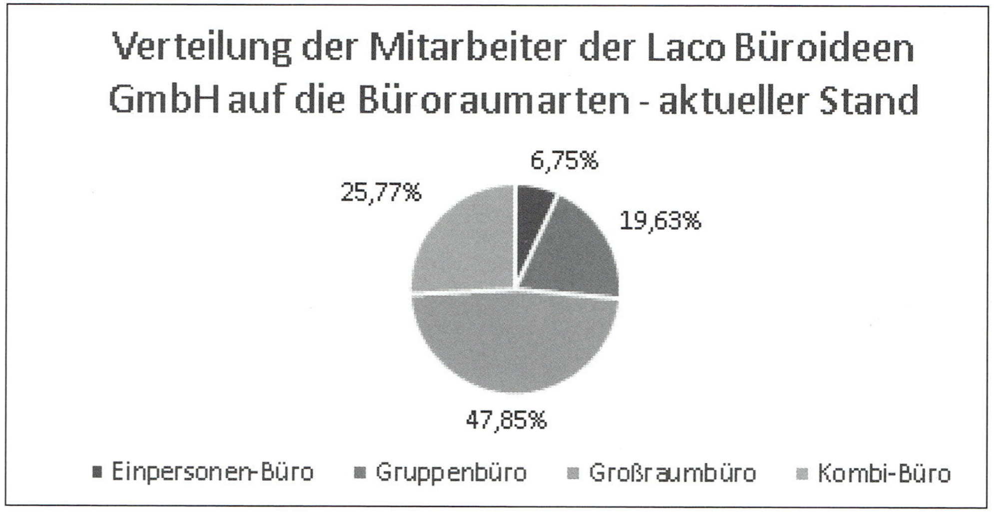

Um das gewünschte Diagramm richtig darstellen zu können, ist die Auswahl der richtigen Zellen entscheidend. Wählen Sie als Diagrammdatenbereich die Zellen B7:E7. Für die Legendeneinträge wählen Sie die horizontale Achsenbeschriftung und tragen Sie per Hand die Büroraumarten, wie nachfolgend dargestellt, ein:

	F	G	H
1			
2	Mitarbeiter gesamt	Anteil der Mitarbeiter in Kombi-Büros in %	Ziel erreicht? Falls nein - Höhe der Abweichung
3	=SUMME(B3:E3)	=E3*100/F3	=WENN(G3<$F$9;$F$9-G3;"ja")
4	=SUMME(B4:E4)	=E4*100/F4	=WENN(G4<$F$9;$F$9-G4;"ja")
5	=SUMME(B5:E5)	=E5*100/F5	=WENN(G5<$F$9;$F$9-G5;"ja")
6	=SUMME(B6:E6)	=E6*100/F6	=WENN(G6<$F$9;$F$9-G6;"ja")
7	=SUMME(F3:F6)	=E7*100/F7	=WENN(G7<$F$9;$F$9-G7;"ja")
8			
9	25		

Hinweis

Achten Sie darauf, dass die Datenbeschriftungen außerhalb liegen und statt des Wertes ein Prozentwert mit zwei Nachkommastellen aufgeführt ist.

Hinweis

*Sollten Sie vergessen haben, wie die **Legendeneinträge** im Diagramm geändert werden, wiederholen Sie bitte Kapitel 10.2.2! Wissen Sie noch, wie man das **Format von Datenbeschriftungen** ändert? Sie finden dies in Kapitel 10.1.7 beschrieben.*

Aufgabe 1: Aufgaben zur Stofferschließung

1. Aufgabe

Situation
Yasemin Mai, Auszubildende bei der Laco Büroideen GmbH, unterhält sich mit Kim, einer Mitschülerin aus der Berufsschule. Kim berichtet, dass es im Sommer im Büro des Verkaufs ihres Ausbildungsunternehmens bereits morgens so warm ist, dass sie Kopfschmerzen und Kreislaufprobleme bekommt. Yasemin ist froh, dass die Arbeitsbedingungen bei der Laco Büroideen GmbH besser sind.

1.1 Was versteht man unter Umweltfaktoren in Bezug auf die Bürogestaltung? Erklären Sie den Begriff und erläutern Sie vier Umweltfaktoren und deren Auswirkung auf die Leistungsfähigkeit der Mitarbeiter.

1.2 Welche Personen bzw. Institutionen könnte Kim ansprechen, um Informationen über die vorschriftsmäßige Gestaltung von Büroarbeitsplätzen zu erhalten?

1.3 Bei der Laco Büroideen GmbH sind alle Büroräume mit Teppich ausgelegt, da durch diesen Bodenbelag die Lärmbelastung reduziert werden kann. Machen Sie drei weitere Vorschläge, wie durch eine sinnvolle Raumgestaltung der Lärmpegel im Büro gesenkt werden kann.

1.4 Schlechte Beleuchtung überanstrengt die Augen, was zu Ermüdungserscheinungen führen kann. Welche Maßnahmen sollten ergriffen werden, um die Lichtverhältnisse am Büroarbeitsplatz zu optimieren?

2. Aufgabe

Situation
Kim berichtet Yasemin weiterhin, dass Messungen ergeben haben, dass die Luftfeuchtigkeit teilweise bei unter 30 % liegt und der Abteilungsleiter behauptet, dass die Bandbreite der Luftfeuchtigkeit bei 20 % bis 40 % liegen dürfte.

2.1 Prüfen Sie diese Aussage und geben Sie Folgen einer zu geringen Luftfeuchtigkeit für die Mitarbeiter an.

2.2 Farben haben unterschiedliche Wirkungen auf den Menschen. Was sollte hinsichtlich der Farbgestaltung von Büroarbeitsräumen beachtet werden?

2.3 Welche Vorteile bietet Raumschmuck in Büros?

-
-
-

Erläuterungen und Lösungen

1. Aufgabe

Ungünstige Arbeitsbedingungen wirken sich negativ auf die Arbeitsleistung der Mitarbeiter aus. Aus diesem Grund ist auf die sorgfältige Planung und Gestaltung der Büroarbeitsplätze ein besonderes Augenmerk zu lenken.

1.1 Unter **Umweltfaktoren** bei der Bürogestaltung versteht man Einflüsse der Umwelt auf den Arbeitsplatz.

Umweltfaktor:	Auswirkung auf die Leistungsfähigkeit
Licht:	Optimale Lichtverhältnisse am Arbeitsplatz verringern Ermüdungserscheinungen und entlasten die Augen.
Klima/Luft:	Optimale Temperaturbedingungen und ausreichender Luftwechsel fördern die Konzentrationsfähigkeit und verringern Ermüdungserscheinungen.
Lärm:	Mindert die Konzentrationsfähigkeit und Arbeitsmotivation und fördert die Krankheitsanfälligkeit.
Farbgestaltung:	Optimale Farbkonzepte können beruhigende, konzentrationsfördernde, anregende und motivierende Wirkungen haben.

1.2 Berufsgenossenschaft, Krankenkasse, Sicherheitsbeauftragten, Betriebsarzt, Gewerkschaft, Betriebsrat

1.3 Ein **Lärmpegel** von 55 dB(A), das entspricht einem Gespräch in normaler Lautstärke, sollte in Büros nicht überschritten werden. Benötigt man bei seiner Tätigkeit jedoch eine besonders hohe Konzentration, muss der Lärmpegel noch geringer liegen.

Möglichkeiten den Lärmpegel zu senken:
- Pflanzen und Vorhänge einsetzen, da sie Geräusche „schlucken".
- Schallschutzhauben für laute Bürogeräte (z. B. Nadeldrucker) oder Auslagerung der Bürogeräte in einen separaten Raum
- Klingeltöne leise stellen, Nutzen von Headsets beim Telefonieren
- Einbau von Schallschutzfenstern/Isolierverglasung
- Einsatz von Decken- und Wandelementen aus schallschluckendem Material
- verschiebbare Schalldämmwände einsetzen

1.4 Grundsätzlich ist eine Beleuchtung mit Tageslicht zu bevorzugen. In Fällen, in denen das Tageslicht nicht ausreicht, ist eine qualitativ hochwertige künstliche Beleuchtung notwendig.

Folgende Kriterien für die künstliche Beleuchtung sollten beachtet werden:
- Grundbeleuchtung des Arbeitsplatzes über das Deckenlicht und individuell einstellbares Beleuchtung über eine Einzelplatzlampe.
- Gleichmäßige und blendfreie Ausleuchtung des Raumes.
- Die Beleuchtung sollte parallel zum Fenster erfolgen.
- Beleuchtungsstärke sollte mindestens 500 Lux betragen.
- Blendungen und Spiegelungen sollten vermieden werden, ebenso wie flimmernde Leuchtkörper.
- Das Licht sollte bei Rechtshändern von links oben auf den Arbeitsplatz fallen.

Zu beachten ist weiterhin, dass auch Tageslicht störend sein kann. Um dem entgegenzuwirken, sollten Jalousien oder Sonnenblenden angebracht werden.

2. Aufgabe

2.1 Das Wohlbefinden von Menschen hängt stark vom Klima ab. Neben der Raumtemperatur ist die Luftfeuchtigkeit zu beachten. Diese sollte in Büroräumen zwischen 30 % und 70 % liegen, im Winter jedoch maximal 50 %, um Schimmelbefall zu vermeiden.
In diesem Fall liegt also teilweise eine zu geringe Luftfeuchtigkeit vor, die zu trockener Mund- und Nasenschleimhaut führen kann, was eine erhöhte Infektanfälligkeit zur Folge haben kann. Auch kann es zu Augenreizungen kommen.
Die Lufttemperatur sollte zwischen 20 °C und 22 °C (im Sommer bis 26 °C) liegen.

2.2 Eine gutdurchdachte Farbgestaltung trägt zum Wohlbefinden der Mitarbeiter aber auch zur Verbesserung der Beleuchtungsverhältnisse bei. Generell gilt: Je höher die Arbeitsanforderungen sind, desto unaufdringlicher sollten die verwendeten Farben sein. Grüntöne wirken beruhigend, große Farbkontraste dagegen wirken belebend und sind für Räume mit monotonen Arbeiten geeignet. Achtung bei grellen Farben, diese können aggressiv machen, während dunkle Farben bedrückend wirken und den Raum kleiner wirken lassen.

2.3 Vorteile von Raumschmuck in Büros:
- Pflanzen können Arbeitsplätze voneinander abgrenzen und bilden Ruhepunkte im Büro
- Pflanzen erhöhen die Luftfeuchtigkeit und fördern so die Leistungsfähigkeit.
- Raumschmuck ermöglicht eine Individualisierung des Arbeitsplatzes.

3. Anwendungsaufgabe: Auswertung der Mitarbeiterbefragung

Sie sind Auszubildende/Auszubildender der
Laco Büroideen GmbH, Hohenstaufenring 112 – 116, 50674 Köln.
Telefonisch sind Sie erreichbar unter der Nummer 0221 823498, Durchwahl 126.
E-Mail-Adressen werden im Unternehmen wie folgt gebildet:
vorname.nachname@laco-bueroideen.com. Sie haben Artvollmacht.

Sie benötigen die folgende Datei aus der Datensammlung: Web
11.2_Mitarbeiterumfrage.xlsx, E_Mail_Vorlage.docx

Corporate-Design-Anweisungen:
- Schriftart Arial, Schriftgröße 10
- Überschriften zentriert, in Fettschrift, Schriftgröße 14
- Diagramm mit voreingestellter Schriftart; Diagrammtitel in Schriftgröße 14

Die Datei ist in der Fußzeile mit Ihrem Namen rechtsbündig zu formatieren.

Einstiegsszenario:
Im letzten Jahr hat es bei der Laco Büroideen GmbH leicht erhöhte Fehlzeiten im Verwaltungsbereich gegeben. Um hierfür die Ursachen zu erkunden, hat das Unternehmen eine Mitarbeiterumfrage gestartet. Herr Müller, Leiter der Personalabteilung, ruft Sie deswegen an:

Herr Müller: Guten Tag.

Sie: Guten Tag, Herr Müller.

Herr Müller: Sie sind doch vertraut mit der Mitarbeiterumfrage. Ich möchte Sie bitten, mir einen kurzen Überblick über die Ergebnisse zuzusenden. Richten Sie ihr Augenmerk bitte auf die wahrgenommenen Belastungen am Arbeitsplatz, die Beschwerden, die damit in Verbindung gebracht werden, und die Wünsche, die die Mitarbeiter an uns richten. Sie können dabei auch gleich einige Vorschläge machen, welche konkreten Maßnahmen wir ergreifen sollten.

Die benötigten Unterlagen liegen Ihnen ja bereits vor.

Sie: Okay.

Beachten Sie die Rechtschreibung, den Ausdruck und die Zeichensetzung.
Formulieren Sie in vollständigen Sätzen. Gestalten Sie Ihre Ergebnisse übersichtlich.
Wenden Sie die Regeln der DIN 5008 an.

3.1 Öffnen Sie die Datei „11.2_Mitarbeiterumfrage" und speichern Sie diese unter „AA_11.2.3.1" und Ihrem Vor- und Nachnamen.

3.1.1 Erstellen Sie passende Diagramme mit den Ergebnissen der Arbeitsplatzbelastungen, den Beschwerden sowie den Vorschlägen der Mitarbeiter.

3.1.2 Gestalten Sie die Diagramme übersichtlich.

3.2 Öffnen Sie die Datei „E_Mail_Vorlage" und speichern Sie diese unter „AA 11.2.3" und Ihrem Vor- und Nachnamen.
Fassen Sie die wesentlichen Erkenntnisse aus der Umfrage für Herrn Müller zusammen und unterbreiten Sie Herrn Müller Vorschläge, welche konkreten Maßnahmen ergriffen werden sollten. Nutzen Sie hierfür Anlage 1.

Anlage 1:

Auszug aus den Umfrageergebnissen	
Belastungen am Büroarbeitsplatz	
Abteilung	Anzahl der Nennungen (%)
Schlechte Luft/Belüftung	48
Lärm am Arbeitsplatz	18
Schlechte Lichtverhältnisse am Arbeitsplatz	8
Ständiges Sitzen/Bildschirmarbeit	65
Körperliche und seelische Beschwerden der Mitarbeiter, die mit den Bedingungen am Büroarbeitsplatz in Verbindung gebracht werden	
	Anzahl der Nennungen (%)
Hautprobleme	32
Augenbrennen	28
Rückenschmerzen	62
Verspannungen im Nacken	66
Kopfschmerzen	48
Schmerzen in Schultern, Armen und Händen	54
Müdigkeit	12
Reizbarkeit	6
Schlafstörungen	8
Wünsche der Mitarbeiter an das Unternehmen	
	Anzahl der Nennungen (%)
Einführen von Sportkursen/Rückenkursen	69
Gesundes Essen in der Kantine	27
Änderung der Belüftungsmöglichkeiten	52
Änderung der Büroraumformen	42
Extraräume für Bürogeräte	21
Änderung der Lichtquellen	13
Andere Vorschläge	12

Erläuterungen und Lösungen

3. Aufgabe

3.1 Diagramme

Vergleichen Sie Ihre Ergebnisse mit den nachfolgenden Lösungen sowie der Lösungsdatei „AA_11.2_Lösung.xlsx".

Web

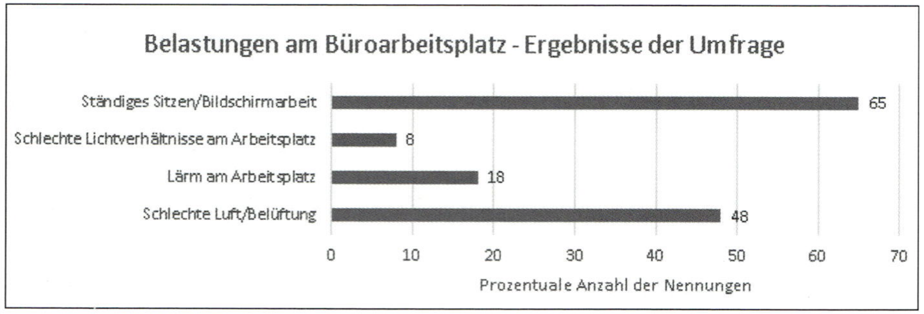

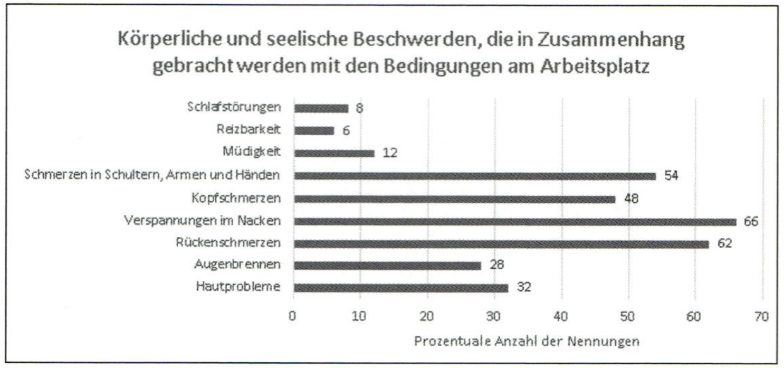

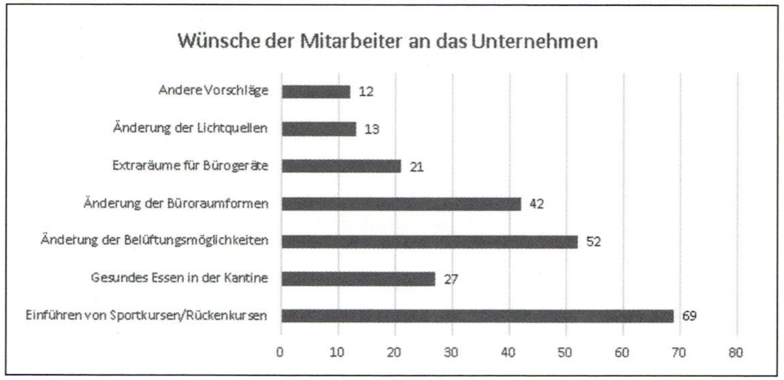

Tipp

Denken Sie an eine Überschrift und eine horizontale Achsenbeschriftung. Eine vertikale Achsenbeschriftung ist nicht nötig. Sinnvoll ist allerdings eine Datenbeschriftung zur besseren Übersicht.

3.2 E-Mail

An:	jens.mueller@laco-bueroideen.com
Cc:	
Bcc:	
Betreff:	Auswertung der Mitarbeiterbefragung
Anhang:	AA_11.2.3.1_Vorname_Nachname.xlsx

¶
Sehr geehrter Herr Müller,
¶
wie gewünscht, sende ich Ihnen die Auswertung der Mitarbeiterumfrage zu.
¶
Belastungen am Arbeitsplatz:
¶
Das ständige Sitzen und die Bildschirmarbeit werden als sehr starke Belastung (65 % der Nennungen) wahrgenommen. Etwas dahinter liegt schlechte Luft bzw. eine schlechte Belüftung mit 48 %. Die Lichtverhältnisse und der Lärm am Büroarbeitsplatz wurden dagegen wenig als Belastung empfunden. Hierbei scheint lediglich individueller Handlungsbedarf vorzuliegen.
¶
Beschwerden, die mit den Bedingungen am Arbeitsplatz in Verbindung gebracht werden:
¶
Ganz stark sind die Beschwerden im Bereich der Muskulatur und der Knochen. So wurden Verspannungen im Nacken (66 %), Rückenschmerzen (62 %), Schmerzen in Schultern, Armen und Händen (54 %) sowie Kopfschmerzen (48 %) sehr häufig mit den Bedingungen am Arbeitsplatz in Verbindung gebracht. Weniger, aber immer noch auffällig häufig, treten Haut- und Augenprobleme (32 % bzw. 28 %) auf.
¶
Wünsche der Mitarbeiter an das Unternehmen:
¶
Mit 69 % der Nennungen liegt die Einführung von Sport- bzw. Rückenkursen weit vorne. An zweiter Stelle, mit 52 % der Nennungen folgt die Änderung der Belüftungsmöglichkeiten. Auch häufig gewünscht wurde die Änderung der Büroraumformen (42 %), die ja bereits betrieben wird.
¶
Aus diesen Ergebnissen leite ich ab, dass vor allem der Bereich „Muskeln, Gelenke, Skelett" im Vordergrund steht. Um hier Abhilfe zu schaffen, könnten alternative ergonomische Sitzformen bzw. Stehtische eingeführt werden. Auch böte es sich an, Rücken-/Wirbelsäulengymnastik für die Mitarbeiter einzuführen. Eine weitere Möglichkeit wäre ein Kurs, wie Rückenschmerzen durch Übungen am Arbeitsplatz vorgebeugt werden kann. Ideal wären auch mobile Massagen am Arbeitsplatz, um direkt den Verspannungen entgegenzuwirken.
¶
Weiterhin sollte der schlechten Belüftung entgegengewirkt werden, da die Kopfschmerzen, die Hautprobleme und das Augenbrennen durchaus daher kommen können.
¶
Sollten Sie noch Fragen haben, können Sie sich gerne an mich wenden.
¶
Mit freundlichem Gruß
¶
i. A. Name des Schülers
¶
E-Mail: Vorname.Nachname@laco-bueroideen.com
Telefon: 0221 823498-126
Fax: 0221 823498-10
Internet: www.laco-bueroideen.com

Vergessen Sie nicht, einen abschließenden Satz zu formulieren. Auch die Grußformel gehört in die E-Mail sowie Ihre Vollmacht und Ihr Name. Der Vollständigkeit halber sollten Sie auch Ihre E-Mail-Adresse ergänzen und die Telefondurchwahl einfügen.

Aufgabe 1 bis 4: Aufgaben zur Stofferschließung

1. Aufgabe

Situation
Häufige Ursachen für Arbeitsunfähigkeit sind Rücken- und Halswirbelerkrankungen. Diese Ausfallzeiten führen zu hohen Kosten bei den Unternehmen. Ursachen können fehlende Ergonomie des Arbeitsplatzes und eine ungesunde Arbeitshaltung sein.

1.1 Erläutern Sie den Begriff Ergonomie.

1.2 Wie kann durch die Gestaltung von Büroarbeitsplätzen den oben genannten Erkrankungen vorgebeugt werden?

1.3 Unterscheiden Sie die Begriffe Arbeitsmittel, Arbeitsmöbel und Arbeitsunterlagen.

2. Aufgabe

Situation
Bewegung bei der Büroarbeit ist dringend geboten, denn Sitzen ist nicht so belastungsarm und gesundheitsschonend, wie viele denken. Zur Gesunderhaltung ist ein Wechsel zwischen Sitzen, Gehen, Stehen und Liegen wichtig. Ergonomisch gestaltete Sitzmöbel unterstützen dabei die Gesunderhaltung.

2.1 Nennen Sie vier Eigenschaften, die ein ergonomisch gestalteter Bürostuhl aufweisen muss und begründen Sie diese.

-
-
-
-

2.2 Ein ergonomischer Bürostuhl alleine führt nicht automatisch zur Reduzierung körperlicher Beschwerden. Es ist auch wichtig, richtig zu sitzen. Erstellen Sie eine Übersicht zum richtigen Sitzverhalten.

2.3 Nennen Sie Alternativen zum traditionellen Bürodrehstuhl und erklären Sie diese kurz.

2.4 Arbeit sollte so gestaltet sein, dass Körperhaltungs- und Bewegungswechsel in den Arbeitsablauf integriert werden. Durch welche Maßnahmen kann dies ermöglicht werden?

Erläuterungen und Lösungen

1. Aufgabe

1.1 Unter **Ergonomie** wird die Anpassung der Arbeitsumgebung und der Arbeitsmittel (wie z. B. Bürostuhl, Bildschirm, Tastatur) an den arbeitenden Menschen verstanden.

1.2 Ergonomisch gestaltete Büroarbeitsplätze durch Anschaffung höhenverstellbarer Büroarbeitstische, ergonomische Tastaturen, Bürostühle mit flexiblen Sitzflächen und Rückenlehnen, Schulung der Mitarbeiter im Hinblick auf die richtige Sitzhaltung.

1.3 Zu den **Arbeitsmitteln** gehören Büroschreibtische, Bürostühle, Monitore, Tastaturen und andere technische Geräte.

Arbeitsmöbel sind u. a. Büro- und Aktenschränke, Büroregale und Rollcontainer.

Arbeitsunterlagen sind Fachbücher, Akten, Dokumente.

2. Aufgabe

2.1 Eigenschaften, die ein ergonomisch gestalteter **Bürostuhl** aufweisen muss:

- ergonomisch geformte Rückenlehne zur Abstützung des Lendenbereichs
- höhenverstellbare Rückenlehne, um den Stuhl individuell auf den Benutzer anpassen zu können
- einstellbare Sitztiefe, um den Stuhl individuelle auf die Größe des Benutzers anpassen zu können
- neigbare Sitzfläche, um eine gerade Sitzhaltung mit aufrechter Wirbelsäule zu ermöglichen
- Armlehnen, um Ermüdungen vorzubeugen
- luft- und wasserdurchlässige Polsterung, um Schwitzen zu vermeiden
- Untergestell mit fünf Sicherheitsrollen zur Erhöhung der Standsicherheit
- Bremswirkung beim Aufstehen, um Unfälle durch Bewegung des Stuhls zu Vermeiden
- Sitzfederung zur Entlastung der Wirbelsäule

Sollte eine ergonomisch günstige Arbeitshaltung ohne **Fußstütze** nicht erreicht werden können (bei einer Körpergröße unter 1,65 m), so muss diese auf Wunsch zur Verfügung gestellt werden.

2.2 Richtiges Sitzverhalten:

- Die Füße sollten vollflächig auf dem Boden stehen.
- Die Wirbelsäule muss aufgerichtet sein und Kontakt zur Rückenlehne haben.
- Es wird die gesamte Sitzfläche eingenommen.
- Die Unterschenkel bilden einen rechten Winkel.
- Ober- und Unterarme bilden einen rechten Winkel, wenn die Unterarme waagerecht auf dem Tisch aufliegen.
- Dynamisches Sitzverhalten durch Änderung der Sitzposition.

Darstellung des Dynamischen Sitzverhaltens:

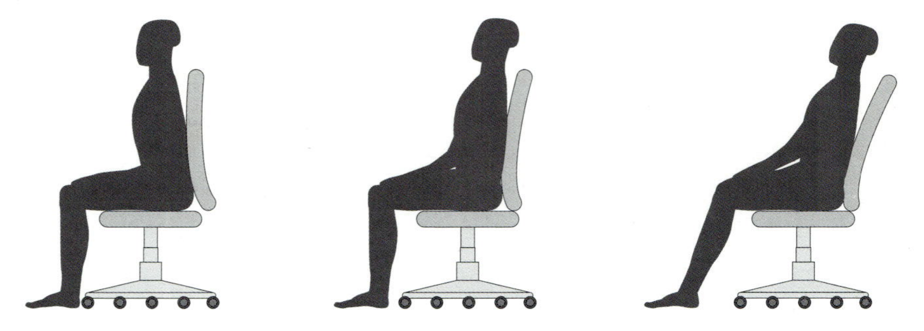

2.3 Alternativen zum traditionellen Bürodrehstuhl:
Bewegende Hocker pendeln auf dem Tellerfuß, pendeln in alle Richtungen und federn. Der Rücken bleibt dabei stets aktiv, weil der Nutzer durch ausgleichende Bewegungen die Balance halten muss. Dabei werden verschiedene Muskelgruppen trainiert, die Durchblutung wird gefördert und es werden Verspannungen vorgebeugt.

Sattelstühle sind so geformt, dass sie eine natürliche Körperhaltung unterstützen. Die Sitzfläche ist wie ein Sattel geformt.

2.4 Durch einen leichtgängig höhenverstellbaren Steh-Sitz-Arbeitsplatz, der das Arbeiten im Sitzen und Stehen ermöglicht. Ebenfalls hilft es, häufig gebrauchte Arbeitsunterlagen außerhalb der Sitzreichweite zu lagern, um das Gehen zu fördern. Eine gute Möglichkeit bietet auch das Einbinden von kurzen gymnastischen Rückenübungen in den Arbeitsablauf.

3. Aufgabe

Situation
Bei der Beschaffung von Arbeitsmitteln muss nicht nur auf die ergonomische Gestaltung des Bürostuhls geachtet werden, sondern auch auf eine ergonomische Gestaltung des Büroschreibtisches und der Ausstattung des PC-Arbeitsplatzes.

3.1 Nennen Sie vier Bedingungen, die ein Büroarbeitstisch erfüllen sollte.

-
-
-
-

3.2 Was ist unter Stehpulten zu verstehen und welche Vorteile bieten sie?

3.3 Erstellen Sie eine Übersicht über die Anforderungen und deren Notwendigkeit hinsichtlich eines ergonomisch gestalteten Bildschirmarbeitsplatzes.

Anforderungen	Notwendig, um ...

3.4 Wo sollte der Monitor aufgestellt sein?

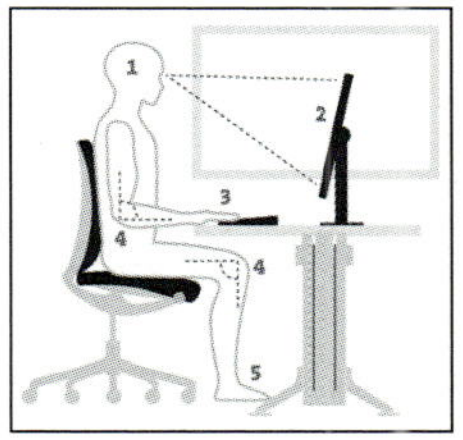

3.5 Benennen Sie fünf wichtige Regeln für die korrekte Körper- und Sitzhaltung am PC-Arbeitsplatz.

-
-
-
-
-

4. Aufgabe

Situation
Ein Faktor für Stress im Büro ist häufig die Arbeit am PC. Systemabstürze, lange Wartezeiten beim Bearbeiten von Dateien, zerstörte Dateien oder undurchschaubare Programme führen zu Frust am Arbeitsplatz.

4.1 Was wir unter Softwareergonomie verstanden?

4.2 Welche Anforderungen müssen hinsichtlich der Softwareergonomie erfüllt sein?

-
-
-

Erläuterungen und Lösungen

3. Aufgabe

3.1 Bedingungen für einen **Büroarbeitstisch**:
- Eine ausreichend große Arbeitsfläche. Diese muss mindestens 160 cm breit und 80 cm tief sein.
- Die Höhe sollte sich auf die Größe des Benutzers einstellen lassen. Die Höhe liegt dann zwischen 62 und 85 cm. Wird der Tisch nur von einem Benutzer genutzt, kann die Höhe auch fest sein.
- Der Tisch muss standsicher und stabil sein.
- Der Arbeitsplatz muss einen ausreichenden Beinfreiraum bieten, der mindestens 100 cm breit ist, 66 cm hoch und 60 cm tief ist.
- Die Arbeitsflächen müssen reflexionsarm und spiegelfrei sein und sollten abgerundete Kanten haben.
- Der Tisch sollte ein GS-Zeichen für geprüfte Sicherheit aufweisen.
- Werden mehrere Tischelemente nebeneinander gestellt, müssen diese miteinander verbunden werden.

3.2 Optimal sind Tische, bei denen nicht nur die individuelle Arbeitshöhe im Sitzen eingestellt werden kann, sondern auch die Option besteht die Höhe zwischen Sitzen und Stehen zu verstellen. Diese Stehpulte entlasten beim Stehen die Bandscheiben, da die Wirbelsäule in die gleiche günstige Stellung gebracht wird, wie beim Gehen.
Neben diesen flexiblen Steh-Sitz-Lösungen gibt es auch reine Stehpulte an denen nur gestanden wird. Als alleiniger Arbeitsplatz ist dies allerdings zu einseitig.

3.3 Übersicht zu den Anforderungen und der Notwendigkeit ergonomisch gestalteter Bildschirmarbeitsplätze:

Anforderungen	Notwendig, um ...
scharfe, deutliche und ausreichend große Darstellung der Zeichen	die Augen zu schonen.
verzerrungs- und flimmerfreies Bild	die Augen zu schonen.
reflektions- und blendfreies Bild	die Augen zu schonen.
Einstellbarkeit von Helligkeit sowie Kontrast der Bildschirmanzeige	die Augen zu schonen, die Lesbarkeit zu erhöhen und auf veränderbare Lichtverhältnisse eingehen zu können.
leicht drehbarer und neigbarer Bildschirm	die Nackenmuskulatur zu schonen.
ausreichende Größe des Bildschirms	die Augen zu entlasten und die Lesbarkeit zu erhöhen.
Strahlungsarmut	Gesundheitsschäden vorzubeugen.
separate Tastatur (getrennt vom Bildschirm)	eine flexible Körperhaltung zu ermöglichen.
neigbare Tastatur	ein entspanntes Arbeiten für Hand, Arm und Rückenmuskulatur zu ermöglichen.

3.4 Am besten steht der Monitor parallel zum Fenster, um Spiegelungen zu vermeiden. Wichtig sind weiterhin der richtige Sehabstand zum Bildschirm sowie der Neigungswinkel.

3.5 Regeln für die **korrekte Körper- und Sitzhaltung** am PC-Arbeitsplatz:
- Die oberste Bildschirmzeile sollte leicht unterhalb der waagerechten Sehachse liegen.
- Für den Monitor gilt ein Abstand zu den Augen von mindestens 50 cm.
- Der Neigungswinkel des Kopfes (Blicklinie) beträgt ca. 35° aus der Waagerechten.
- Der Neigungswinkel des Monitors beträgt 35°.
- Tastatur und Maus befinden sich in einer Ebene mit Ellenbogen und Handflächen.

4. Aufgabe

4.1 **Softwareergonomie** beschäftigt sich mit der Anpassung der technischen Systeme (Software) an das menschliche Arbeitshandeln.

4.2 Hinsichtlich der **Softwareergonomie** sollten die folgenden Gesichtspunkte beachtet werden:
- Die Software muss benutzerfreundlich und am besten selbsterklärend sein.
- Die Software muss an die Aufgabe angepasst sein und direkt und einfach zum Ziel führen.
- Die Bildschirminformationen sollten übersichtlich sein, die Dialogschritte sollten verständlich und nachvollziehbar sein.
- Die Software sollte individualisierbar sein.
- Die Software sollte dem Erfahrungsstand und dem Können des Benutzers angepasst sein.

5. Anwendungsaufgabe: Onlineformular zur Arbeitsmittelübersicht

Sie sind Auszubildende/Auszubildender der
Laco Büroideen GmbH, Hohenstaufenring 112 – 116, 50674 Köln.
Telefonisch sind Sie erreichbar unter der Nummer 0221 823498, Durchwahl 126.
E-Mail-Adressen werden im Unternehmen wie folgt gebildet:
vorname.nachname@laco-bueroideen.com. Sie haben Artvollmacht.

Sie benötigen die folgende Datei aus der Datensammlung: Web
E_Mail_Vorlage.docx

Corporate-Design-Anweisungen:
- Schriftart Arial, Schriftgröße 10
- Überschriften zentriert, in Fettschrift, Schriftgröße 14

Die Datei ist in der Fußzeile mit Ihrem Namen rechtsbündig zu formatieren.

Einstiegsszenario:
Die Laco Büroideen GmbH plant eine Bestandsaufnahme sämtlicher Arbeitsmittel. Herr Müller möchte Sie in diese Aufgabe einbinden und ruft sie an.

Herr Müller: Guten Tag.

Sie: Guten Tag, Herr Müller.

Herr Müller: Sie haben ja bereits bei der Auswertung der Mitarbeiterbefragung mitgewirkt. Wir möchten die Problematik der Rücken-, Schulter- und Nackenbeschwerden angehen und uns einen Überblick über die aktuelle Situation bei der Büroraumausstattung, d.h. vor allem in Bezug auf die Sitzmöbel und die Schreibtische verschaffen, um zu schauen, wo genau Bedarf bezüglich ergonomischer Sitzmöbel, aber auch anderer Arbeitsmittel besteht.
Ich möchte Sie bitten, dafür ein Online-Formular für die Arbeitsmittelübersicht zu erstellen, das Sie bitte per E-Mail an sämtliche Abteilungsleiter senden. Die Abteilungsleiter sollen diese Übersicht für jeden Büroraum ihrer Abteilung bis zum 3. Mai 20xx ausfüllen.
Eine Übersicht, wie das Onlineformular aussehen soll, sende ich Ihnen zu.

Sie: Okay.

Beachten Sie die Rechtschreibung, den Ausdruck und die Zeichensetzung. Formulieren Sie in vollständigen Sätzen. Gestalten Sie Ihre Ergebnisse übersichtlich. Wenden Sie die Regeln der DIN 5008 an.

5.1 Öffnen Sie eine neue Datei und speichern Sie diese unter „AA 11.3.5.1“ und Ihrem Vor- und Nachnamen.

5.1.1 Erstellen Sie ein Onlineformular für die Arbeitsmittelübersicht nach Anlage 1. Fügen Sie als Überschrift „Arbeitsmittelübersicht für Raum“ ein.

5.1.2 Fügen Sie hinter die Überschrift und in die Tabelle geeignete Inhaltssteuerelemente (Kontrollkästchenelemente, Text-Inhaltssteuerelemente, Datumsauswahlelemente) ein.

5.2 Öffnen Sie die Datei „E_Mail_Vorlage“ und speichern Sie diese unter „AA_11.3.5.2“ und Ihrem Vor- und Nachnamen und erstellen Sie eine E-Mail mit einem passenden Text.
Fordern Sie in Ihrem Text die Abteilungsleiter auf, die Arbeitsmittelübersicht für jeden Raum der Abteilung auszufüllen und beziehen Sie sich dabei auf das Einstiegsszenario.

Anlage 1:

Abteilung Einkauf ☐ Produktion ☐ Verkauf ☐ Rechnungswesen ☐ Allg. Verwaltung ☐		
Datum		
Anzahl der Mitarbeiter in der Abteilung		
Anzahl der Mitarbeiter in diesem Raum		
Sitzmöbel	Anzahl	
Bürostühle mit Armlehne		
Bürostühle ohne Armlehne		
Bewegende Hocker		
Sattelstühle		
Fußstützen		
Weitere Arbeitsmittel	Größe	Anzahl
Büroschreibtische		
Stehtische		
Monitore		

Erläuterungen und Lösungen

5. Aufgabe

Vergleichen Sie Ihr Ergebnis mit den nachfolgenden Lösungen sowie den Lösungsdateien.

Web

5.1 Onlineformular

Arbeitsmittelübersicht für Raum Klicken Sie hier um Text einzugeben

Abteilung

Einkauf ☐ Produktion ☐ Verkauf ☐ Rechnungswesen ☐ Allg. Verwaltung ☐

Datum	Klicken Sie hier, um ein Datum einzugeben.	
Anzahl der Mitarbeiter in der Abteilung	Klicken Sie hier, um Text einzugeben.	
Anzahl der Mitarbeiter in diesem Raum	Klicken Sie hier, um Text einzugeben.	
Sitzmöbel	Anzahl	
Bürostühle mit Armlehne	Klicken Sie hier,	
Bürostühle ohne Armlehne	Klicken Sie hier,	
Bewegende Hocker	Klicken Sie hier,	
Sattelstühle	Klicken Sie hier,	
Fußstützen	Klicken Sie hier, um Text einzugeben.	
Weitere Arbeitsmittel	Größe	Anzahl
Büroschreibtische	Klicken Sie hier, um Text einzugeben.	Klicken Sie hier, um Text einzugeben.
Stehtische	Klicken Sie hier, um Text einzugeben.	Klicken Sie hier, um Text einzugeben.
Monitore	Klicken Sie hier, um Text einzugeben.	Klicken Sie hier, um Text einzugeben.

Hinweis

Haben Sie vergessen, wie die Inhaltssteuerelemente eingesetzt werden? Wiederholen Sie das Kapitel „Nutzen und Risiken von Onlineanwendungen".

5.2 E-Mail

An:	julia.weiss@laco-bueroideen.com; dilara.haydar@laco-bueroideen.com; eric.dore@laco-bueroideen.com; boris.pomtow@laco-bueroideen.com; mike.stone@laco-bueroideen.com
Cc:	jens.mueller@laco-bueroidee.com
Bcc:	
Betreff:	Bestandsaufnahme der Arbeitsmittel in Ihren Abteilungen
Anhang:	AA_11.3.5.1.docx

Sehr geehrte Damen und Herren,

die Mitarbeiterumfrage hat ergeben, dass die Mitarbeiter der Laco Büroideen GmbH vor allem Beschwerden im Bereich der Rücken-, Schulter- und Nackenmuskulatur haben.

Um diese Problematik anzugehen und u. A. mit ergonomischen Sitzmöbeln entgegenzusteuern, möchten wir uns erst einmal einen Überblick über die aktuelle Situation an Arbeitsmitteln machen.

Ich möchte Sie deshalb bitten, das angehängte Onlineformular für jeden Raum Ihrer Abteilung auszufüllen und bis zum 03.05.20.. an mich zurückzusenden.

Sollten Sie noch Fragen haben, können Sie sich gerne an mich wenden.

Mit freundlichem Gruß

i. A. Name des Schülers

E-Mail: vorname.nachname@laco-bueroideen.com
Telefon: 0221 823498-126
Fax: 0221 823498-10
Internet: www.laco-bueroideen.com

Sitz/Anschrift: Hohenstaufenring 112 – 116, 50674 Köln
Geschäftsführer: Joris van Hagens
Handelsregister HRB 2590 beim Amtsgericht Köln

Tipp

Für die E-Mail-dressen brauchen Sie die Vornamen der Abteilungsleiter. Sie finden diese im Organigramm.

Hinweis

Denken Sie beim Schreiben Ihrer E-Mail an den E-Mail-Anhang und einen passenden und aussagekräftigen Betreff.
Weiterhin sollten Sie einen einleitenden Satz wählen, der zum Thema hinleitet, bevor Sie Ihr eigentliches Anliegen vortragen. Ebenfalls wichtig ist ein Schlusssatz, der dem Empfänger zeigt, dass er sich bei Fragen an Sie wenden kann.

Aufgabe 1 bis 4: Aufgaben zur Stofferschließung

1. Aufgabe

Situation
Die Gestaltung des Arbeitsplatzes ist ein wesentlicher Faktor für den Arbeitserfolg und die Arbeitszufriedenheit der Mitarbeiter. So wirken sich helle und ansprechende Büroräume vorteilhaft auf die Stimmung und die Motivation der Mitarbeiter aus. Aber auch andere Faktoren müssen berücksichtigt werden.

1.1 Von welchen Bedingungen sind die Arbeitsfähigkeit und Arbeitsbereitschaft der Mitarbeiter abhängig? Unterscheiden Sie zwischen Umwelt-/Arbeitsbedingungen und individuellen Bedingungen.

Umwelt-/Arbeitsbedingungen	individuelle Bedingungen

1.2 Welche Folgen kann eine dem Menschen nicht angepasste Gestaltung der Arbeitsumgebung haben?

1.3 Benennen Sie vier Rechtsgrundlagen der Arbeitssicherheit.

-
-
-
-

1.4 Geben Sie vier Beispiele für Gefährdungsquellen bei der Büroarbeit.

-
-
-
-

1.5 Erläutern Sie drei Maßnahmen, wie die Laco Büroideen GmbH in ihren Büroräumen Unfallgefahren vermeiden kann.

-
-
-

1.6 Was ist ein Sicherheitsbeauftragter und welche Aufgaben hat er?

1.7 Wie kann die Laco Büroideen GmbH ihre Mitarbeiter ausreichend und angemessen über die Arbeitssicherheit informieren?

2. Aufgabe

Situation
Neben Rückenleiden sind Stress, Burnout und Mobbing am Arbeitsplatz eine häufige Ursache für Krankheitszeiten.

2.1 Definieren Sie Stress, Burnout und Mobbing.

2.2 Welche Maßnahmen können Unternehmen ergreifen, um Burnout, Stress und Mobbing zu verhindern und die Gesundheit und Arbeitsfähigkeit der Mitarbeiter zu fördern?

Erläuterungen und Lösungen

1. Aufgabe

1.1 **Arbeitsfähigkeit** und **Arbeitsbereitschaft** der Mitarbeiter hängen ab von:

Umwelt-/Arbeitsbedingungen	individuelle Bedingungen
• Umweltfaktoren im Büro (Licht, Luft, Farben, Akustik, Temperatur) • Ausstattung (Pflanzen, Bilder) • Bewegungsfreiheit • Arbeits-/Betriebsklima • ergonomische Gestaltung der Arbeitsmittel • technische Ausstattung • Entlohnung • organisatorischen Strukturen	• Lebensalter • Arbeitsmotivation • geistige Belastbarkeit • körperliche Belastbarkeit • familiäre Situation • Qualifikation

1.2 Folgen einer dem Menschen nicht angepassten Gestaltung der Arbeitsumgebung können sein:
- Nachlassen der Arbeitsmotivation und steigende Unzufriedenheit
- Erhöhter Krankenstand → dadurch erhöhte Kosten für das Unternehmen (Kosten der Entgeltfortzahlung), Überlastung der gesunden Mitarbeiter
- Erhöhte Fehlerquote, wenn Mitarbeiter überlastet und demotiviert sind
- Mangelnde Arbeitssicherheit, damit erhöhte Gefahr von Arbeitsunfällen
- Verschlechterung des Arbeits-/Betriebsklimas
- Kündigung von Mitarbeitern aufgrund schlechter Arbeitsbedingungen

1.3 Arbeitssicherheitsgesetz, Geräte- und Produktsicherheitsgesetz, Arbeitszeitverordnung, Jugendarbeitsschutzgesetz, Gewerbeordnung, Gefahrstoffverordnung, Arbeitsstättenverordnung, Betriebsverfassungsgesetz, Unfallverhütungsvorschrift.

1.4 **Gefährdungsquellen** bei der Büroarbeit:
- Ungesicherte und überladene Regale
- Schubladen ohne Einklemmschutz
- Schimmelpilze und Verkeimung von Klimageräten
- Einseitige Körperhaltung bei der Bildschirm- und Büroarbeit
- Schadhafte Elektrogeräte, die zu Verletzungen führen können
- Unsachgemäße Verwendung von Reinigungsmitteln

1.5 Maßnahmen zur **Reduzierung der Unfallgefahr**:
- Vermeiden von lose verlegten Telefon- und Verlängerungskabeln
- Befestigen von Regalen an den Wänden, kein Überladen von Regalen
- Nur geprüfte Geräte mit Sicherheitssiegel einsetzen
- Verkleben von Teppichen
- Freihalten von Fluchtwegen und Notausgängen

1.6 Der **Sicherheitsbeauftragte** soll im Unternehmen bei der Durchführung der Maßnahmen zur Verhütung von Arbeitsunfällen und Berufskrankheiten unterstützend wirken. Seine Aufgaben sind u. a. die Mitarbeiter auf Arbeits- und Gesundheitsgefahren aufmerksam zu machen, sich vom Vorhandensein und der Funktionsfähigkeit von Schutzeinrichtungen zu überzeugen und auf deren ordnungsgemäße Nutzung zu achten. Er hat keine Weisungsbefugnis.

1.7 Aushängen von Unfallverhütungsvorschriften, Aushängen von Gesetzen und Verordnungen, Aushängen und Verteilen von Betriebsanweisungen, Schulung der Mitarbeiter, Hinweisschilder.

2. Aufgabe

2.1 **Stress** ist ein körperlicher oder seelischer Belastungszustand des Körpers, der durch verschiedene Faktoren ausgelöst werden kann.

Burnout bezeichnet einen Zustand emotionaler, geistiger und körperlicher Erschöpfung, der zu einer stark verringerten Leistungsfähigkeit führt.

Mobbing im rechtlichen Sinne ist die fortgesetzte, aufeinander aufbauende Anfeindung, Schikane oder Diskriminierung einer Person, die zu einer Verletzung der Persönlichkeitsrechte, Ehre oder Gesundheit führt.

2.2 Einführung eines betrieblichen **Gesundheitsmanagements** mit den folgenden beispielhaften Bestandteilen:
- Stresstests und Stressbewältigungstraining
- Autogenes Training
- Gesundheitstag im Unternehmen, Gesundheitsworkshops, Rückenfitkurse
- Gesundes und Ausgewogenes Essen in der Kantine
- Individuelle Beratungen durch Betriebs-/Werksärzte
- Schulungen der Vorgesetzten hinsichtlich des Umgangs mit Mobbing

3. Aufgabe

Situation
Jannis Merk, Auszubildender in der Laco Büroideen GmbH, erhält den folgenden Vorgang zur Bearbeitung.

Interne Mitteilung

von: Julia Weiß, Leiterin Einkauf
an: Jannis Merk
Datum: 10.02.20..
Betreff: Arbeitsplatzgestaltung

Die ökologische Verträglichkeit von Bürogeräten ist uns ein besonderes Anliegen, das wir auch in der Beschaffung neuer Bürogeräte berücksichtigen wollen. Erstellen Sie bitte einen Kriterienkatalog, der den Mitarbeitern die Prüfung der Umweltverträglichkeit von Bürogeräten erleichtert. […]

3.1 Erstellen Sei eine Liste mit ökologischen Prüfkriterien.

•

•

•

3.2 Geben Sie einen Überblick über die wichtigsten Prüf- und Gütesiegel.

Prüf- und Gütesiegel		Erklärung
TCO-Gütesiegel		
Blauer Engel (offizielles deutsches Umweltzeichen)		
CE-Zeichen		
GS-Zeichen		
Energy Star		

4. Aufgabe

Situation
Die Laco Büroideen GmbH möchte nicht nur bei Bürogeräten auf eine ökologische Verträglichkeit achten, sondern generell Maßnahmen initiieren, um den Umweltschutz am Arbeitsplatz zu fördern.

4.1 Erstellen Sie eine Maßnahmenliste zum Umweltschutz am Arbeitsplatz, an der sich die Mitarbeiter orientieren können.

•

•

•

•

4.2 Die Einkaufsabteilung soll auch beim Einkauf von Büromaterialien, Lebens- und Reinigungsmitteln auf eine ökologische Beschaffung achten. Geben Sie Beispiele, wie das umgesetzt werden kann.

Erläuterungen und Lösungen

3. Aufgabe

3.1 **Ökologische Prüfkriterien für die Beschaffung von Bürogeräten:**
- Einsatz von recyclingfähigem Material in der Herstellung
- Niedriger Stromverbrauch (Prüfen der Energieeffizienz)
- Verwendung umweltgerechter Verbrauchsmaterialien möglich
- Geringe Geräuschentwicklung
- Geringe Emissionswerte
- Möglichkeit der Verpackungsrückgabe (z. B. leere Tonerbehälter).

3.2 Überblick über die wichtigsten Prüf- und Gütesiegel:

Prüf- und Gütesiegel	Erklärung
TCO-Gütesiegel	Geprüft werden technische Geräte (nicht nur Bildschirme) auf Anwenderfreundlichkeit, Ergonomie, Umweltverträglichkeit und die Arbeitsbedingungen bei der Herstellung.
Blauer Engel (offizielles deutsches Umweltzeichen)	Geprüft werden Arbeitsplatzcomputer, Notebooks, Drucker und Kopierer vor allem auf Energieverbrauch, Energiesparmöglichkeiten, Umweltverträglichkeit, Vermeidung von Gefahrstoffen und Recyclingfähigkeit.
CE-Zeichen	Geprüft werden technische Geräte vor allem auf Energieeffizienz, Umweltverträglichkeit, Betriebssicherheit. Diese Kennzeichnung besagt, dass das geprüfte Produkt nach den geltenden EU-Richtlinien hergestellt wurde.
GS-Zeichen	Zeichen für geprüfte Sicherheit. Diese Prüfplakette wird von TÜV, VDE oder den Berufsgenossenschaften für technische Geräte, Maschinen und Gebrauchsgegenständen vergeben. Geprüft werden u. a. Strahlungsarmut, Ergonomie, Umweltverträglichkeit, Schadstoffarmut.
Energy Star	Dieses Gütesiegel weist elektronische Produkte aus, die von der Europäischen Kommission als besonders stromsparend eingestuft werden.

4. Aufgabe

4.1 Tipps und Hinweise zum **Umweltschutz am Arbeitsplatz**:
- Reduzierung des Papierverbrauchs durch beidseitiges Drucken/Kopieren und Weiterverwendung von Fehldrucken
- Nutzen des natürlichen Tageslichtes und Vermeidung von künstlicher Beleuchtung
- Abschalten des PC, wenn dieser über längere Zeit nicht genutzt wird
- Abfalltrennung am Arbeitsplatz
- Beim Verlassen von Räumen die Lichtquellen ausschalten
- Technische Geräte zum Feierabend vom Stromnetz trennen
- Stromsparfunktionen bei technischen Geräten nutzen
- Kein Verdecken oder Zustellen von Heizquellen
- Nutzen der Treppe statt des Aufzugs

4.2 Maßnahmen zur **ökologischen Beschaffung von Büromaterialien:**
- Lieferanten wählen, die umweltfreundliche Produkte anbieten.
- Einkaufen von Recyclingprodukten, wie z. B. Stifte, Kartons, Umschläge, Papier, Büromöbel.
- Kauf von wiederaufbereiteten Druckerpatronen.
- Reduzierung der Anzahl der Lieferungen durch Zusammenfassung von Bestellungen.

Maßnahmen zur **ökologischen Beschaffung von Lebensmitteln**:
- Kaufen regionaler Produkte, um Transportwege zu minimieren.
- Kaufen von Wasserkühlern oder 5-Liter-Wasserbehältern für die Belegschaft statt einzelner Wasserflaschen
- Vermeidung von Einwegbechern und -tellern.

Maßnahmen zur **ökologischen Beschaffung von Reinigungsmitteln**:
- Kaufen von Reinigungsmitteln ohne Chemikalien und Lösungsmittel.

5. Anwendungsaufgabe: Auswertung der Arbeitsunfälle

Sie sind Auszubildende/Auszubildender der
Laco Büroideen GmbH, Hohenstaufenring 112 – 116, 50674 Köln.

Sie benötigen die folgende Datei aus der Datensammlung: Web
Arbeitsunfälle_Laco.xlsx

Corporate-Design-Anweisungen:
- Angepasst auf eine Seite
- Schriftart Arial, Schriftgröße 11
- Überschriften zentriert, in Fettschrift, Schriftgröße 14
- Zahlendarstellungen mit Tausender-Trennzeichen; ohne Dezimalstellen
- Prozentsätze mit zwei Dezimalstellen
- Diagramm mit voreingestellter Schriftart; Diagrammtitel in Schriftgröße 14

Die Datei ist in der Fußzeile mit Ihrem Namen im rechten Abschnitt zu formatieren.

Einstiegsszenario:
Jens Müller, der Leiter der Personalabteilung, ruft Sie an.

Herr Müller: Guten Tag.

Sie: Guten Tag, Herr Müller.

Herr Müller: Wie Sie sicherlich wissen, steht die jährliche Auswertung der Arbeitsunfälle an. Ich möchte Sie bitten, mich dabei zu unterstützen, indem Sie in diesem Jahr die Auswertung und die grafische Aufbereitung vornehmen.
Die benötigten weiteren Informationen lasse ich Ihnen zukommen.

Sie: Okay.

Öffnen Sie die Datei „Arbeitsunfälle_Laco" und speichern Sie diese unter „AA_11.4.1" und Ihrem Vor- und Nachnamen.

5.1 Vervollständigen Sie das Tabellenblatt „Auswertung" gemäß Anlage 1.

5.2 Ermitteln Sie im oberen Tabellenteil (Zellen A5 bis E11) mit einer Funktion die Arbeitsunfälle aus dem Vorjahr. Beziehen Sie sich dabei auf das Tabellenblatt „Arbeitsunfallstatistik".

5.3 Ermitteln Sie mit einer Funktion die Menge der Arbeitsunfälle im Jahr 20... Beziehen Sie sich hierbei auf das Tabellenblatt „Arbeitsunfälle 20..".

5.4 Berechnen Sie den prozentualen Anteil je Wochentag an der Gesamtzahl der Arbeitsunfälle in 20...

5.5 Berechnen Sie die prozentuale Veränderung vom Vorjahr zu 20...
Basis ist das Vorjahr.

5.6 Ermitteln Sie im unteren Tabellenteil (Zellen A13 bis H13) mit einer Funktion den Anteil der Verletzungen aus dem Vorjahr. Beziehen Sie sich auf das Tabellenblatt „Arbeitsunfallstatistik".

5.7 Ermitteln Sie mit einer Funktion die Anzahl der Verletzungen je Verletzungsart in 20... Beziehen Sie sich auf das Tabellenblatt „Arbeitsunfälle 20..".

5.8 Berechnen Sie den prozentualen Anteil je Verletzung an der Gesamtzahl der Mitarbeiter des Unternehmens.

5.9 Berechnen Sie die prozentuale Veränderung vom Vorjahr zu 20...
Basis ist das Vorjahr.

5.10 Ermitteln Sie mit einer Funktion den Branchenwert aus dem Vorjahr. Beziehen Sie sich auf das Tabellenblatt „Arbeitsunfallstatistik".

5.11 Berechnen Sie die prozentuale Abweichung des 20..-er Wertes vom Branchenwert. Basis ist der Branchenwert.

5.12 Prüfen Sie mit einer Funktion, ob ein Kommentar („Nachforschen") notwendig ist. Dies ist der Fall, falls der Branchenwert besser ist als der Wert der Laco Büroideen GmbH.

5.13 Fügen Sie ein Säulendiagramm ein, das den prozentualen Anteil der Verletzungen bei der Laco Büroideen GmbH und beim Branchendurchschnitt darstellt. Gestalten Sie das Diagramm nach dem Muster in der Datei „Säulendiagramm 2".

Anlage 1:

	A	B	C	D	E	F	G	H
1	**Arbeitsunfälle bei der Laco Büroideen GmbH und in der Branche für das aktuelle Jahr und das Vorjahr**							
2								
3	Anzahl der Mitarbeiter (inkl. Auszubildende):				210			
4								
5		Arbeitsunfälle im Vorjahr	Arbeitsunfälle in 20..	Anteil in % in 20..	Veränderungen vom Vorjahr zu 20..			
6	Montag							
7	Dienstag							
8	Mittwoch							
9	Donnerstag							
10	Freitag							
11	Gesamt							
12								
13		Anteil an Verletzungen im Vorjahr in %	Anzahl der Verletzungen in 20..	Anteil % an der Gesamtzahl der Mitarbeiter in 20..	Veränderungen vom Vorjahr zu 20..	Branchen-wert in %	Abweichung vom Branchen-wert in %	Kommentar
14	Arm							
15	Auge							
16	Bein							
17	Fuß							
18	Gesicht							
19	Hand							
20	Leib							
21	Gesamt							

Erläuterungen und Lösungen

5. Aufgabe

Vergleichen Sie Ihr Ergebnis mit der nachfolgenden Lösung sowie der Lösungsdatei „AA_11.4_Lösung.xlsx“. Web

Tabellenblatt „Auswertung“:

	A	B	C	D	E	F	G	H
1	**Arbeitsunfälle bei der Laco Büroideen GmbH und in der Branche für das aktuelle Jahr und das Vorjahr**							
2								
3	Anzahl der Mitarbeiter (inkl. Auszubildende):				210			
4								
5		Arbeitsunfälle im Vorjahr	Arbeitsunfälle in 20..	Anteil in % in 20..	Veränderungen vom Vorjahr zu 20..			
6	Montag	22	19	26,03	-13,64			
7	Dienstag	12	11	15,07	-8,33			
8	Mittwoch	9	11	15,07	22,22			
9	Donnerstag	11	10	13,70	-9,09			
10	Freitag	18	22	30,14	22,22			
11	Gesamt	72	73	100,00	1,39			
12								
13		Anteil an Verletzungen im Vorjahr in %	Anzahl der Verletzungen in 20..	Anteil % an der Gesamtzahl der Mitarbeiter in 20..	Veränderungen vom Vorjahr zu 20..	Branchenwert in %	Abweichung vom Branchenwert in %	Kommentar
14	Arm	9,43	5	2,38	-74,75	8,65	-72,47	
15	Auge	11,45	15	7,14	-37,62	10,23	-30,18	
16	Bein	6,78	18	8,57	26,42	3,21	167,02	Nachforschen
17	Fuß	20,54	33	15,71	-23,49	8,65	81,67	Nachforschen
18	Gesicht	4,81	10	4,76	-1,00	4,82	-1,21	
19	Hand	7,11	11	5,24	-26,33	7,54	-30,53	
20	Leib	2,73	6	2,86	4,66	2,76	3,52	Nachforschen
21	Gesamt	62,85	98	46,67	-25,75	45,86	1,76	Nachforschen

Tabellenblatt „Formelansicht“:

	A	B	C	D
1				**Arbeitsunfälle bei der Laco Büroideen GmbH und in der Branche**
2				
3	Anzahl der Mitarbeiter (inkl. Auszubildende):			
4				
5		Arbeitsunfälle im Vorjahr	Arbeitsunfälle in 20..	Anteil in % in 20..
6	Montag	=SVERWEIS(A6;Arbeitsunfallstatistik!$A$5:$C$9;3;0)	=SUMMEWENN('Arbeitsunfälle 20..'!$A$4:$A$46;A6;'Arbeitsunfälle 20..'!$C$4:$C$46)	=C6*100/$C$11
7	Dienstag	=SVERWEIS(A7;Arbeitsunfallstatistik!$A$5:$C$9;3;0)	=SUMMEWENN('Arbeitsunfälle 20..'!$A$4:$A$46;A7;'Arbeitsunfälle 20..'!$C$4:$C$46)	=C7*100/$C$11
8	Mittwoch	=SVERWEIS(A8;Arbeitsunfallstatistik!$A$5:$C$9;3;0)	=SUMMEWENN('Arbeitsunfälle 20..'!$A$4:$A$46;A8;'Arbeitsunfälle 20..'!$C$4:$C$46)	=C8*100/$C$11
9	Donnerstag	=SVERWEIS(A9;Arbeitsunfallstatistik!$A$5:$C$9;3;0)	=SUMMEWENN('Arbeitsunfälle 20..'!$A$4:$A$46;A9;'Arbeitsunfälle 20..'!$C$4:$C$46)	=C9*100/$C$11
10	Freitag	=SVERWEIS(A10;Arbeitsunfallstatistik!$A$5:$C$9;3;0)	=SUMMEWENN('Arbeitsunfälle 20..'!$A$4:$A$46;A10;'Arbeitsunfälle 20..'!$C$4:$C$46)	=C10*100/$C$11
11	Gesamt	=SUMME(B6:B10)	=SUMME(C6:C10)	=SUMME(D6:D10)
12				
13		Anteil an Verletzungen im Vorjahr in %	Anzahl der Verletzungen in 20..	Anteil % an der Gesamtzahl der Mitarbeiter in 20..
14	Arm	=SVERWEIS(A14;Arbeitsunfallstatistik!$A$13:$C$19;3;0)	=ZÄHLENWENN('Arbeitsunfälle 20..'!$D$4:$H$46;A14)	=C14*100/$E$3
15	Auge	=SVERWEIS(A15;Arbeitsunfallstatistik!$A$13:$C$19;3;0)	=ZÄHLENWENN('Arbeitsunfälle 20..'!$D$4:$H$46;A15)	=C15*100/$E$3
16	Bein	=SVERWEIS(A16;Arbeitsunfallstatistik!$A$13:$C$19;3;0)	=ZÄHLENWENN('Arbeitsunfälle 20..'!$D$4:$H$46;A16)	=C16*100/$E$3
17	Fuß	=SVERWEIS(A17;Arbeitsunfallstatistik!$A$13:$C$19;3;0)	=ZÄHLENWENN('Arbeitsunfälle 20..'!$D$4:$H$46;A17)	=C17*100/$E$3
18	Gesicht	=SVERWEIS(A18;Arbeitsunfallstatistik!$A$13:$C$19;3;0)	=ZÄHLENWENN('Arbeitsunfälle 20..'!$D$4:$H$46;A18)	=C18*100/$E$3
19	Hand	=SVERWEIS(A19;Arbeitsunfallstatistik!$A$13:$C$19;3;0)	=ZÄHLENWENN('Arbeitsunfälle 20..'!$D$4:$H$46;A19)	=C19*100/$E$3
20	Leib	=SVERWEIS(A20;Arbeitsunfallstatistik!$A$13:$C$19;3;0)	=ZÄHLENWENN('Arbeitsunfälle 20..'!$D$4:$H$46;A20)	=C20*100/$E$3
21	Gesamt	=SUMME(B14:B20)	=SUMME(C14:C20)	=C21*100/$E$3

Hinweis

Denken Sie daran: Text gehört in Formeln immer in Anführungszeichen.

Tabellenblatt „Auswertung“, Diagramm:

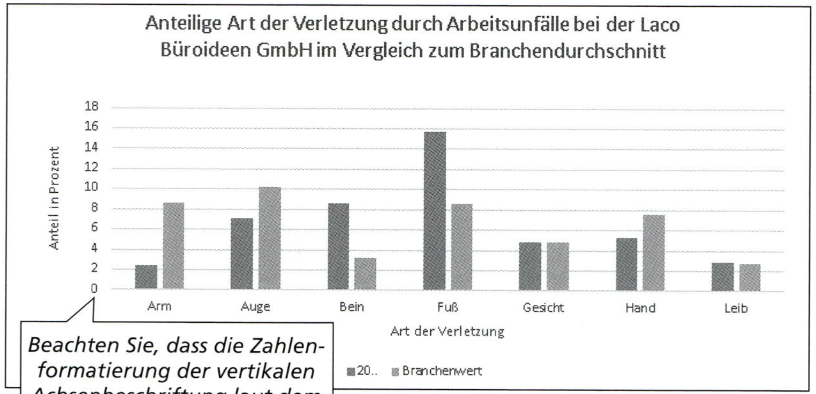

Beachten Sie, dass die Zahlenformatierung der vertikalen Achsenbeschriftung laut dem vorgegebenen Muster keine Nachkommastellen haben soll.

Tipp

Sie sollten für die Legendenbeschriftungen eine kürzere Bezeichnung wählen, als dies in der Tabellenüberschrift der Fall ist – dass die Werte in Prozent angegeben sind, ist bereits der vertikalen Achsenbeschriftung zu entnehmen.

	E	F	G	H
1	**für das aktuelle Jahr und das Vorjahr**			
2				
3	210			
4				
5	Veränderungen vom Vorjahr zu 20..			
6	=(C6-B6)*100/B6			
7	=(C7-B7)*100/B7			
8	=(C8-B8)*100/B8			
9	=(C9-B9)*100/B9			
10	=(C10-B10)*100/B10			
11	=(C11-B11)*100/B11			
12				
13	Veränderungen vom Vorjahr zu 20..	Branchenwert in %	Abweichung vom Branchenwert in %	Kommentar
14	=(D14-B14)*100/B14	=SVERWEIS(A14;Arbeitsunfallstatistik!$A$13:$C$19;2;0)	=(D14-F14)*100/F14	=WENN(F14<D14;"Nachforschen";"")
15	=(D15-B15)*100/B15	=SVERWEIS(A15;Arbeitsunfallstatistik!$A$13:$C$19;2;0)	=(D15-F15)*100/F15	=WENN(F15<D15;"Nachforschen";"")
16	=(D16-B16)*100/B16	=SVERWEIS(A16;Arbeitsunfallstatistik!$A$13:$C$19;2;0)	=(D16-F16)*100/F16	=WENN(F16<D16;"Nachforschen";"")
17	=(D17-B17)*100/B17	=SVERWEIS(A17;Arbeitsunfallstatistik!$A$13:$C$19;2;0)	=(D17-F17)*100/F17	=WENN(F17<D17;"Nachforschen";"")
18	=(D18-B18)*100/B18	=SVERWEIS(A18;Arbeitsunfallstatistik!$A$13:$C$19;2;0)	=(D18-F18)*100/F18	=WENN(F18<D18;"Nachforschen";"")
19	=(D19-B19)*100/B19	=SVERWEIS(A19;Arbeitsunfallstatistik!$A$13:$C$19;2;0)	=(D19-F19)*100/F19	=WENN(F19<D19;"Nachforschen";"")
20	=(D20-B20)*100/B20	=SVERWEIS(A20;Arbeitsunfallstatistik!$A$13:$C$19;2;0)	=(D20-F20)*100/F20	=WENN(F20<D20;"Nachforschen";"")
21	=(D21-B21)*100/B21	=SUMME(F14:F20)	=(D21-F21)*100/F21	=WENN(F21<D21;"Nachforschen";"")

Tipp

*Sollten Sie vergessen haben, wie die **Legendeneinträge** geändert werden, lesen Sie bitte die Erläuterungen und Lösungen in Kapitel 10.2.2! Wissen Sie noch, wie man das **Format von Datenbeschriftungen** ändert? Sie finden dies in Kapitel 10.1.7 beschrieben.*

Musterprüfungsaufgabe:
Analyse der Zuverlässigkeit von Lieferanten
und Beschaffung von Handelswaren

Sie finden auf den folgenden vier Seiten einen ganzheitlichen Arbeitsauftrag mit 4 Aufgaben sowie Anlagen. Die Bearbeitungshinweise, der Aufbau sowie die Aufgabenstellung orientieren sich an der IHK-Abschlussprüfung Teil 1.

Sie sollten diese Gesamtaufgabe in 120 Minuten lösen können.

Denken Sie daran, sich die Bearbeitungshinweise, die Hinweise zum Corporate Design, das Einstiegsszenario sowie die Aufgabenstellung gründlich durchzulesen und wichtige Informationen zu markieren.

Die maximal erreichbare Punktzahl finden Sie jeweils hinter den vier Aufgaben. Beachten Sie, dass 15 Punkte von 100 Gesamtpunkten für das Corporate Design, die Rechtschreibung, den Ausdruck, die Zeichensetzung und die Anwendung der DIN 5008 vergeben werden.

Bearbeitungshinweise:

- Führen Sie in regelmäßigen Abständen Datensicherungen durch.
- Wenden Sie die DIN 5008 an.
- Formulieren Sie alle Ihre Texte in vollständigen Sätzen. Beachten Sie hierbei die Rechtschreibung, den Ausdruck und die Zeichensetzung.
- Gestalten Sie die Aufgaben entsprechend der Aufgabenstellung und/oder der angegebenen Muster.
- Arbeiten Sie in Excel – soweit möglich – mit kopierfähigen Funktionen bzw. Formeln und den entsprechenden Zellbezügen.

Sie sind Auszubildende/Auszubildender der
Laco Büroideen GmbH, Hohenstaufenring 112 – 116, 50674 Köln
und momentan in der Abteilung Einkauf eingesetzt.
Telefonisch sind Sie erreichbar unter der Nummer 0221 823498, Durchwahl 126.
E-Mail-Adressen werden im Unternehmen wie folgt gebildet:
vorname.nachname@laco-bueroideen.com. Sie haben Artvollmacht.

Sie benötigen die folgenden Dateien aus der Datensammlung:
Lieferanten_Laco_Prüfungsaufgabe.xlsx
Interne_Mitteilung_Vorlage.docx
Geschaeftsbriefvorlage_separate_Ruecksendeanschrift.docx

Web

Corporate-Design-Anweisungen:

Tabellenkalkulation
- Angepasst auf eine Seite
- Schriftart Arial, Schriftgröße 11
- Überschriften zentriert, in Fettschrift, Schriftgröße 14
- Zahlendarstellungen mit Tausender-Trennzeichen; ohne Dezimalstellen
- Prozentsätze mit zwei Dezimalstellen

Diagramm mit voreingestellter Schriftart;
Diagrammtitel in Schriftgröße 14

Textverarbeitung
- Schriftart Arial
- Schriftgröße 11
- Überschriften zentriert in Fettschrift, Schriftgröße 14

Die Dateien sind ist in der Fußzeile mit Ihrem Namen im rechten Abschnitt bzw. rechtsbündig zu formatieren.

Einstiegsszenario:
Julia Weiß, die Abteilungsleiterin des Einkaufs der Laco Büroideen GmbH ruft Sie am 14.01.20.. an.

Frau Weiß: Guten Tag.

Sie: Guten Tag, Frau Weiß.

Frau Weiß: Wir haben im letzten Jahr vermehrt Lieferungen erhalten, die nicht zum vereinbarten Termin geliefert wurden oder mangelhaft waren. Ich möchte, dass das systematisch erfasst und ausgewertet wird. Bitte kümmern Sie sich darum und informieren Sie mich unverzüglich über Ihre Ergebnisse.
Für uns als Unternehmen ist neben einem günstigen Einkaufspreis auch eine zuverlässige, termintreue sowie vor allem mangelfreie Lieferung von besonderer Bedeutung. Deshalb müssen wir bei zukünftigen Bestellungen verstärkt darauf achten.
Weiterhin müssen 50 braune Papprückwandtaschen beschafft werden. Angebote liegen bereits vor. Sie brauchen nur noch einen Angebotsvergleich durchzuführen und eine entsprechende Bestellung schreiben.

Sie: Okay.

Arbeitsanweisung (15 Punkte):

Beachten Sie die Rechtschreibung, den Ausdruck und die Zeichensetzung.
Formulieren Sie in vollständigen Sätzen. Gestalten Sie die Ergebnisse übersichtlich.
Wenden Sie bei Texten die Regeln der DIN 5008 an.

1. Lieferantenbewertung (27 Punkte)

Öffnen Sie die Datei „Lieferanten_Laco_Prüfungsaufgabe" und speichern Sie diese unter „Musterprüfung_A1" und Ihrem Vor- und Nachnamen.

1.1 Vervollständigen Sie das Tabellenblatt „LÜ" gemäß Anlage 1.

1.2 Ermitteln Sie im mittleren Tabellenteil (Zellen A10 bis H16) mit einer Funktion die Anzahl der Lieferungen je Lieferant im 4. Quartal. Beziehen Sie sich dabei auf das Tabellenblatt „L4Q".

1.3 Ermitteln Sie mit einer Funktion die Verspätung in Tagen je Lieferant im 4. Quartal. Beziehen Sie sich dabei auf das Tabellenblatt „L4Q".

1.4 Ermitteln Sie mit einer Funktion die fehlerhaften Lieferungen je Lieferant im 4. Quartal. Beziehen Sie sich dabei auf das Tabellenblatt „L4Q".

1.5 Berechnen Sie im unteren Tabellenteil (Zellen A13 bis E19) die Gesamtwerte für das Jahr 20...

1.6 Berechnen Sie den prozentualen Anteil der fehlerhaften Lieferungen an der Gesamtzahl der Lieferungen je Lieferant.

1.7 Erstellen Sie eine Bewertung der Lieferantenzuverlässigkeit und -pünktlichkeit mithilfe geeigneter Funktionen.

1.8 Fügen Sie ein Säulendiagramm ein, das die Gesamtwerte des Jahres 20.. je Lieferant verdeutlicht. Gestalten Sie das Diagramm nach dem Muster in Anlage 2.

2. Angebotsvergleich (24 Punkte)

Öffnen Sie die Datei „Lieferanten_Laco_Prüfungsaufgabe" und speichern Sie diese unter „Musterprüfung_A2" und Ihrem Vor- und Nachnamen.

2.1 Übertragen Sie die Daten aus den Angeboten (Anlagen 3 bis 5) in das Tabellenblatt „Angebotsvergleich".

2.2 Ermitteln Sie das aktuelle Datum mit einer Funktion.

2.3 Ermitteln Sie mit einer Funktion die Namen der Lieferanten. Beziehen Sie sich dabei auf das Tabellenblatt „Lieferanten".

2.4 Führen Sie die Bezugskalkulation vom Listeneinkaufspreis bis zum Bezugspreis gemäß Vorlage mit den entsprechenden Formeln durch.

2.5 Ermitteln Sie mit einer Funktion den günstigsten Anbieter.

2.6 Ermitteln Sie mit einer Funktion den niedrigsten Bezugspreis.

3. Interne Mitteilung (18 Punkte)

Öffnen Sie die Datei „Interne_Mitteilung_Vorlage" und speichern Sie diese unter „Musterprüfung_A3" und Ihrem Vor- und Nachnamen.

3.1 Informieren Sie die Einkaufsabteilungsleiterin, Frau Weiß, über die Ergebnisse der Lieferantenbewertung und das Ergebnis des Angebotsvergleichs.

3.2 Gehen Sie unter anderem auf folgende Punkte ein:
- Gesamtzahl der Lieferungen
- Lieferantenbewertung hinsichtlich Zuverlässigkeit und Pünktlichkeit
- Maßnahmen, die ergriffen werden sollten

3.3 Entscheiden Sie sich aufgrund der Lieferantenbewertung und des Angebotsvergleichs für einen Lieferanten und begründen Sie Ihre Auswahl ausführlich.

4. Bestellung schreiben (16 Punkte)

Öffnen Sie die Datei „Geschaeftsbriefvorlage_separate_Ruecksendeanschrift.docx" und speichern Sie diese unter „Musterprüfung_A4" und Ihrem Vor- und Nachnamen. Bestellen Sie bei dem von Ihnen ausgewählten Lieferanten den entsprechenden Artikel. Integrieren Sie Ihre Ergebnisse aus der Lieferantenbewertung in die Bestellung.

Hinweise zum Druck:

Kopieren Sie nach Fertigstellung aller vier Aufgaben die Tabellenblätter „LÜ" und „Angebotsvergleich". Stellen Sie in der Kopie die Formelansicht ein. Die Formeln müssen vollständig sichtbar sein.

Drucken Sie im Anschluss die folgenden Tabellenblätter/Dateien aus:
- *aus der Datei „Musterprüfung_A1" das Tabellenblatt „LÜ" im Querformat*
- *die Formelansicht des Tabellenblattes „LÜ" im Querformat*
- *aus der Datei „Musterprüfung_A2" das Tabellenblatt im Querformat*
- *die Formelansicht des Tabellenblattes „Angebotsvergleich" im Querformat*
- *die Datei „Musterprüfung_A3"*
- *die Datei „Musterprüfung_A4"*

Anlage 1: Tabellenblatt „LÜ"

	A	B	C	D	E	F	G	H
1			Püntlichkeit und Zuverlässigkeit der Lieferanten - Auswertung					
2								
3						Klassifizierung	Bewertung Pünktlichkeit - weniger als ... Tage	Bewertung Zuverlässigkeit - bis .... %
4						3	3	3
5						2	5	5
6						1	8	7
7						0	mehr Tage	höher
8								
9			1. bis 3. Quartal 20..			4. Quartal 20..		
10	Lieferanten-Nr.	Lieferant	Anzahl der Lieferungen (1. - 3. Quartal)	Verspätete Lieferungen in Tagen (1. - 3. Quartal)	Anzahl der fehlerhaften Lieferungen (1. - 3. Quartal)	Anzahl der Lieferungen (4. Quartal)	Verspätete Lieferungen in Tagen (4. Quartal)	Anzahl der fehlerhaften Lieferungen (4. Quartal)
11	L134800	Gustav AG						
12	L134801	Office AG						
13	L134804	Bauer KG						
14	L134812	Weser Papier KG						
15	L134815	W. Starrenberg OHG						
16	L134821	Büro 2000 OHG						
17								
18			Gesamtwerte 20..					
19	Lieferanten-Nr.	Lieferant	Gesamtzahl der Lieferungen	Gesamtzahl verspätete Lieferungen in Tagen	Gesamtzahl fehlerhafte Lieferungen	Verhältnis fehlerhafte/ Lieferungen in %	Lieferantenbewertung Zuverlässigkeit	Lieferantenbewertung Pünktlichkeit
20	L134800	Gustav AG						
21	L134801	Office AG						
22	L134804	Bauer KG						
23	L134812	Weser Papier KG						
24	L134815	W. Starrenberg OHG						
25	L134821	Büro 2000 OHG						

Anlage 2: Muster

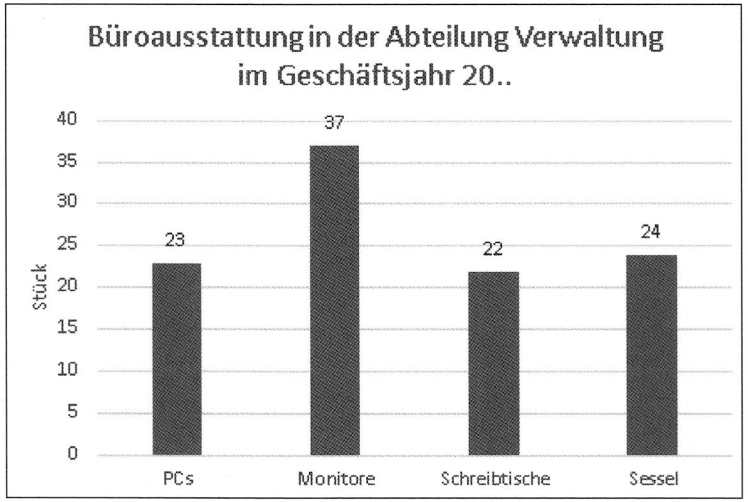

Anlage 3: Angebot der Office AG

Office AG · Postfach 10 32 26 · 60102 Frankfurt

Ihr Zeichen:
Ihre Nachricht vom: 08.01.20..
Unser Zeichen: std
Unsere Nachricht vom:

Laco Büroideen GmbH
Frau Weiß
Hohenstaufenring 112 – 116
50674 Köln

Name: Kerstin Stade
Telefon: 069 15789-10
Telefax: 069 15789-99
E-Mail: k.stade@office-frankfurt.de

Datum: 12.01.20..

Angebot Papprückwandtaschen, DIN C3, braun

Sehr geehrte Frau Weiß,

vielen Dank für Ihre Anfrage. Gerne bieten wir Ihnen das entsprechende Produkt wie folgt an:

Artikel-Nummer HW230045, Braune Papprückwandtaschen, DIN C3,
Haftklebung mit Abziehstreifen, 100 Stück pro Packung
36,50 €/Paket zuzüglich 19 % Umsatzsteuer
zuzüglich 20,00 € für Transport und Verpackung

Als langjähriger Kunde gewähren wir Ihnen einen Stammkundenrabatt von 12 %.

Bei Zahlung innerhalb von 14 Tagen nach Rechnungsdatum erhalten Sie 2 % Skonto. Sonst gelten 30 Tage netto.

Gerne nehmen wir Ihre Bestellung entgegen.

Mit freundlichen Grüßen

Office AG

i. A. Kerstin Stade

Anlage 4: Angebot der Büro 2000 OHG

Büro 2000 OHG – Cracauer Str. 77 – 47799 Krefeld

Laco Büroideen GmbH
Frau Weiß
Hohenstaufenring 112 – 116
50674 Köln

Ihr Zeichen:
Ihre Nachricht vom: 08.01.20..
Unser Zeichen: hei-wa
Unsere Nachricht vom:

Name: Ludwig Heise
Telefon: 021515789-670
Telefax: 021515789-100
E-Mail: heise@buero2000.de

Datum: 12.01.20..

Angebot Papprückwandtaschen braun, DIN C3, Artikel-Nr. VT12300b

Sehr geehrte Frau Weiß,

vielen Dank für Ihr Interesse an unseren Produkten. Gerne bieten wir Ihnen den angefragten Artikel an.

Papprückwandtaschen braun, DIN C3, Haftklebung mit Abziehstreifen, 100 Stück pro Packung zu einem Stückpreis von 32,80 €. Bei Abnahme von mindestens 30 Packungen gewähren wir einen Rabatt von 6 %, bei Abnahme von mindestens 60 Packungen von 10 %.

Für den Transport berechnen wir 40,00 €.

Bei Zahlung innerhalb von 7 Tagen nach Rechnungsdatum erhalten Sie 1,5 % Skonto. Sonst gelten 20 Tage netto.

Gerne nehmen wir Ihre Bestellung entgegen.

Mit freundlichen Grüßen

Büro 2000 OHG

i. A. Ludwig Heise

Anlage 5: Angebot der W. Starrenberg OHG

An:	julia.weiss@laco-bueroideen.com
Cc:	
Bcc:	
Betreff:	Angebot – Papprückwandtaschen, Artikel-Nr. PWT2349 braun
Anhang:	

Sehr geehrte Frau Weiß,

wir danken Ihnen für Ihr Interesse an unserem Unternehmen und bieten Ihnen den angefragten Artikel wie folgt an:

PWT2349, Papprückwandtaschen in braun, Größe DIN C3, Haftklebung mit Abziehstreifen, 100 Umschläge pro Packung, Stückpreis 42,60 €. Bei Abnahme von mindestens 20 Packungen gewähren wir Ihnen einen Rabatt von 15 %, bei Abnahme von 40 Stück gewähren wir einen Rabatt von 25 %.

Unser Zahlungsziel beträgt 30 Tage netto ohne Abzug. Bei Zahlung innerhalb von 7 Tagen erhalten Sie 2,5 % Skonto.

Sollten Sie noch Fragen haben, können Sie sich gerne an uns wenden.

Mit freundlichen Grüßen

i. A. Imran Said

E-Mail: imran.said@starrenberg-herten.de
Telefon: 0209-8905-871
Internet: www.starrenberg-herten.de

Sitz/Anschrift: Mozartstraße 123, 45699 Herten

Erläuterungen und Lösungen

Überarbeiten Sie Ihre Lösung im Hinblick auf die nachfolgenden Lösungshinweise und bewerten Sie im Anschluss Ihre Ergebnisse anhand der vorliegenden Musterlösung. Beachten Sie dabei, dass Teilpunkte möglich und Folgefehler zu berücksichtigen sind.

Lösungshinweise	mögliche Punkte	erreichte Punkte
Aufgabe 1 – Lieferantenbewertung		
1.1 Tabellenblatt vervollständigen	2	
1.2 Funktion ZÄHLENWENN (ohne absolute Adressierung minus 1 Punkt)	3	
1.3 Funktion SUMMEWENN (ohne absolute Adressierung minus 1 Punkt)	4	
1.4 Funktion SUMMEWENN (ohne absolute Adressierung minus 1 Punkt)	4	
1.5 Gesamtwerte berechnen	2	
1.6 Prozentualen Anteil berechnen	2	
1.7 Funktion WENN (ohne absolute Adressierung minus 1 Punkt)	4	
1.8 Säulendiagramm nach Muster erstellen • Säulendiagramm einfügen (Diagrammtyp, Datenbereich) • Überschrift • Datenbeschriftung • vertikale Achsenbeschriftung • Legende	 1 2 1 1 1	
Summe Aufgabe 1	**27**	
Aufgabe 2 – Angebotsvergleich		
2.1 Tabellenblatt vervollständigen	1	
2.2 Funktion HEUTE	1	
2.3 Funktion SVERWEIS (ohne absolute Adressierung minus 1 Punkt, ohne 4. Argument minus 1 Punkt)	6	
2.4 Bezugskalkulation mit entsprechenden Berechnungen (ohne absolute Adressierung minus 1 Punkt)	9	
2.5 Funktion WENN mit MIN	6	
2.6 FUNKTION MIN	1	
Summe Aufgabe 2	**24**	

Lösungshinweise	mögliche Punkte	erreichte Punkte
Aufgabe 3 – Interne Mitteilung		
3.1 Interne Mitteilung • von, an, Datum, Betreff • Anrede • einleitender Satz • abschließender Satz • Gruß, Name	 2 1 1 1 1	
3.2 Inhaltliche Aussagen: • Nennung der Gesamtzahl der Lieferungen • Ergebnisse der Lieferantenbewertung hinsichtlich Zuverlässigkeit und Pünktlichkeit • Nennung zu ergreifender Maßnahmen	 1 4 2	
3.3 Angebotsvergleich: • Ergebnis Angebotsvergleich • Entscheidung für einen Lieferanten mit Begründung	 2 3	
Summe Aufgabe 3	**18**	
Aufgabe 4 – Bestellung schreiben		
• Anschrift • Infoblock • Betreff • Anrede mit Ansprechpartner • Einleitung, mit Hinweis auf Zufriedenheit mit dem Lieferanten • genaue Artikelnennung mit Bestellmenge • Schlusssatz • Briefschluss (Gruß, Firma, Vollmacht, Name)	2 2 1 1 2 4 2 2	
Summe Aufgabe 4	**16**	
Aufgabe 5 – Gesamtbewertungskriterien		
Rechtschreibung und Zeichensetzung	5	
Ausdruck	5	
Gestaltung, DIN 5008 und Corporate Design	5	
Summe Aufgabe 5	**15**	
Summe der Aufgabenteile 1 bis 5	**100**	

Vergleichen Sie Ihr Ergebnis mit der Lösungsdatei und der nachfolgenden Musterlösung.

1. Aufgabe – Lieferantenbewertung

Tabellenblatt „LÜ":

	B	C	D	E	F	G	H
1	Püntlichkeit und Zuverlässigkeit der Lieferanten - Auswertung						
2							
3					Klassifizierung	Bewertung Pünktlichkeit - weniger als ... Tage	Bewertung Zuverlässigkeit - bis ... %
4					3	3	3
5					2	5	5
6					1	8	7
7					0	mehr Tage	höher
8							
9		1. bis 3. Quartal 20..			4. Quartal 20..		
10	Lieferant	Anzahl der Lieferungen (1. - 3. Quartal)	Verspätete Lieferungen in Tagen (1. - 3. Quartal)	Anzahl der fehlerhaften Lieferungen (1. - 3. Quartal)	Anzahl der Lieferungen (4. Quartal)	Verspätete Lieferungen in Tagen (4. Quartal)	Anzahl der fehlerhaften Lieferungen (4. Quartal)
11	Gustav AG	12	10	1	4	14	3
12	Office AG	28	0	0	7	1	1
13	Bauer KG	6	4	2	6	7	4
14	Weser Papier KG	17	2	2	6	1	1
15	W. Starrenberg OH(	15	0	1	4	0	0
16	Büro 2000 OHG	20	2	1	4	2	0
17							
18		Gesamtwerte 20..					
19	Lieferant	Gesamtzahl der Lieferungen	Gesamtzahl verspätete Lieferungen in Tagen	Gesamtzahl fehlerhafte Lieferungen	Verhältnis fehlerhafte/ Lieferungen in %	Lieferantenbewertung Zuverlässigkeit	Lieferantenbewertung Pünktlichkeit
20	Gustav AG	16	24	4	25,00	0	0
21	Office AG	35	1	1	2,86	3	3
22	Bauer KG	12	11	6	50,00	0	0
23	Weser Papier KG	23	3	3	13,04	0	2
24	W. Starrenberg OH(	19	0	1	5,26	1	3
25	Büro 2000 OHG	24	4	1	4,17	2	2

Tabellenblatt „Formelansicht":

	A	B	C	D	E	F	G	H
1	Püntlichkeit und Zuverlässigkeit der Lieferanten - Auswertung							
2								
3						Klassifizierung	Bewertung Pünktlichkeit - weniger als ... Tage	Bewertung Zuverlässigkeit - bis ... %
4						3	3	3
5						2	5	5
6						1	8	7
7						0	mehr Tage	höher
8								
9			1. bis 3. Quartal 20..			4. Quartal 20xx		
10	Lieferanten-Nr.	Lieferant	Anzahl der Lieferungen (1. - 3. Quartal)	Verspätete Lieferungen in Tagen (1. - 3. Quartal)	Anzahl der fehlerhaften Lieferungen (1. - 3. Quartal)	Anzahl der Lieferungen (4. Quartal)	Verspätete Lieferungen in Tagen (4. Quartal)	Anzahl der fehlerhaften Lieferungen (4. Quartal)
11	L134800	Gustav AG	12	10	1	=ZÄHLENWENN(L4Q!$A$2:$A$58;B11)	=SUMMEWENN(L4Q!$A$2:$A$58;B11;L4Q!$C$2:$C$58)	=SUMMEWENN(L4Q!$A$2:$A$58;LÜ!B11;L4Q!$D$2:$D$58)
12	L134801	Office AG	28	0	0	=ZÄHLENWENN(L4Q!$A$2:$A$58;B12)	=SUMMEWENN(L4Q!$A$2:$A$58;B12;L4Q!$C$2:$C$58)	=SUMMEWENN(L4Q!$A$2:$A$58;LÜ!B12;L4Q!$D$2:$D$58)
13	L134804	Bauer KG	6	4	2	=ZÄHLENWENN(L4Q!$A$2:$A$58;B13)	=SUMMEWENN(L4Q!$A$2:$A$58;B13;L4Q!$C$2:$C$58)	=SUMMEWENN(L4Q!$A$2:$A$58;LÜ!B13;L4Q!$D$2:$D$58)
14	L134812	Weser Papier KG	17	2	2	=ZÄHLENWENN(L4Q!$A$2:$A$58;B14)	=SUMMEWENN(L4Q!$A$2:$A$58;B14;L4Q!$C$2:$C$58)	=SUMMEWENN(L4Q!$A$2:$A$58;LÜ!B14;L4Q!$D$2:$D$58)
15	L134815	W. Starrenberg OHG	15	0	1	=ZÄHLENWENN(L4Q!$A$2:$A$58;B15)	=SUMMEWENN(L4Q!$A$2:$A$58;B15;L4Q!$C$2:$C$58)	=SUMMEWENN(L4Q!$A$2:$A$58;LÜ!B15;L4Q!$D$2:$D$58)
16	L134821	Büro 2000 OHG	20	2	1	=ZÄHLENWENN(L4Q!$A$2:$A$58;B16)	=SUMMEWENN(L4Q!$A$2:$A$58;B16;L4Q!$C$2:$C$58)	=SUMMEWENN(L4Q!$A$2:$A$58;LÜ!B16;L4Q!$D$2:$D$58)
17								
18			Gesamtwerte 20..					
19	Lieferanten-Nr.	Lieferant	Gesamtzahl der Lieferungen	Gesamtzahl verspätete Lieferungen in Tagen	Gesamtzahl fehlerhafte Lieferungen	Verhältnis fehlerhafte/ Lieferungen in %	Lieferantenbewertung Zuverlässigkeit	Lieferantenbewertung Pünktlichkeit
20	L134800	Gustav AG	=C11+F11	=D11+G11	=E11+H11	=E20*100/C20	=WENN(F20<=$H$4;$F$4;WENN(F20<=$H$5;$F$5;WENN(F20<=$H$6;$F$6;$F$7)))	=WENN(D20<$G$4;$F$4;WENN(D20<$G$5;$F$5;WENN(D20<$G$6;$F$6;$F$7)))
21	L134801	Office AG	=C12+F12	=D12+G12	=E12+H12	=E21*100/C21	=WENN(F21<=$H$4;$F$4;WENN(F21<=$H$5;$F$5;WENN(F21<=$H$6;$F$6;$F$7)))	=WENN(D21<$G$4;$F$4;WENN(D21<$G$5;$F$5;WENN(D21<$G$6;$F$6;$F$7)))
22	L134804	Bauer KG	=C13+F13	=D13+G13	=E13+H13	=E22*100/C22	=WENN(F22<=$H$4;$F$4;WENN(F22<=$H$5;$F$5;WENN(F22<=$H$6;$F$6;$F$7)))	=WENN(D22<$G$4;$F$4;WENN(D22<$G$5;$F$5;WENN(D22<$G$6;$F$6;$F$7)))
23	L134812	Weser Papier KG	=C14+F14	=D14+G14	=E14+H14	=E23*100/C23	=WENN(F23<=$H$4;$F$4;WENN(F23<=$H$5;$F$5;WENN(F23<=$H$6;$F$6;$F$7)))	=WENN(D23<$G$4;$F$4;WENN(D23<$G$5;$F$5;WENN(D23<$G$6;$F$6;$F$7)))
24	L134815	W. Starrenberg OHG	=C15+F15	=D15+G15	=E15+H15	=E24*100/C24	=WENN(F24<=$H$4;$F$4;WENN(F24<=$H$5;$F$5;WENN(F24<=$H$6;$F$6;$F$7)))	=WENN(D24<$G$4;$F$4;WENN(D24<$G$5;$F$5;WENN(D24<$G$6;$F$6;$F$7)))
25	L134821	Büro 2000 OHG	=C16+F16	=D16+G16	=E16+H16	=E25*100/C25	=WENN(F25<=$H$4;$F$4;WENN(F25<=$H$5;$F$5;WENN(F25<=$H$6;$F$6;$F$7)))	=WENN(D25<$G$4;$F$4;WENN(D25<$G$5;$F$5;WENN(D25<$G$6;$F$6;$F$7)))

Tabellenblatt „LÜ", Diagramm:

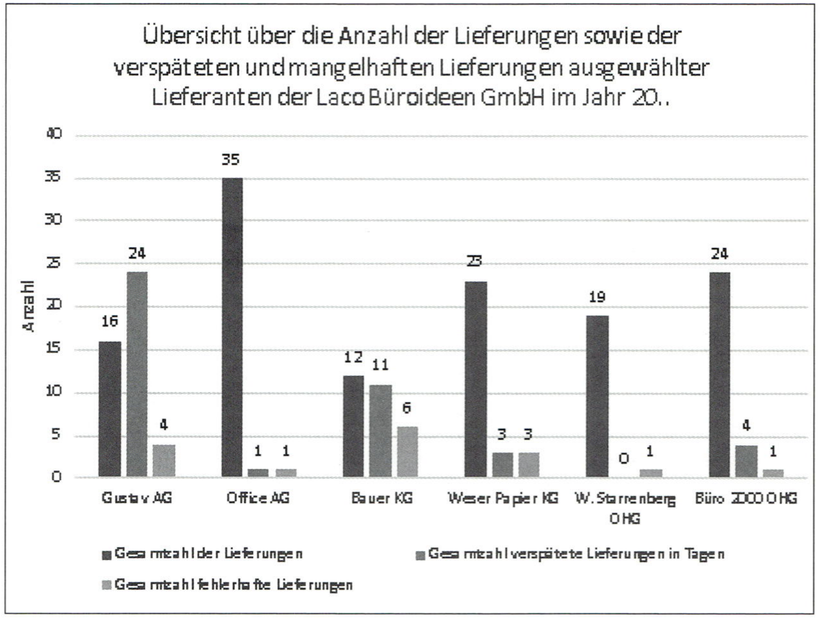

Denken Sie daran, dass Sie sich beim Diagramm genau an dem vorgegebenen Muster orientieren sollten. Deshalb dürfen Sie auch nur an der vertikalen Achse eine Achsenbeschriftung einfügen und die Datenbeschriftungen müssen am Ende außerhalb der Balken angezeigt werden.

Überprüfen Sie auch, ob Sie eine genaue und aussagekräftige Überschrift eingefügt haben. Sie muss Auskunft darüber geben, um was es genau geht („was" – hier: Übersicht über die Anzahl der Lieferungen, der verspäteten und mangelhaften Lieferungen), um wen es geht („wer" – ausgewählte Lieferanten der Laco Büroideen GmbH) und wann etwas passiert ist („wann" – Jahr 20..).

Tipp

Überprüfen Sie, ob Sie in allen vier Dateien in der Fußzeile rechtsbündig Ihren Namen eingefügt haben. Sollten Sie dies nicht gemacht haben, gäbe es Punktabzüge im Bereich der Gesamtbewertungskriterien.

2. Aufgabe – Angebotsvergleich

Tabellenblatt „Angebotsvergleich":

	A	B	C	D	E	F	G
1	**Angebotsvergleich für**						
2							
3	Artikel-Nr.	H435600					
4	Artikelbezeichnung	Braune Papprückwandtaschen, DIN C3, Haftklebung mit Abziehstreifen, 100 Stück pro Packung					
5	Datum:	09.08.2016					
6	Menge	50					
7							
8	Lieferanten-Nr.	L134801		L134821		L134815	
9	Lieferant	Office AG		Büro 2000 OHG		W. Starrenberg OHG	
10		Daten aus dem Angebot	Berechnung	Daten aus dem Angebot	Berechnung	Daten aus dem Angebot	Berechnung
11	Listeneinkaufspreis/Stück	36,50	36,50	30,70	32,80	42,60	42,60
12	Listeneinkaufspreis/Gesamt		1.825,00		1.640,00		2.130,00
13	Rabatt	12,00	219,00	6,00	98,40	25	532,50
14	Zieleinkaufspreis		1.606,00		1.541,60		1.597,50
15	Skonto	2,00	32,12	1,50	23,12	2,5	39,94
16	Bareinkaufspreis		1.573,88		1.518,48		1.557,56
17	Bezugskosten	20,00	20,00	40,00	40,00	0	0,00
18	Bezugspreis/Gesamt		1.593,88		1.558,48		1.557,56
19	Bezugspreis/Stück		31,88		31,17		31,15
20							
21	Günstigster Anbieter	W. Starrenberg OHG					
22	Günstigster Angebotspreis	31,15					

Aufgrund Ihres Ergebnisses müssten Sie sich für die W. Starrenberg OHG als Lieferanten entscheiden, da dieser den niedrigsten Bezugspreis pro Stück bietet. Aber denken Sie daran, dass es auch andere Bewertungskriterien als den Preis gibt.
Berücksichtigen Sie bei Ihrer Entscheidung auch andere Kriterien, wie z. B. die Zuverlässigkeit und Pünktlichkeit des Lieferanten. Dies ist explizit in der Aufgabenstellung vorgegeben. Die Entscheidung jedoch treffen Sie – eine ausführliche und nachvollziehbare Begründung sollten Sie in der internen Mitteilung an Frau Weiß aufführen.

Tabellenblatt „Formelansicht":

	A	B	C	D	E	F	G
1	**Angebotsvergleich für**						
2							
3	Artikel-Nr.	H435600					
4	Artikelbezeichnung	Braune Papprückwandtaschen, DIN C3, Haftklebung mit Abziehstreifen, 100 Stück pro Packung					
5	Datum:	=HEUTE()					
6	Menge	50					
7							
8	Lieferanten-Nr.	L134801		L134821		L134815	
9	Lieferant	=SVERWEIS(B8;Lieferanten!$A$2:$F$27;2;0)		=SVERWEIS(D8;Lieferanten!$A$2:$F$27;2;0)		=SVERWEIS(F8;Lieferanten!$A$2:$F$27;2;0)	
10		Daten aus dem Angebot	Berechnung	Daten aus dem Angebot	Berechnung	Daten aus dem Angebot	Berechnung
11	Listeneinkaufspreis/Stück	36,5	=B11	30,7	32,8	42,6	=F11
12	Listeneinkaufspreis/Gesam		=C11*$B$6		=E11*$B$6		=G11*$B$6
13	Rabatt	12	=C12*B13/100	6	=E12*D13/100	25	=G12*F13/100
14	Zieleinkaufspreis		=C12-C13		=E12-E13		=G12-G13
15	Skonto	2	=C14*B15/100	1,5	=E14*D15/100	2,5	=G14*F15/100
16	Bareinkaufspreis		=C14-C15		=E14-E15		=G14-G15
17	Bezugskosten	20	=B17	40	=D17	0	=F17
18	Bezugspreis/Gesamt		=C16+C17		=E16+E17		=G16+G17
19	Bezugspreis/Stück		=C18/$B$6		=E18/$B$6		=G18/$B$6
20							
21	Günstigster Anbieter	=WENN(C19=MIN(C19;E19;G19);B9;WENN(E19=MIN(C19;E19;G19);D9;F9))					
22	Günstigster Angebotspreis	=MIN(C19;E19;G19)					

Beachten Sie, dass in den Spalten mit der Spaltenüberschrift „Berechnung" in jeder Zelle Formeln stehen müssen. Beim Listeneinkaufspreis/Stück (Zeile 11) brauchen Sie sich lediglich auf die Spalte mit den Daten aus dem Angebot beziehen. Beispiel Zelle C11: =B11.

Denken Sie auch daran, in den Zeilen 12 und 19, in denen Sie sich auf die Menge (Zelle B6) beziehen müssen, die Zelle B6 absolut zu setzen, also $B$6. Sie dürfen die Menge nicht als Wert (50) eingeben – benutzen Sie immer Zellbezüge, wenn dies möglich ist. So können Änderungen, z. B. wie hier in der Bestellmenge, immer direkt in die Berechnungen übernommen werden.

Tipp

Achten Sie bei allen Dateien, die Sie bearbeiten auf die Einstellung der richtigen Schriftart und Schriftgröße.
Sie finden diese Angaben immer bei den Anweisungen für das Corporate Design. Ihnen gehen ansonsten wichtige Punkte verloren.

3. Aufgabe – Interne Mitteilung

Interne Mitteilung

von: Name des Schülers
an: Julia Weiß, Abteilungsleitung Einkauf
Datum: 14.01.20..
Betreff: Lieferantenbewertung und Ergebnis Angebotsvergleich

¶
Sehr geehrte Frau Weiß,
¶
nachfolgend möchte ich Ihnen eine Rückmeldung über die Lieferantenbewertung sowie das Ergebnis des Angebotsvergleichs geben, um die Sie gebeten haben.
¶
Von den untersuchten Lieferanten hat die Office AG im Jahr 20.. mit 35 die meisten Lieferungen an uns ausgeführt, gefolgt von der Büro 2000 OHG (24), der Weser Papier KG (23) und der W. Starrenberg OHG (19). Die Gustav AG hat uns 16 Mal und die Bauer KG 12 Mal beliefert.
¶
Hinsichtlich der untersuchten Lieferanten muss festgestellt werden, dass lediglich ein Lieferant als besonders zuverlässig und pünktlich bezeichnet und mit der Bewertung 3 eingestuft werden kann. Hierbei handelt es sich um die Office AG.
¶
Die Büro 2000 OHG erreicht bei beiden Bewertungskriterien eine 2, während die W. Starrenberg OHG zwar bei der Pünktlichkeit eine 3 erreicht, bei der Zuverlässigkeit allerdings lediglich eine 1. Hierbei muss jedoch hervorgehoben werden, dass es bei den 19 Lieferungen dieses Unternehmens im letzten Jahr lediglich zu einem Tag Verzug kam.
¶
Besonders schlecht abgeschnitten haben die Gustav AG sowie die Bauer KG, die jeweils mit 0 bewertet werden mussten. Die Weser Papier KG erreichte zumindest im Bereich der Pünktlichkeit noch eine 2.
¶
Ich empfehle, die Geschäftsbeziehungen zur Bauer KG und Gustav AG aufgrund der oben aufgeführten Ergebnisse zu beenden. Hinsichtlich der Weser Papier KG kann überlegt werden, ein Gespräch mit dem Unternehmen zu führen, mit dem Ziel die Anzahl der mangelhaften Lieferungen zu senken.
¶
Der Angebotsvergleich hat ergeben, dass die W. Starrenberg OHG mit 31,15 € der günstigste Anbieter für die Papprückwandtaschen ist. Direkt dahinter folgt die Büro 2000 OHG mit 31,17 €. Die Office AG bietet uns einen Bezugspreis von 31,88 € je Packung.
¶
Trotz des höheren Preises werde ich die Bestellung bei der Office AG durchführen, da wir als Unternehmen verstärkt auf die Zuverlässigkeit und termingerechte Lieferung achten wollen, wie Sie in unserem Telefonat betont haben.
¶
Sollten Sie noch Fragen haben, können Sie sich gerne an mich wenden.
¶
Viele Grüße
¶
i. A. Name des Schülers

Hinweis

Bei der Entscheidung für einen Lieferanten ist ein Abwägen zwischen den unterschiedlichen Bewertungskriterien (Preis, Zuverlässigkeit und Pünktlichkeit) wichtig. Die Entscheidung obliegt jedoch dem Prüfling. Damit verbunden ist aber eine entsprechende Begründung! Weiterhin muss darauf geachtet werden, dass man seiner eigenen Empfehlung folgt und an den ausgewählten Lieferanten die geforderte Bestellung aus Aufgabenteil 4 sendet.

4. Aufgabe – Bestellung

¶
¶
¶
¶
Laco Büroideen GmbH ✦ Hohenstaufenring 112 – 116 ✦ 50674 Köln
Office AG
Frau Stade
Postfach 10 32 26
60102 Frankfurt

Ihr Zeichen: std
Ihre Nachricht vom: 12.01.20..
Unser Zeichen: Kürzel des Schülers
Unsere Nachricht vom: 08.01.20..

Name: Name des Schülers
Telefon: 0221 823498-126
Telefax: 0221 823498-0
E-Mail: vorname.nachname@laco-bueroideen.com

Datum: 14.01.20..

¶
¶
Bestellung Papprückwandtaschen, DIN C3, braun, HW230045
¶
¶
Sehr geehrte Frau Stade,
¶
da wir in der Vergangenheit mit Ihren Lieferungen und Ihrem Service immer sehr zufrieden waren, möchten wir auch in Zukunft unsere guten Geschäftsbeziehungen vertiefen.
¶
Bitte liefern Sie uns 50 Packungen Papprückwandtaschen, DIN C3, braun, Haftklebung mit Abziehstreifen, 100 Stück pro Packung zu einem Nettoeinzelpreis von 36,50 € zu den in Ihrem Angebot aufgeführten Lieferungs- und Zahlungsbedingungen.
¶
Wir hoffen, dass Sie unseren Wünschen entsprechen können.
¶
Mit freundlichem Gruß
¶
Laco Büroideen GmbH
¶
¶
¶
i. A. [Name des Schülers]

Fotos

BITKOM, Berlin: S. 145

Deutsche Post AG, Bonn: S. 55.1-2

Fotolia.com: S. 17.1 (Rawpixel.com), 17.2-3 (kebox), 27 (Marco2811), 61 (lenetsnikolai), 68 (BillioPhotos.com), 71 (Stillfx), 107 (Sergey Nivens), 117 (Alberich), 121 (motorradcbr), 131.1 (donatas 1205), 131.2 (BillionPhotos.com), 135 (virtua73), 150 (fizkes), 151.3-4, 152.3-4

RAL gGmbH, Sankt Augustin: S. 151.2, 152.2

TCO Development, Stockholm (Schweden): S. 151.1, 152.1

Zeichnungen

Angelika Brauner, Hohenpeißenberg/Bildungsverlag EINS GmbH, Köln: S. 144

Umschlagfotos

Fotolia.com (undrey, contrastwerkstatt, Rawpixel.com)